ŒUVRES COMPLÈTES DE J. MICHELET

HISTOIRE DE FRANCE

ÉDITION DÉFINITIVE, REVUE ET CORRIGÉE

TOME QUATORZIÈME

LA RÉGENCE

PARIS
ERNEST FLAMMARION, ÉDITEUR
26, RUE RACINE, PRÈS L'ODÉON

Tous droits réservés.

HISTOIRE

DE FRANCE

XIV

IMPRIMERIE E. FLAMMARION, 26, RUE RACINE, PARIS.

ŒUVRES COMPLÈTES DE J. MICHELET

HISTOIRE DE FRANCE

ÉDITION DÉFINITIVE, REVUE ET CORRIGÉE

TOME QUATORZIÈME

LA RÉGENCE

PARIS
ERNEST FLAMMARION, ÉDITEUR
26, RUE RACINE, PRÈS L'ODÉON

Tous droits réservés.

PRÉFACE

I

La Régence est tout un siècle en huit années. Elle amène à la fois trois choses : une révélation, une révolution, une création.

I. C'est *la soudaine révélation* d'un monde arrangé et masqué depuis cinquante ans. La mort du Roi est un coup de théâtre. Le dessous devient le dessus. Les toits sont enlevés, et l'on voit tout. Il n'y eut jamais une société tellement percée à jour. Bonne fortune fort rare pour l'observateur curieux de la nature humaine.

II. Et ce n'est pas seulement la lumière qui revient; c'est le mouvement. *La Régence est une révolution* économique et sociale, et la plus grande que nous ayons eue avant 1789.

III. Elle semble avorter, et n'en reste pas moins énormément féconde. *La Régence est la création* de mille choses (les grandes routes, la circulation de province à province, l'instruction gratuite, la comptabilité, etc.). **Des arts charmants** naquirent, tous ceux **qui font** l'aisance et l'agrément de l'intérieur. Mais, ce qui fut plus grand, un nouvel esprit commença, contre l'esprit barbare, l'inquisition bigote du règne précédent, un large esprit, doux et humain.

La révolution financière est la fatalité du règne précédent. Chamillard, Desmarets, sous des noms différents, avaient fait du papier-monnaie. Nos colonies usaient dès longtemps d'un papier de cartes. Law n'inventa pas tout cela. Il n'imposa pas le Système. Au contraire, il hésita fort quand le Régent *in extremis* voulut user de cet expédient.

Le mouvement fut immense, on peut le dire, universel. Un seul chiffre le montre : à la fin du Système, quand la plupart s'en étaient retirés, un million de familles y étaient encore engagées, et apportèrent leurs papiers au visa.

En ce malheur, notons cependant une chose. Les banqueroutes anciennes, les violentes réductions de rentes de Mazarin, Colbert, Desmarets, furent sans consolation, des faits morts et stériles. Mais la catastrophe de Law fut de portée tout autre. Elle eut les effets singuliers d'une subite illumination. La France se connut elle-même.

Des masses jusque-là immobiles, ignorantes, qui, comme les bas-fonds de l'Océan, n'avaient jamais su les tempêtes, les classes que ni la Fronde ni la Révocation n'avaient émues, cette fois levèrent la tête, s'enquirent de la fortune publique, — donc de l'État et du royaume, de la guerre, de la paix, des royaumes voisins, de l'Europe.

Les lointaines entreprises de Law, sa colonisation, les razzias qu'on fit pour le Mississipi, obligent les plus froids à songer à l'autre hémisphère, à ces terres inconnues, comme on disait, *aux îles*. Dans les cafés qui s'ouvrent par milliers, on ne parle que des *Deux Indes*. Le dix-septième siècle voyait Versailles. Le dix-huitième voit la Terre.

Le monde apparut grand, et ceci peu de chose. Nos nombreux voyageurs, et les Jésuites eux-mêmes, montrant l'énormité de l'Asie, du Mogol et de l'Empire Chinois, prouvaient que les chrétiens sont une minorité minime. Les questions chrétiennes parurent minimes aussi. Pendant un an ou deux, elles furent parfaitement oubliées. Les disputes cessèrent. On put croire qu'il n'y avait plus ni jansénistes ni Jésuites.

Chose un peu singulière, qui aurait surpris le feu Roi. A sa mort, les églises étaient pleines, et tous pratiquaient, protestants, *libertins*, athées. Plus de couvents s'étaient faits en un siècle que dans tous les temps antérieurs. Même aux dernières années, jusqu'en 1715, quatre cents confréries du Sacré-Cœur venaient de se former. L'Église, réellement, avait comme absorbé l'État. Le vrai roi catholique, salué par Bossuet « un évêque entre les évêques », dans sa longue fin de trente années, s'était tout à fait révélé « un Jésuite entre les Jésuites ».

Un matin, c'est fini. Cette immense fantasmagorie, si imposante, qu'on eût crue aussi ferme que les Pyramides, s'amincit, s'aplatit. Toile et papier! c'était un paravent... En un instant, c'est replié, jeté au grenier, oublié. On sait à peine que cela ait été. — Vous dites « le grand roi ». Mais lequel? Le Mogol Aureng Zeb, sans doute, conquérant de Golconde! Non, le grand Shah Abbas, qui eut la haute idée de fondre tous les dogmes et d'imposer la paix au ciel comme à la terre.

Cette mort temporaire du dogme catholique semble parfaite; on la dirait définitive. Qu'il ait quelque retour, cela se peut. Montesquieu n'en augure pas moins qu'il doit se préparer, faire ses dispositions, n'ayant plus guère de siècles à vivre. (117ᵉ *Lettre persane*.)

L'Europe bouillonnait d'un ferment tout nouveau. Le déplacement des fortunes changeait les mœurs. les habitudes. Un monde en fusion arrive avec tous les essais éphémères et difformes par lesquels la Nature prélude à ses créations. On l'a reproché à la France. Le fait fut général. Mais la corruption de la France, plus gaie et plus parlante, se révélait bien davantage. Ses mœurs se retrouvent partout, plus grossières, — et l'esprit de moins.

A travers tout cela surgit le temps nouveau en son grand caractère, *le gouvernement collectif*, la foi à la raison commune. Outre les Conseils du Régent, on en voit les essais en deux républiques d'actionnaires se gouvernant eux-mêmes (la Banque, la Compagnie des Indes). La royauté y est un moment absorbée et perdue. De l'empyrée du dernier règne le Roi descend, se fait banquier.

Une révolution, non moins inattendue, apparaît dans le Droit public. Les deux usurpateurs, Orléans et Hanovre, sur la base solide de la vraie légitimité (*l'intérêt populaire et la liberté de penser*), s'unissent, font la paix générale.

Cent choses avortent en fait. Mais les idées se fondent, solides autant qu'audacieuses. Par delà toutes les barrières, l'horizon révolutionnaire s'étend. L'Europe hors d'elle-même regarde dans l'espace et dans le temps. Elle éclate vers un nouveau monde. Il semble que l'ancien, arraché de sa base, va cingler, quitter le rivage.

Cette révolution a sur les autres un très grand avantage; c'est qu'elle n'a aucune formule, rien à citer, point de texte tout fait, qui dispense d'avoir de l'esprit. L'Angleterre n'en a pas besoin : elle a la Bible. Même notre grand 89 peut s'en passer : il a Rousseau; — Rousseau son Évangile; et sa Bible est Voltaire. — Avec cela en poche, 89 n'aura besoin d'aucune invention littéraire. Il a tout un siècle à citer. Mais la Régence lui fait ce siècle, déjà Voltaire et Montesquieu, en germe Diderot, et tout ce qui viendra de grand.

« *Un enfant né sans père* », voilà le nom du dix-huitième siècle, son privilège singulier.

Il a le dégoût, la nausée, l'horreur du dix-septième. A coup sûr, il ne lui prend rien.

Du grand seizième siècle il ne sait rien du tout. Il ignore étonnamment sa parenté avec Montaigne et Rabelais, avec la libre Renaissance.

Voilà l'impardonnable crime du siècle de Louis XIV. Imitateur adroit, mais sempiternel ressasseur de toute question épuisée, il a brisé le fil de la grande invention. Il use nos forces à répéter, reprendre et imiter. Même ses génies sont des obstacles. La plupart, attrayants, avec si peu d'idées, sont un fléau pour les temps à venir.

Le Cartésianisme, sur lequel on revient toujours, dans son mépris natif de l'histoire, des voyages, des langues, dans sa fausse physique qui ferme la France à Newton, nous tint pendant longtemps étiques et pulmoniques. Nous serions devenus ou déjetés comme Malebranche, ou poitrinaires comme madame de Grignan. Heureusement la bonne Mère nous alimentait en secret. La Nature, sous main, nous passait la nourriture substantielle des sciences et des voyages, nous apprenait à mépriser les mots. On avait l'air de s'occuper de la Grâce efficace, et on lisait Fontenelle. Par les grands voyageurs, comme Chardin, même par les *Mille et une Nuits* (1704), on pénétrait avec ravissement dans le riche monde oriental. Un admirable petit livre, *le Canada* de Lahontan, arrivait de Hollande, révélant la noblesse héroïque de la vie sauvage, la bonté, la grandeur de ce monde calomnié, la fraternelle identité de l'homme. C'est Rousseau devancé de plus de cinquante ans.

« Reviens à moi, pauvre homme! Reviens, infortuné! » dit la Nature; et elle ouvre les bras. Elle le dit par toutes les voix des sciences. Elle le dit par la Médecine, et c'est le mot même d'Hoffmann, dont les médecins de la Régence ont tous été disciples. Elle le dit par l'Histoire naturelle, qui déjà semble ouvrir la voie de Geoffroy-Saint-Hilaire. Elle le dit plus haut encore dans le Droit et l'Histoire par Montesquieu, Voltaire, Vico. Des deux côtés des monts, sans communication, sous les formes les plus différentes, ils révèlent au même moment l'âme intérieure du siècle, la pensée qui le conduira : « l'Humanité se crée incessamment elle-même. Ses arts, ses lois, ses dieux, l'homme a tout tiré de son cœur, en s'éclairant de l'éternelle Justice. Rien de divin sans elle. Rien de saint qui ne soit juste, compatissant et bon. »

II

Un mot de ce volume :

Sa force, s'il en a, est toute en son principe, qui lui fait la voie simple dans une variété infinie de faits rapides, brusques, et qui semblent se contredire.

Saint-Simon n'a aucun principe. Il est tout à la fois pour le roi d'Espagne et pour le Régent. Grand écrivain, pauvre historien (du moins pour la Régence), il ne sait ce qu'il veut ni où il va. Il a de moins en moins l'intelligence de son temps.

Lemontey, très fin, très exact, très informé, qui écrit en présence des pièces diplomatiques, a toute l'importance d'un contemporain. Il a fait un beau livre, qu'on lit avec plaisir. Mais rien ne reste dans l'esprit. Le détail, si bien ciselé, a beau être précis, l'ensemble en est obscur. Rien sur le nœud du temps (le Système). Un mot à peine sur la finale si dramatique et si morale, l'isolement de Dubois. Après avoir longuement analysé et disséqué ce drôle, il l'admire à la fin pour son inconséquence, pour avoir eu deux politiques contraires et s'être toujours contredit!

Les historiens économistes, dont plusieurs, d'un talent facile, semblent clairs à la première vue, regardés de plus près, restent obscurs. Ils se figurent que l'on peut isoler l'affaire économique, la suivre à part, donner les arrêts du Conseil, les émissions de billets, d'actions, sans savoir jour par jour les faits moraux, sociaux, le détail de la crise politique, qui décidait ces actes de finance. Mais tout est solidaire de tout, tout est mêlé à tout.

Ces arrêts et ces chiffres qui ne leur coûtent rien, qu'ils cotent si tranquillement, ils me coûtent beaucoup, à moi. Il faut qu'à la sueur de mon front je les crée, les évoque de la révolution du temps, du brûlant pavé de Paris, que j'en demande le secret à la fatalité de Law, aux fluctuations de Dubois, aux violences de Monsieur le Duc. Non, on ne peut donner les chiffres en supprimant les hommes. Dans les finances, comme partout, il faut une âme, et, par-dessus, un principe pour la guider.

Le mien est celui-ci. Il est simple et domine tout :

L'ennemi, c'est le passé, le barbare Moyen-âge, c'est son représentant l'Espagne, aussi féroce sous Alberoni que sous Philippe II, l'Espagne, qui, au moment même, flamboyait de bûchers, l'Espagne qui, victorieuse, nous eût retardés de cent ans, qui eût brûlé Voltaire et Montesquieu.

L'ami, c'est l'avenir, le progrès et l'esprit nouveau, 89 qu'on voit poindre déjà sur l'horizon lointain, c'est la Révolution, dont la Régence est comme un premier acte.

La Régence en ses grands acteurs offre ce caractère. A travers leurs fautes et leurs vices, reconnaissons cela. Le Régent, Noailles, Law surtout, Dubois même, par tel ou tel côté, sont du parti de l'avenir. Ils ont certains instincts, des lueurs, des velléités dont il faut bien que je leur tienne compte.

Mais cela sans faiblesse. Je suis d'airain pour eux. Dubois, si utile au début, et qui a fait la paix du monde, je le marque au fer chaud. Law, ce grand esprit, inventif, désintéressé, généreux, mais de caractère faible, je le traîne au grand jour dans sa connivence aux fripons. Et le Régent, hélas! cet homme aimable, aimé, l'amant de toutes les sciences, si doux, si débonnaire..., l'histoire, pour tant de hontes et privées et publiques, a dû le mettre au pilori.

Mais, avant d'en venir à ces justices définitives, je fais ce que je peux pour être juste aussi tout le long du chemin, et dans l'infini du détail. Chose vraiment difficile avec un temps pareil, qui ne marche pas, mais qui saute, avec des retours, des reculs, une violence d'allure saccadée, qui déconcerte à tout instant. Depuis le temps si rude où j'ai conté 93, je n'avais rien trouvé de tel. La Régence n'est pas si sanglante, mais elle n'est guère moins violente dans son énorme brisement d'intérêts, d'idées, d'hommes, d'âmes et de caractères.

De là une grande fluctuation apparente dans ce volume. En relisant, je m'en étonne moi-même. C'est qu'il est fort et vrai, sincère, sans ménagement d'aucune sorte, ni prétention, ni adresse de littérature.

L'histoire n'est pas un professeur de rhétorique qui ménage les transitions. Si le passage est brusque et la secousse rude, tant mieux; ce n'est qu'un trait de vérité de plus.

Mais c'est à mes dépens. Plus je suis vrai, moins je suis vraisemblable. Quelle belle prise pour la critique! Un historien qui, avec son principe simple, semble si souvent dévier, qui pas à pas suit misérablement les courbes infinies de la nature humaine, qui ose dire : « Dubois eut un bon jour », ou : « Tel jour, d'Aguesseau mollit ».

Qu'y puis-je? et que faire à cela? Avec ma fixité de foi et la fermeté de mon jugement total sur les grands acteurs historiques, je suis le serf du temps. Et il faut bien que je le suive dans les aspects divers que ces figures prennent de lui. Je le suis par année, par mois, par semaine et jour même. Les habiles verront à quel point j'ai daté, je veux dire, précisé la nuance de chaque jour.

D'éminents écrivains, savants, ingénieux (je pense à MM. de Goncourt), ont souvent rapproché les temps de la Régence de ceux de Louis XVI. Mais il y a bien des âges entre ces deux âges. Je me suis interdit (sauf un seul fait, je crois) de me servir d'aucun auteur qui ne fût pas strictement du temps du Régent.

J'ai poussé si loin ce scrupule, que je me suis même abstenu de rien prendre dans d'Argenson, qui écrit peu après, mais lorsque Fleury a passé. Fleury, ce misérable temps de silence, d'assoupissement, est l'exacte contre-partie de la Régence, si bruyante.

On touche à l'âge du Régent, de Law et des *Lettres persanes*, et on s'en croirait à cent lieues.

Je me tiens de très près aux témoins exacts et fidèles qui notent et le mois et le jour, aux journaux de l'époque (Voy. mes *Éclaircissements*). Combien ils m'ont servi, spécialement celui qui est encore en manuscrit, on le verra dans les crises rapides où Law, de moment en moment, fait jaillir de son front les expédients du présent ou les lueurs de l'avenir. On le verra dans le combat obscur qui se livre autour de l'enfant royal, et dans les misères de Dubois, déjà abandonné, aux approches de Monsieur le Duc. Ce ne sont pas des mois, ce sont des années presque entières, dont l'histoire jusqu'ici ne pouvait presque dire un mot.

1ᵉʳ octobre 1863.

HISTOIRE
DE FRANCE

CHAPITRE PREMIER

Trois mois de la Régence. — Hostilité de l'Espagne.
(Septembre-décembre 1715.)

L'aimable génie de la France, lumineux, humain, généreux, éclate le lendemain de la mort de Louis XIV dans tous les actes du Régent.

Admirable coup de théâtre. La noble langue qu'il parle dans les ordonnances est celle qui se retrouvera dans les lois de l'Assemblée constituante. C'est l'esprit de 89.

L'autorité, chose nouvelle, explique et motive ses actes devant le public, prouve qu'ils sont nécessaires et justes, prend la nation à témoin des difficultés du moment, établit que, dans une situation désespérée, on ne peut employer que des remèdes extrêmes. Tout cela exprimé dans une noblesse, une mesure, une délicatesse singulière, bien étonnante alors. Et, disons-le, attendrissante, lorsque l'on songe à l'état de la France, de ce malade si malade! On y sent la douceur d'un compatissant médecin.

On verra les nécessités cruelles qui changèrent tout cela. Placée fatalement sur une pente horriblement rapide, la Régence devait glisser. Sous Colbert même, on roule à la descente. Un char lancé depuis cinquante années, qui descend de si haut, de si loin, si longtemps, nulle force ne l'arrête. Ceux qui n'en viennent pas à bout et désespèrent, alors prennent le vertige et continuent le mouvement. N'importe. Les faiblesses, les hontes et les folies qui viendront, ne peuvent nous empêcher de dire ce qui est exactement vrai : qu'en ses commencements les actes du Régent furent admirables de bonté, de sagesse.

Le principe d'où part son Conseil de finances est celui-ci : *Point de banqueroute, mais de fortes réformes économiques, une juste réduction de l'intérêt des rentes.* Les rentiers qui n'acceptent pas la réduction seront remboursés de leurs capitaux (par termes, de six mois en six mois). On rembourse une foule d'offices onéreux pour l'État par un très juste emprunt que l'on demande à ceux qu'on ne supprime pas et dont les charges seront d'autant plus fructueuses.

Pour la première fois, le gouvernement a des entrailles humaines, et il sent la faim de la France. Il se demande : « A-t-on de quoi manger? » Il rend aux affamés le poisson et la viande. Suppression des droits sur la pêche, libre entrée des bestiaux étrangers, du beurre, etc. Excellente mesure; mais achèteront-ils de la viande ceux qui n'ont pas même de pain ?

La grande réforme économique commence par le roi même. Plus de cour régulière ; plus de Versailles ; le roi loge à Vincennes et le Régent au Palais-Royal. On supprime Marly et son jeu effréné.

Versailles était un monstre de faste et de dépenses, un gouffre de cuisine, de valetaille, de canaille dorée. Le roi y reviendra ; mais ce ne sera jamais le même Versailles, avec ses logements innombrables, ses tables de Gargantua à tout venant, l'éternelle mangerie d'un peuple de gloutons si terriblement endentés.

D'autres abus viendront, sournois, sous Fleury l'économe, sous le froid Louis XV. On ne reverra plus la solennité si coûteuse de l'ancienne grande monarchie.

Versailles avait à lui une petite armée d'officiers, de gentilshommes, qu'on appelait la Maison du roi, carnaval ruineux de militaires acteurs, à grands costumes, à haute paye. Tout cela est rogné par des ciseaux sévères. On réduit, on supprime en partie la gigantesque armée fiscale de Louis XIV. Cent mille hommes pour lever l'impôt ! Tant de mains ! qui retenaient tant qu'il n'en arrivait que le tiers !

Pour la première fois on proclame les garanties de l'avenir. *Nul impôt désormais qu'en vertu de la loi* (la loi d'alors, les arrêts du Conseil). Plus de taxes frappées par simples lettres de ministres. Plus de vivres ou fourrages enlevés pour les troupes. Les agents qui accablent de frais les contribuables restitueront au quadruple. Chose bien singulière, on promet récompense aux receveurs qui poursuivent le moins, qui font le moins de frais !

Ce qui est grave et de grande portée, on peut dire révolutionnaire, c'est que le gouvernement, loin de s'appuyer sur les notables, les *élus*, les aristocraties locales, les menace au contraire, leur reproche leur injuste répartition de l'impôt, leur coupable entente avec les employés du fisc, les accuse de protéger le riche, d'écraser le pauvre. Il rappelle les intendants de province à leur devoir, celui de faire deux chevauchées par an, de voir tout par eux-mêmes. Les trésoriers de France doivent aussi visiter les paroisses. On crée des contrôleurs, des inspecteurs des finances pour vérifier les registres, les caisses des comptables. Les comptes, pour la première fois, se font en partie double. Seul moyen d'y voir clair. Ces belles réformes sont restées.

On voulait en faire une bien plus grande et fondamentale, si grande que la Révolution elle-même ne l'a pas faite. Nous l'attendons toujours. Je parle de l'établissement de l'*impôt proportionnel*, léger au pauvre, fort sur le riche, croissant exactement selon la grandeur des fortunes. Les projets de ce genre furent accueillis et goûtés du Régent. Il en fit faire essai à Paris, en Normandie, à La Rochelle. Ce dernier, confié au meilleur citoyen de France, le grand géomètre et marin, qu'on appelait le petit

Renaut, ami de Vauban, de Malebranche, cœur héroïque et bon qui n'eut d'amour que la patrie. Il voulut faire cet essai à ses frais et y usa ses derniers jours.

La plupart des historiens se sont moqués de tout cela, parce que de ces nobles projets beaucoup restèrent sur le papier. A tort. Plusieurs s'exécutèrent et portèrent un fruit très réel. La comptabilité fut fondée pour toujours, la machine régularisée. La plupart des employés supprimés ne furent pas rétablis, et l'on fut définitivement allégé de ces lourdes charges.

C'étaient les fruits de la raison de tous, du gouvernement collectif. Le Régent, magnanimement, avait substitué des Conseils aux ministres, fait appel à la discussion, à l'examen, à la lumière. Pour la première fois, elle entra dans l'antre de Cacus, je veux dire dans les ténèbres du vieil arbitraire ministériel. Lorsque l'on voit la profonde horreur, la saleté, le tripotage, qui régnaient dans le cabinet de tout contrôleur général (Voy. Saint-Simon, 1710), ce mot *antre* n'est pas assez, il faut dire écuries, égout, latrine immonde. Il est bien naturel que Fénelon, le duc de Bourgogne, l'abbé de Saint-Pierre, le Régent, aient eu l'idée de ces Conseils, désiré qu'on en essayât.

Pour qu'ils fussent parfaitement libres, le Régent y mit tous ses ennemis, ses calomniateurs, tel qui voulait qu'on lui coupât la tête, qui parlait de le poignarder. L'un avait dit : « Je serai son Brutus. » Mais celui-là était capable, inventif et de grand esprit.

Le Régent lui donna la première place, le fit chef du Conseil des finances.

Au Conseil ecclésiastique, il appela la vertu et l'austérité, les purs, les irréprochables, l'archevêque de Noailles, d'Aguesseau, et jusqu'à Pucelle, un âpre janséniste, vrai héros du parti. C'étaient justement ceux que les persécutés auraient élus. Le Régent espérait, à tort, qu'ayant souffert, les jansénistes seraient tolérants pour les protestants.

Quel changement depuis le dernier roi ! et quelle différence profonde d'avec tous les rois antérieurs ! Qui règne ? moins un homme que le libre esprit et la grâce, le *parti de l'humanité.*

Que signifie ce mot ? que, sous la barbarie des temps divers, sous le sanguinaire fanatisme, sous la cruelle raison d'État, de Montaigne à Molière, à Vauban, à Montesquieu, à Voltaire, au Régent, il exista toujours une succession d'esprits libres et doux, qui, par des voix diverses, mais concordantes, nous rappelaient à la nature, à la clémence, à la bonté.

Contraste douloureux, humiliant pour la faiblesse humaine ! Cet homme vicieux était l'homme de France, non pas le *meilleur*, à coup sûr, mais, ce qui est tout autre chose, *le plus bon.* La bonté, la bienveillance universelle, était le fond de sa nature, brillait, charmait en tout. Rien de haut, rien de dur. Pas même d'humeur dans les plus grands tiraillements. Une patience merveilleuse, excessive à écouter, supporter les impertinences de l'un ou les aigres sermons de l'autre. Ceux même qui souffraient le plus des honteuses misères où il noya sa vie, le sentirent, à sa mort, irréparable, unique, pour la douceur du cœur et pour la lumière de l'esprit.

L'enfant, sec de nature et parfaitement insensible, qu'on appelait le Roi, sentait cela lui-même. Bien loin de croire un mot des sottes calomnies qu'on voulait lui insinuer, il comprit de bonne heure, avec l'instinct de son âge, que cet homme charmant lui était très bon et très tendre, et vraiment le meilleur pour lui.

Le Régent avait eu un sacre singulier, un beau baptême que n'eut nul roi du monde, d'être le martyr de la science. Il avait failli périr comme empoisonneur, pour son amour de la chimie. Son premier soin fut d'émanciper l'Académie des Sciences. Il ouvrit la Bibliothèque royale au public. Il fonda dans le Louvre une Académie des arts mécaniques. Il donna, sans compter, aux savants, aux artistes, aux gens de lettres. Et il donnait, bien plus que de l'argent, un ravissant accueil, leur parlant à tous leur langage, leur disant des mots justes, éloquents, pénétrants, qui montraient qu'il était des leurs, des mots émus pour la science, pour eux des paroles d'amis. Il les logeait avec lui et chez lui, ou mieux, au Luxembourg, chez sa fille tant aimée. Il allait tous les jours la voir et causer avec eux.

Le grand roi lui laissait un terrible héritage, une situation contradictoire, absurde et sans issue, — trois dangers, dont un seul pouvait être mortel pour la France :

1° La caisse vide, la banqueroute, rien pour payer les troupes, *impossibilité d'armer;*

2° L'Europe irritée, l'Angleterre provoquée, la paix presque rompue, donc *la nécessité d'armer;*

3° Un testament funeste qui, en léguant le pouvoir au bâtard, risquait de le donner réellement au roi d'Espagne, dont le duc du Maine n'eût été que le lieutenant. On croyait à Madrid, on disait à Paris, que Philippe V, seul, sans armée, entrant de sa personne en France, comme oncle, prendrait la tutelle et déposséderait le Régent. De là, pour celui-ci, une situation chancelante, la nécessité déplorable (où l'on vit jadis Henri IV) d'acheter un à un, dans une telle pénurie! les princes et les grands qui vendaient leur fidélité.

Donc résumons :

La guerre en perspective. Point d'argent pour la faire. Et le peu qu'on emprunte, raflé par les seigneurs.

Les partisans du roi d'Espagne, ceux du duc du Maine, demandaient hypocritement pourquoi, dans ces dangers, on ne convoquait pas les États généraux. C'était aussi l'avis des spéculatifs érudits, amants du passé féodal, de Boulainvilliers le gothique, de Saint-Simon, des gens du temps de Charlemagne, qui croyaient rétablir les douze pairs et les hauts barons, écraser la Robe et le Tiers. Pour assembler la France, il fallait qu'il y eût une France. Avec celle qu'avait faite Louis XIV, une France assommée, éreintée, cette comédie des États eût été un champ admirable au parti des couleuvres, des menées souterraines, celui du duc du Maine. Il eût habilement groupé et les restes de la vieille cour, et les partisans des Jésuites, et les amis du roi d'Espagne, enfin la grande masse des petits nobles (qu'il animait contre les ducs et pairs), la masse des quasi nobles (notables et municipaux), tout un peuple de Sottenvilles, arrivés de province, aigres pour le Régent, qu'ils disaient le roi de Paris. D'un bel élan patriotique, ces idiots auraient appelé l'étranger.

Je le dis, l'*étranger*. Philippe V regrettait la France, et se croyait Français. Mais il était devenu plus Espagne que l'Espagne même.

On a horreur de dire le nombre épouvantable d'hommes que l'Inquisition brûla sous son règne, la sauvage police qu'elle exerçait, les populations supprimées, englouties dans ses *in-pace*. Pouvoir énorme, hideuse royauté, qui un moment rendit le roi jaloux, en 1714. Mais sa dévotion l'emporta. La cabale italienne, qui le tenait alors, releva la puissance du Saint-Office. Et c'est à ce moment, juste en 1715, que la France risqua d'avoir un tel Régent, un bigot maniaque, et le serf de l'Inquisition !

Par sa mère bavaroise, Philippe V venait d'un mélange de Bavière-Autriche, où les esprits troublés ne sont pas rares. Il avait pour aïeul l'affreux Ferdinand II, le spectre de la Guerre de Trente-Ans. J'ai dit le tragique roman de sa mère, ermite en plein Versailles, affolée de sa Bessola. Le vertige du Tyrol était dans cette tête, et elle le transmit à son fils.

Comme elle, il fut tout amoureux, mais à la façon de son père, le gros Dauphin blondasse, et il en eut la sensualité bestiale.

Né tel, il tomba en Espagne, dans l'âpre et violente contrée, admirable pour faire des fous. Charles-Quint le devint. Philippe II, dans les derniers rêves de son sinistre Escurial, d'avance éclipsa Don Quichotte.

Philippe V ne fut fou que par moments. Il n'était pas dénué d'esprit, souvent parlait très bien. Presque toujours muet, et enfermé, comme l'avait été sa mère, il ne voyait guère que sa femme. Le sexe annulait tout en lui. Il fut le mari le plus assidu, le plus mari qu'on vit jamais, acharné, implacable d'exigence amoureuse. Sa première femme, malade à la mort, perdue d'humeurs froides, dissoute et couverte de plaies, n'eut pas grâce un seul jour, ne put faire lit à part. L'aimait-il? Le jour de sa mort même, il alla à la chasse, selon son habitude, et, rencontrant le convoi au retour, froidement le regarda passer.

La vieille princesse Des Ursins, qui gouvernait, fut prise dans un double embarras, le veuvage du roi et un essai de réforme qu'elle avait commencé. Réforme des finances, réforme du clergé, et surtout de l'Inquisition. Si elle n'eût été si âgée, elle se serait fait épouser, et elle aurait gardé le roi. Mais il lui échappa d'abord par la dévotion, puis par un second mariage. On a souvent conté sa brouillerie avec Versailles, mais trop peu rappelé qu'elle avait contre elle l'Inquisition et le clergé.

Avec le tempérament du roi, il n'y avait pas un moment à perdre pour le marier. La Des Ursins cherchait dans toute l'Europe, mais chaque princesse lui faisait peur. Elle craignait surtout un trop grand mariage, une fille de roi qui eût pris ascendant. Il n'y avait guère de plus petit prince que le duc de Parme. Donc elle ouvrit l'oreille lorsque son envoyé Alberoni, un nain bouffon qui l'amusait, lui demanda un jour pourquoi elle ne prendrait pas la nièce de son maître, le duc Farnèse, une fille toute simple, élevée dans un grenier du palais, qui ne savait que coudre. La princesse le crut, fit la chose; puis, un peu tard, mieux informée, elle voulut la défaire. Mais le mariage était déjà célébré à Parme. D'autre part, le roi était dans une terrible impatience; Alberoni, grossièrement, obscènement, à sa manière, lui avait décrit la fille, selon les goûts du roi, la disant « une grasse Lombarde, bien empâtée de beurre, de parmesan ». Éloge mérité de toute la maison des Farnèse, dont le dernier meurt à force de graisse.

Ce charmant idéal envahissant le cœur du roi, il sut très mauvais gré à la princesse Des Ursins de vouloir lui inspirer des défiances sur sa future épouse. Alberoni l'avait pris entièrement par ses contes luxurieux. Il en tira deux choses pour la jeune reine qui arrivait : 1° l'ordre verbal de lui obéir en tout; 2° un billet où il lui mandait de faire arrêter, enlever madame Des Ursins, finissant par ce mot d'exquise délicatesse : « Ne manquez pas votre coup tout d'abord. Autrement, elle vous *enchantera* et nous empêchera de coucher ensemble, comme avec la feue reine. » Il est vrai que la Des Ursins, aux derniers jours, l'avait fort sagement prié d'épargner la mourante, qui pouvait lui donner son mal.

Alberoni porta ce mot lui-même à la frontière où était la jeune reine, et se tint dans la coulisse pour surveiller l'exécution. Autrement cette fille sans expérience n'eût eu ni l'assurance ni la férocité impudente pour jouer cette scène de fausse fureur sans cause ni prétexte. Tout le monde l'a lue dans Saint-Simon. C'était l'hiver; la vieille dame fut enlevée en habit de bal et traînée vingt jours dans les glaces, au hasard de la faire crever. Le lendemain, le roi, qui était venu au-devant, rencontra enfin sa grasse Lombarde, et l'épousa sur l'heure dans la première maison qui se trouva. En plein jour, ils se mirent au lit.

En rentrant à Madrid, on rendit à l'Inquisition ses droits et privilèges. On renonça à la réforme du clergé. Alberoni, sans titre, devint le seul ministre et le vrai roi d'Espagne. Son triomphe était celui de l'Église. Il entretint dès lors une étroite correspondance avec Rome pour obtenir le chapeau. Il donna de sa main au roi un confesseur Jésuite, et le plus agréable au pape, le Père d'Aubenton, principal rédacteur de la Bulle *Unigenitus*. La reine aussi reçut un confesseur de la main de ce Figaro.

Elle était jusque-là la créature d'Alberoni, qui l'avait tirée de son néant de Parme et l'avait si lestement délivrée de la Des Ursins. Mais elle prit si fortement le roi qu'en un moment elle fut maîtresse de tout. Ce n'était pas une petite fille. Elle avait vingt-quatre ans. Elle était forte, véhémente, envahissante. Comme elle avait été très malheureuse, très durement tenue par sa mère, sa situation nouvelle, tout enfermée qu'elle fût, était pour elle une liberté relative. Elle y fut gaie, charmante, et elle enveloppa entièrement Philippe V. Elle partagea, resserra la captivité qu'il aimait. Ils furent prisonniers l'un de l'autre, même chambre petite, un seul lit, et petit. Ils se quittaient si peu que, même avec son confesseur, le roi ne restait qu'un moment. Et, si la confession de la reine était un peu longue, le roi l'interrompait. Si, en marchant, elle restait de deux pas en arrière, il se retournait, l'attendait. Ils communiaient, priaient, chassaient, mangeaient ensemble. Ni nuit, ni jour, nul *aparté*.

Alberoni était souvent en tiers. La reine lui donna un rival d'influence. Se trouvant grosse, elle voulut avoir sa nourrice, la fit venir de Parme. Cette femme, Laura Piscatori, était une simple paysanne, mais fort intelligente, et la reine eut dès lors une âme à elle. Cette nourrice eut le bas service intérieur, qui donnait tant de prise. Elle entrait le matin, tirait les rideaux, aidait la reine à prendre les premiers vêtements avant la toilette. Elle fut peu à peu comme un animal domestique qui voyait tout, le plus caché, les secrets rapports des époux. S'il y avait un peu de froid, elle les rapprochait. Elle avait deux moments uniques où la reine était seule et pouvait s'épancher, bien courts, il est vrai, cinq minutes, où le roi sortait pour se faire habiller et où la reine se chaussait; et parfois un peu plus, quand il recevait le Conseil de Castille. Alors elle glissait à la reine des papiers, des mémoires, des lettres secrètes. La nourrice était l'unique intermédiaire qu'elle eût avec le monde. Il n'y avait pas à servir la reine en galanterie. Mais la nourrice la servait, la chauffait en son unique passion, ses plans d'établissements futurs, de royautés pour ses enfants.

Cette société unique et très secrète, qui paraissait si peu, primait Alberoni, et faisait vraiment un gouvernement de nourrice et de femme grosse. Le roi avait du premier lit un fils, le futur roi d'Espagne. Toute la pensée des deux femmes fut de chercher comment l'enfant à naître et ceux qui pourraient suivre deviendraient aussi rois, princes, au moins en Italie. La condition des reines veuves était intolérable en Espagne; elles devenaient forcément religieuses. Ces Italiennes ne s'en souciaient pas; elles rêvaient le retour dans leur beau pays, une retraite splendide et paisible chez un fils de la reine qui aurait Parme, la Toscane, qui sait? les Deux-Siciles? L'obstacle était l'Empereur. Il eût fallu brouiller l'Angleterre avec l'Empereur, offrir à Georges de si grands avantages aux dépens de l'Espagne, qu'il laissât faire ce qu'on voulait en Italie. Mais Philippe V y consentirait-il? honnête et scrupuleux comme il était, immolerait-il aux Anglais le commerce espagnol, traiterait-il avec les hérétiques, trahirait-il la cause sainte que Rome et tous les catholiques appuyaient de leurs vœux, la cause du Prétendant, ce grand intérêt de donner un roi catholique à l'Angleterre, à la puissance qui, par la dernière paix, se trouvait l'arbitre du monde?

Alberoni dut, s'il voulait garder la faveur de la reine, entrer dans cette voie. Lui qui venait de relever l'Inquisition, il dut décider le roi à rechercher l'alliance hérétique, à reconnaître la succession protestante. Tant que Louis XIV vécut, on n'osa pas même en parler. Lui mort, sans ménagement, on démasqua la batterie. Alberoni, la reine, sans retard, sans ménagement, exigèrent de Philippe V qu'il tournât tout à coup contre sa foi, contre l'opinion nationale de l'Espagne, contre la volonté de son grand-père, qui, sur son lit de mort, lui avait écrit pour le Prétendant.

On profita de sa mauvaise humeur contre la France et le Régent. On lui montra que le Régent rechercherait l'alliance de Georges et qu'il fallait le gagner de vitesse. Il semble cependant que le bon roi d'Espagne ait lutté environ huit jours. Il était fort dévot, craignait l'enfer, exécrait l'hérétique. Quoique Alberoni fût déjà son ministre réel, le ministre nominal était le grand inquisiteur, qui faisait un peu la balance. La reine la rompit, vainquit, emporta tout.

Dans cette précipitation indécente, l'honneur du roi n'était pas ménagé. Elle ne daignait cacher l'empire honteux qu'elle exerçait sur lui, ses moyens plus honteux encore. D'une part, elle lui faisait suivre un régime irritant de viandes, d'alicante et d'épices, sans mouvement qu'un peu de chasse en voiture. De l'autre, elle le domptait par les plaisirs ou les refus. Rien n'était ménagé, caresses, menaces, flatteries. Au besoin, elle était très basse, parfois lâche à ce point d'admirer la beauté du roi (dont le nez touchait le menton).

Ce sont les premières scènes, et non pas les moins rebutantes, d'un temps où la nature, hardie et sans réserve, triomphera souvent des intérêts moraux. Cette femme toujours enfermée, qui ne put rien savoir du monde, ignorante, d'autant plus hardie, le troubla vingt années. Elle avait l'âpreté maternelle de la chatte et sa furie pour ses petits. Pour eux, elle alla à l'aveugle, jusqu'à ce qu'elle eût fait son fils roi, son mari idiot. L'emploi peu scrupuleux des sinistres recettes qui ravivent l'amour aux dépens de la vie, aboutit à l'épilepsie. Les enfants de Philippe V eurent de leur père cet héritage et le portèrent de la maison d'Espagne dans celles d'Autriche et de Naples. La moitié de l'Europe fut gouvernée par des fous.

Dès le 18 septembre, Alberoni, autorisé du roi, négocia avec Dodington, l'envoyé anglais à Madrid. Il s'agissait d'abord de détruire les barrières que les Anglais trouvaient dans l'Espagne et ses colonies. On tentait l'Angleterre par le côté secret de sa concupiscence, les mers du Sud, le commerce des précieuses denrées qui devenaient des besoins pour l'Europe, la fourniture des nègres qui les cultivent, trafic si lucratif. On voulait dire au fond : « Nous ouvrons l'Amérique. Ouvrez-nous l'Italie. » On ne le disait pas encore. Cependant Dodington fut tellement ravi, ébloui, qu'Alberoni n'hésita pas à lui confier toute la pensée de la reine, et que bientôt il écrivit à Londres « qu'il n'était rien que l'on n'obtînt, si on la laissait faire en Italie un bon établissement pour ses enfants ». Elle eût donné tout à ce prix, presque l'Espagne elle-même.

La première lettre de Dodington à Londres pour annoncer les offres de l'Espagne est du 20 septembre. Date extrêmement importante. Avant le 30, un mois après la mort de Louis XIV, le gouvernement whig, notre ennemi, sut que désormais la France était seule, que l'union des deux branches de la maison de Bourbon était dissoute. La fameuse sottise : « Il n'y a plus de Pyrénées », reparaissait ce qu'elle est, une sottise. Les Pyrénées se relevaient plus hautes. La France, désormais isolée de l'Espagne, était plus faible sous le Régent que la veille de la mort du roi.

Dodington écrivait à Londres : « Voilà la France et l'Espagne brouillées plus qu'elles ne le seraient par une guerre de quinze ans. »

Cette brouillerie allait tout d'abord passer aux voies de fait. Alberoni, en attendant qu'il eût construit des vaisseaux, en louait pour poursuivre les nôtres dans les mers du Sud. Il nous fermait ces mers, qu'il ouvrait aux Anglais, se tenant même prêt à les aider dans la destruction de notre marine.

Quel encouragement pour Marlborough, pour les

aboyeurs de la guerre! L'Angleterre est le pays des fortes haines, des colères longues et obstinées. Nombre de Whigs sincères retenaient fidèlement l'horreur du dernier règne, la trop juste rancune de la Révocation. Pour eux, Louis XIV n'était pas mort, et ne pouvait mourir; ils le gardaient présent pour justifier leur haine pour nous. Les machines infernales qu'ils lancèrent contre Saint-Malo, elles restaient dans leurs cœurs, chargées et surchargées de vœux pour faire sauter la France.

Les deux marines se haïssaient cruellement. Dans une guerre (de duels à la fin), on s'était, des deux parts, envenimé jusqu'à n'avoir plus âmes d'homme. Notre Cassart, si vaillant, fut féroce, et sans scrupule arma les flibustiers. Nos trop heureux corsaires stimulaient l'ennemi, comme les mouches qui rendent un taureau fou. Les Anglais tuaient tout ce qu'ils prenaient. Et encore, ils ne se contentaient pas de la mort; ils y joignaient parfois de longs supplices.

A ces haines atroces, trop réelles, ajoutez les fausses. Les plus véhéments orateurs, les plus emportés contre nous, étaient les patriotes de l'*Alley-Change*, les vaillants de l'agiotage qui, dans les crises de la guerre, avaient eu leurs combats, leurs victoires, de merveilleux Blenheim de bourse, des rafles incomparables. Le calme plat désolait ces héros.

Dans un moment pareil, l'offre de Philippe V était un coup cruel pour nous, et, disons-le, un acte bien étonnant d'ingratitude. Il avait déjà oublié que nous avions, pour le faire roi, accepté contre l'Europe la plus épouvantable lutte, sacrifié deux milliards, un million d'hommes ! La nation, non moins que le roi, nous était redevable. Si elle n'avait un Espagnol, elle devait vouloir un Français, un prince de race, de langue latine. Elle devait repousser l'Autrichien, le blond barbare allemand, dont elle n'eût pas compris un mot. Pour chasser ce barbare, elle eut un moment d'élan admirable, mais court, et généralement, elle rejeta le poids de cette longue guerre sur les armées de la France, et triompha par notre sang.

Et, aujourd'hui, au bout d'un mois, nous recevions derrière ce coup fourré de l'abandon de l'Espagne. Nous perdions, pour la guerre, notre compagne naturelle, notre *matelot*, comme on dit en marine du vaisseau acolyte qui doit garder le flanc du vaisseau engagé en bataille.

Ainsi, quel que pût être le gouvernement bienveillant de la Régence, son élan juvénile et son semblant d'espoir, elle n'avait rien de solide, et réellement portait en l'air. Sans allié, sans argent, ni ressources, pliant sous deux milliards et demi de dettes, elle était de plus entourée par la meute implacable des illustres voleurs qui lui mettaient le marché à la main, la rançonnaient, sinon passaient du côté de l'Espagne.

CHAPITRE II

Grandeur de l'Angleterre. — État incurable de la France. (1715.)

L'Angleterre est grande en ce siècle, grande d'elle-même et par l'éclipse de la France. Celle-ci, pour longtemps, est absente des affaires humaines. Elle ne fera que des sottises en politique, en littérature des œuvres de génie.

Naufragée et demi-brisée, enfonçant, elle roule entre deux eaux dans le sillage du vaisseau britannique. Tout flotte derrière celui-ci, non seulement les puissances protestantes, mais les catholiques. L'Espagne, l'Empereur, la courtisent pour arracher des lambeaux d'Italie.

Cette grandeur de l'Angleterre n'est point illégitime. Seule, entre les nations d'alors, elle a les trois conditions pour vivre et agir : un principe, une machine, un moteur.

C'est le moteur qu'on n'a pas remarqué. Sans lui, elle n'eût rien fait. Son beau principe du *gouverne-*

ment de soi par soi était représenté, très peu fidèlement, par deux chambres aristocratiques. Sa fameuse constitution, — une vieille machine de Marly, — était propre à ne pas bouger et ne rien faire. La prétendue balance n'était qu'une bascule alternative. L'Angleterre prit force et vigueur, justement parce qu'il n'y eut plus ni balance ni bascule. Un moteur vint, qui emporta tout en ligne droite, dans un mouvement simple et fort. Ce fut le parti de l'argent, le tout jeune parti de la banque, auquel se réunit bien vite la haute propriété ; bref un grand parti riche, qui acheta, gouverna le peuple, ou le jeta à la mer; je veux dire, lui ouvrit le commerce du monde.

Ce parti de l'argent se vantait d'être le parti patriote. Et la grande originalité de l'Angleterre, c'est que cela était vrai. La classe des rentiers et possesseurs d'effets publics, spéculateurs, etc., qui était pour les autres États un élément d'énervation, pour elle était une vraie force nationale.

Cette classe fut et le moteur et le régulateur de la machine. Elle poussa tout entière d'un côté. Il y eut impulsion, et non fluctuation. J'ai montré, au moment critique de 1688, combien l'Angleterre flottait encore. Ni l'Église, ni la propriété territoriale, ces prétendus éléments de fixité, ne lui donnaient aucune base. Les propriétaires étaient divisés (tories et non-tories, catholiques et non-catholiques, jacobites et non-jacobites). L'Église n'était pas moins divisée contre elle-même; l'Anglicane faussée par son *credo* absolutiste, jusqu'à regretter Jacques II ! Et il eut même des

Puritains pour lui! Des Puritains regrettaient le Jésuite! Que serait devenu Guillaume à la Révolution sans le fanatisme héroïque de nos Réfugiés!

Par la création de la Banque, par la Dette publique, par la formation de certaines Compagnies patronnées de l'État, un monde nouveau fut évoqué et sortit de la terre, suspendu uniquement à la cause de la liberté, à la révolution protestante et parlementaire, nullement flottant ou divisé, mais serré en masse compacte par l'identité redoutable des idées et des intérêts. Ce fut le cœur, le nerf des Whigs. Ceux-ci avaient fait *au dernier vivant* avec la liberté publique. Que le roi catholique revînt, le propriétaire restait propriétaire, et même l'évêque anglican serait resté évêque, mais le rentier ne restait pas rentier. Il savait cela à merveille. Ce fut sa ferme foi que le gouvernement de droit divin ne payerait nullement les dettes de la Révolution.

Mais pour comprendre bien cette singularité anglaise, il faut envisager dans la généralité de l'Europe un grand fait qui commence, sous ses deux caractères, l'épargne et le placement, la spéculation et le jeu.

Le jeu précède l'épargne. Qui a peu, garde moins, mais risque, hasarde volontiers, afin d'avoir beaucoup.

On a vu quelque chose de cela du temps d'Henri IV, et pendant la Guerre de Trente-Ans : les fameuses loteries d'Italie, où jouait toute l'Europe, les jeux de cartes et jeux de guerre, la manie furieuse de chercher la fortune par toutes les voies de hasard, intrigues ou batailles. Au fond même génie. Waldstein fut un joueur, Mazarin un tricheur. Le froid calculateur, Turenne, trouva l'art et les règles ; il tint académie du grand jeu de la mort.

Tout cela n'était rien en comparaison de ce qui se vit à mesure que le jeu, la loterie, l'amour de la spéculation, atteignirent des peuples entiers. Dans la longueur des guerres, tous les rois, forcés d'emprunter, devinrent des tentateurs qui, par des primes et des usures énormes, forcèrent l'argent timide à devenir hardi, à s'associer aux grands hasards. L'épargne, accumulée par la sobriété ou l'avarice, sortit, s'aventura, se jeta aux coffres publics. Les aventures cruelles de banqueroutes, de réductions, effrayaient un moment ; l'attrait des gros gains ramenait. Une maladie secrète, propre à nos temps modernes, titillait, stimulait, démangeait en dessous, — le prurit des loteries, la douceur du gain sans travail.

L'incertitude même, le plaisir du péril, était pour plusieurs un vertige qui, loin d'arrêter, entraînait. Nombre de sots glorieux trouvaient beau de prêter au roi, de l'aider aux hautes affaires, de guerroyer du fond de leurs greniers, de régenter et d'insulter l'Europe. Cela commence en France un peu après Colbert. Le rentier apparaît partout. A la place Royale, aux Tuileries, aux cafés, des bataillons de nouvellistes, petits bourgeois mal mis, de tenue légère en décembre, n'en étaient pas moins fiers et cruels aux combats de langue, terribles au roi Guillaume, à la Hollande, informés de l'Europe jusqu'au fond du Nord même et suivant de l'œil Charles XII.

Les cafés (nés de la *Cabale*, 1669) s'ouvraient partout en Angleterre, et à côté, la tabagie turque, hollandaise. Le gin fut trouvé en 1684, et bientôt, sans doute, le rhum, si cher à Robinson. On chercha une ivresse moins épaisse que celle de la bière, moins bavarde que celle du vin. On préféra la forte absorption de l'eau-de-vie. Cependant on fumait, on rêvait de report et de dividende. Sombre béatitude, où le spéculateur, au gré de la fumée, voyait monter ses actions.

Tous ces muets, tous ces sauvages, au fond insociables, s'associaient pour les intérêts. Deux terrains se créèrent, où, sans se connaître, on put se rencontrer dans des combinaisons communes :

Premier terrain, *la Dette*. Elle commence en 1692, et elle fait bientôt un milliard.

Second terrain, *la Banque* (simplement de change et d'escompte), mais qui soutient l'État, lui prête de grosses sommes sans intérêt. Elle suspend un moment ses payements, mais bientôt renaît plus brillante.

J'ai montré au précédent volume la large exploitation que firent les *patriotes*, sous la reine Anne, de ces deux terrains financiers, le jeu immense qui se fit sur la guerre, la hausse et la baisse, la vie, la mort. La vente des consciences au Parlement et la vente du sang (obstinément versé, parce qu'il se transmutait en or), c'est le grand négoce du temps. Jeu permis et autorisé. Les plus austères, les hommes à cheveux plats, à noirs habits, qui ont l'horreur des cartes, n'en ont plus horreur, quand, ces cartes sont des vies d'hommes, les parties des massacres et le tapis vert Malplaquet.

Les grosses fortunes d'argent qui se créèrent et les grandes fortunes territoriales firent une alliance tacite qui écarta les petites du gouvernement du pays. Cette révolution profonde, décisive pour l'avenir, passa presque inaperçue, en 1696. Les Communes avaient adopté (à grand'peine et à une faible majorité) un bill qui eût ouvert le Parlement aux petits riches qui avaient une centaine de mille francs. Ceux-ci, la plupart gentilshommes de campagne, eussent été aisément élus pour représenter la ville voisine. Il semblait que les lords, les Norfolk, les Somerset, les Bedford, les Newcastle, hauts barons de la terre, dussent favoriser ces élections patriarcales de leurs petits voisins ruraux, qui, dans la vieille Angleterre, appartenaient, comme eux, au parti territorial (landed interest). Ce fut tout le contraire. Les lords rejetèrent le bill qui rendait éligibles ces petits propriétaires, voulant mettre aux Communes leurs fils cadets, leurs intendants, ou des fonctionnaires dont ils avaient besoin, laissant aussi les marchands riches, les gros banquiers, entrer au Parlement par les achats de votes et la puissance de l'argent.

Les Communes cédèrent. Et, dès lors, *ce fut fait.* L'Angleterre fut menée par cette ligue de grosses fortunes ou de terre ou d'argent, sans égard aux petits gentilshommes de campagne, où se trouvait la masse du parti jacobite, beaucoup de catholiques, amis du Prétendant. Ses ennemis, surtout les banquiers, rentiers, spéculateurs, etc., qui croyaient son retour synonyme de la banqueroute, furent au gouvernail de l'État. Ils y constituèrent un grand parti, attentif, informé, qui, d'un œil perçant, regardait le continent, la France, et constituait pour l'Angleterre ce qu'on peut appeler une garde armée.

Ce qu'ils avaient le plus à craindre, et bien plus qu'une invasion du Prétendant, c'était que la France ne refît ces terribles nids de corsaires qui, sous Jean Bart, Duguay-Trouin, Forbin, Cassart, avaient rendu le commerce impossible, la mer intraversable. Ces gros riches qui gouvernaient étaient en vrai péril, si la masse maritime et commerciale chômait, languissait dans les ports. Elle se fût retournée sur eux. L'Anglais n'est pas mauvais, s'il mange; mais s'il ne mange pas, c'est un étrange dogue. De là la crainte extrême que le gouvernement eut de Dunkerque, dont la destruction fut le premier, le plus important article de la paix. De là la rancune et la rage (fort naturelle, fort légitime) avec laquelle ils poursuivirent la mauvaise foi de Louis XIV, qui ressuscitait Dunkerque tout doucement par la création de Mardick.

Quant au Prétendant, lord Stanhope écrivait : « Je prie Dieu que, si jamais la France nous attaque, elle mette le Prétendant à la tête de l'invasion; cela seul la fera échouer. » En effet, le grand parti whig, avec d'énormes capitaux disponibles, pouvant du jour au lendemain avoir d'en face (de Hollande) des régiments disciplinés, craignait peu les bandes légères qui seraient descendues d'Écosse. Même après un succès, entrant dans l'épaisse Angleterre, elles n'auraient pas beaucoup mordu.

Loin de craindre le Prétendant, le parti de la guerre l'aurait plutôt encouragé. L'homme à deux visages, Marlborough, lui souriait, tâchait qu'il compromît la France. Il y avait son neveu Berwick, et ces deux hommes de guerre eussent été charmés de reprendre leur métier, de se faire vis-à-vis, et de se tirer amicalement des coups de canon. Marlborough envoyait au Prétendant de petites charités et l'assurait de ses très humbles services. Appât grossier pour tout autre poisson, mais qui était avidement avalé par la mère du Prétendant, sa béate cour et ses Jésuites. Cette cour de Saint-Germain était un monde de romans, de miracles. Il s'en faisait (de tout petits) au tombeau de Jacques II. Jacques III, né d'un vœu, était l'enfant du miracle, fils de la Sainte-Vierge, disait son père. Et, comme tel, il ne pouvait manquer d'être tôt ou tard aidé d'en haut. S'il avait échoué jusqu'alors, c'est qu'on avait compté sur les moyens humains. Le ciel n'avait daigné agir. Mais maintenant la situation étant telle, la France tellement à bout de ressources, le ciel ne pouvait certes rien désirer de mieux. Quelle magnifique occasion de montrer seul le bras divin !

Dangereuse folie, mais qui ne fut nullement un léger coup de tête. Longuement le *sage* Torcy, commis obéissant, en avait conféré avec notre envoyé à Londres. On avait préparé quelques vaisseaux, donné les autorisations nécessaires aux commissaires de la marine. On avait cherché de l'argent, et au moins on avait eu du papier ; le banquier Crozat avait donné des lettres de crédit pour l'Écosse. Tout cela n'était nullement ignoré. L'envoyé de Georges criait. On niait l'évidence. Mais le Prétendant était tout botté et allait partir de Lorraine, débarquer le 15 à Newcastle.

Le roi rendit à la France un immense service en mourant le 1er. S'il était mort le 10, le Prétendant ne l'eût pas su à temps, fût parti tout de même, et nous eût irrémédiablement enfournés dans le piège qu'on nous tendait.

La mort de Louis XIV nous replaça dans le bon sens. Loin de rompre la paix, le Régent dit fort raisonnablement à l'Angleterre : « Garantissez-moi le maintien de la paix, et j'éloigne le Prétendant. » L'amiral Byng se présentant au Havre et demandant qu'on lui livrât les vaisseaux préparés pour l'expédition, le Régent, sans les livrer, les désarma. Il fit arrêter le Prétendant par son capitaine des gardes, le fit reconduire en Lorraine, pour l'en rappeler, bien entendu, si l'Angleterre voulait rompre la paix.

La cour de Saint-Germain, étourdie du coup, tâcha d'ébranler le Régent par son côté le plus prenable, l'influence des femmes. On fit parler une mademoiselle De Chausseraie, infiniment adroite et spirituelle. C'était une dame riche, indépendante, avec qui le feu roi aimait fort à causer, et qui, sans paraître y toucher, se mêlait de toute intrigue. Elle était vieille, fit peu d'impression. On détacha alors une certaine Olivia Trant, une Anglaise belle et galante, qui vivait à Paris et de plus d'un métier (Mahon). Le Régent écouta, sourit, devina tout. Enfin la sainte cour de Saint-Germain, à bout, en vint à un moyen étrange et bien grossier. On chercha là-bas, on fit venir une vraie rose d'Angleterre, pas même épanouie, vierge, à ce qu'on disait, et on mena cette victime au Palais-Royal (Bolingbroke). On supposait que la pauvre petite, innocente, ignorante, par cela même, aurait plus d'action. Mais la place était plus que prise. La vertu du Régent était gardée par nombre de dames, bien autrement brillantes et d'esprit et d'audace, de grâce aussi. L'une d'elles, la Parabère, venait justement de le prendre.

Le Régent et ses amis les plus sensés, comme le duc de Noailles, voyaient que, dans un tel état de ruine, de désorganisation, il fallait à toute condition assurer la paix, ménager l'Angleterre et s'entendre avec Georges. Qui avait fait cette situation, sinon Louis XIV, et toutes les fautes du grand règne ? La honte, s'il y en avait, revenait à lui seul.

Georges était contre nous. Aux premières démarches du Régent pour obtenir de lui une garantie positive de la paix, il exigea une condition impossible : que le Régent se mît la corde au cou, qu'il bravât le grand parti qui lui avait disputé la Régence, *qu'il publiât de nouveau les renonciations de Philippe V*, le proclamât à jamais exclu du trône. C'était déclarer la guerre à l'Espagne et à une partie de la France. Le Régent, dans sa position désarmée et chancelante, eût été vraisemblablement réduit à un triste secours, celui d'une garde anglaise que Georges lui avait offerte au moment de la mort du roi. Il serait devenu vassal de l'Angleterre, et son lieutenant en France. Il crut qu'en tout cela Georges ne voulait que tendre un piège, mettre la guerre civile ici avant de nous attaquer. Il hasarda de lui rendre la pareille, et il lâcha le Prétendant.

Il le laissa partir (12 décembre), mais seul et comme individu, donc avec peu de chances. Les jacobites avaient déjà eu des revers. Le prince leur arrivait en plein hiver, trop tard. Sa défiance pour les gens les plus avisés du parti (pour le spirituel et hardi Bolingbroke), l'affaiblissait encore et l'annulait. Sa pâle, mince figure, avec un air douteux, d'étranges yeux italiens qu'il tenait de sa mère, ne parlait guère pour lui, et jamais il ne souriait. Il venait sans secours. Ce n'était plus le candidat de la France et de l'Espagne, ayant pour arrière-garde deux grandes monarchies. Il se rembarqua à la hâte.

L'effet de cette déplorable expédition fut de fortifier Georges extrêmement. L'Angleterre témoigna à cet Allemand, qui ne savait pas sa langue, une confiance qu'elle n'eut jamais pour aucun roi anglais. On lui donna cet étonnant pouvoir de ne renouveler le Parlement que tous les sept ans.

La France faisait contraste. Tandis que l'Angleterre s'asseyait dans sa force, elle enfonçait dans son naufrage, plongeait dans la banqueroute, la grande débâcle. Il eût fallu, pour se tirer de là, réformer, non les finances seulement, mais refondre l'État et le refaire de fond en comble. Terrible opération. Si on l'avait tentée, on eût eu contre soi la nation elle-même, affaissée d'esprit, énervée de misère, et qui, comprimée sous un monde énorme de privilégiés, aurait préféré le mal au remède.

Ce n'était pas l'audace ni l'idée qui manquait. Le Régent, au plus haut degré, était un libre esprit. Il n'avait nulle ambition ; ses vices déplorables n'étaient funestes qu'à lui-même. Ils ne l'avaient pas endurci. Il était très ouvert à toute bonne innovation. On peut en dire autant du duc de Noailles, qui, dans un meilleur temps, aurait été peut-être un grand réformateur.

C'est par l'Église qu'on eût dû commencer la réforme. Noailles avait très bien compris que le premier coup à frapper était de chasser les Jésuites. Le second eût été de se passer du pape pour l'institution des évêques ; le Régent y songeait. Le troisième eût été de rappeler les protestants. Il y avait encore un monde de réfugiés, gens riches, utiles, laborieux, marchands, fabricants, ouvriers, qui ne demandaient qu'à rentrer. Un fleuve d'or eût coulé dans cette France ruinée ; mieux encore, un fleuve de jeune sang, actif et chaud, pour réchauffer ses vieilles veines taries.

Cela ne se put pas. Même dans l'intérieur du Régent, Saint-Simon plaida pour les Jésuites et contre les protestants. Noailles, en ses projets, aurait eu contre lui les jansénistes même. Il aurait eu son oncle même, l'archevêque de Noailles, qui, déjà accusé de jansénisme et d'hérésie, n'aurait voulu pour rien favoriser les hérétiques.

Dans l'ordre civil et financier, la grande réforme proposée dès Colbert, était la *taille proportionnelle*, la vraie égalité qui doit être inégale, c'est-à-dire peser sur le riche. Mais quel était le riche? le clergé, la noblesse. Il s'agissait de les mettre à la taille, de les rendre *taillables!* Horrible affront dans les idées du temps. Tel était le but, la portée de cette réforme (Voy. la proposition de 1665, dans les *Éclaircissements*). Le Régent et Noailles accueillirent les plans qu'on présenta, en ordonnèrent l'essai. Partout on trouva des obstacles, et dans qui? Dans le peuple aveugle et ignorant, que les privilégiés ameutaient contre tout changement.

Il eût fallu pour réussir un gouvernement fort, très fortement assis. Imaginez ce que c'était que de mettre à la taille un prince archevêque de Cambrai, un archevêque de Rohan, un Villeroy, vrai roi de Lyon, qui ne souffrait pas que le Roi se mêlât pour la moindre chose de la seconde ville du royaume, — ce Villeroy qui avait dans les mains l'enfant royal, qui faisait parler cet enfant, et pouvait, dès demain, le faire parler pour la régence d'Espagne et du duc du Maine.

On ne pouvait faire un seul pas, dans la réforme religieuse ou civile, sans trouver cette pierre sur le chemin, s'y heurter, s'y briser. J'entends la concurrence du roi d'Espagne, j'entends les Jésuites et les évêques (presque tous jésuitisés), le grand parti dévot, une masse de seigneurs et de nobles, bouffis, gâtés, absurdes, dont le roi naturel était Philippe V.

Jugeons-en par le plus honnête, Saint-Simon, crevant de vain orgueil, sans lumières, malgré son talent, si arriéré, si imbu de l'idée que l'État est un bien de famille. Le régent légitime pour lui, c'est l'*oncle* (Philippe V), et non le *cousin* (Orléans). Quelque ami, serviteur, qu'il soit de celui-ci, il n'hésite pas à lui dire à lui-même que, si Philippe entrait en France, lui, Saint-Simon, quitterait le Régent avec larmes, mais enfin le quitterait.

Trois mois d'essai montrèrent que toute grande réforme politique était impossible. On dut rentrer dans le fangeux ruisseau de Chamillard et Desmarets, dans les banqueroutes partielles. On avoua le vide, la ruine; on déclara que le dernier roi avait mangé l'avenir même (7 décembre). On fit, comme Desmarets, de la fausse monnaie; du moins, on donna à celle qu'on frappa une valeur fictive. On annonça l'examen solennel, non seulement de ce qu'on appelait les affaires extraordinaires, mais de tous les titres publics. Il y avait lieu d'examiner certainement. Les traitants avaient agi avec le dernier roi comme avec un fils de famille à peu près perdu; ils lui prêtaient à quatre cents pour cent. Ce n'est pas tout. La comptabilité était si mal tenue, qu'il y avait une infinité de doubles emplois, des titres doubles. Les receveurs généraux, sous prétexte d'avances (exagérées et mal prouvées) ne rendaient plus rien au Trésor, agiotaient avec l'argent des recettes; ils faisaient circuler un nombre infini de billets, et, sous noms supposés, prêtaient au roi son propre argent.

Noailles avait proposé de les supprimer, de les remplacer; Saint-Simon de faire venir un à un ces rois de la finance, à petit bruit, et de les étrangler entre deux portes, je veux dire de les faire regorger, de les rançonner à la turque. Le Régent y répugna et se contenta d'abord de demander aux receveurs qu'ils payassent au moins la solde des troupes (chose si nécessaire dans les périls où l'on était). Ils promirent, ne tinrent pas, espérant que le soldat, ne recevant rien, se révolterait. Le grand parti de l'argent, dans ces bons sentiments, sournoisement employait son arme ordinaire en révolution, n'achetant rien, augmentant la misère, mettant le marchand, l'ouvrier, au désespoir.

Ainsi exaspéré, le plus doux des gouvernements n'eut de ressources que dans les moyens de terreur. Le 12 mars 1716, on établit une chambre de justice contre les traitants usuriers, les comptables agioteurs, les munitionnaires engraissés du jeûne de nos armées, etc. Grand bruit, force menaces. On montre la torture; on parle d'échafaud. On prétend faire payer deux cents millions à quatre mille personnes. Mais ces sévérités n'étaient pas de ce temps. Nombre de seigneurs charitables, des femmes spirituelles et charmantes, s'intéressent pour les financiers. On entoure le Régent des plus douces obsessions. Ce n'est pas un barbare. Il faiblit; il trouve fort doux que cette justice tourne au profit de ceux qu'il aime. Les traitants sont sucés par ces agréables vampires, sans que l'État y gagne presque rien. Noailles, sa chambre de justice, sont sifflés, désespèrent. En vain, dans sa fureur, il encourage les dénonciateurs, jusqu'aux laquais, qui peuvent sous des noms supposés accuser et trahir leurs maîtres. Il fait plus, il appelle à lui le paysan (vraie mesure de 1793); il promet aux communes où les traitants ont leur château une part dans les confiscations.

Le grand *visa* des titres, des rentes, etc., avait mieux réussi. Il fut fait rudement, mais avec intelligence, par quatre aventuriers du Dauphiné, les frères Pâris. Ils épargnèrent autant qu'ils purent les militaires et les communes, frappèrent surtout les détenteurs de titres, passés par plusieurs mains, achetés à bas prix. La dette fut réduite à peu près à la moitié, et cette moitié convertie en titres nouveaux qu'on appela *billets d'État*.

Et avec tout cela, il manque cent millions à la fin de 1716. Pour comble, le Midi se révolte contre l'impôt du Dixième, et il faut le supprimer. On voudrait suppléer en faisant payer les exemptés, les magistrats et autres. Mais les Parlements mêmes, ces grands parleurs de bien public, donnent l'exemple de la résistance. Tout est impasse. Nul moyen de payer les *billets d'État* qui soldaient la dette réduite. Ils tombent à rien. Pour ces chiffons, qu'offre-t-on? Des chiffons, des promesses de rentes, des terres abandonnées, des actions de la Compagnie d'Occident, hypothéquées sur la savane américaine ou sur la peau de l'ours qui court les bois.

Noailles, *in extremis*, déclare que, pour se relever, il faudrait un miracle, quinze ans d'économie : donc, *toute une réforme morale*, un gouvernement ferme, une noblesse désintéressée, plus de luxe, plus de plaisirs. Cette vieille société, gâtée par cent années de vices monarchiques, la réduire tout à coup à la vie de Caton !

Fatalité terrible de ce siècle. Nul ne peut pour le bien, tous pour le mal. Le tableau désolant que l'on fait de la France à la mort de Louis XIV, on l'a à la mort du Régent, on l'a à la mort de Fleury, à la chute de Choiseul. Ce que Forbonnais dit de 1715, d'Argenson le dira de 1740, et les Économistes de 1760, enfin Arthur Young en 1785.

Un écrivain, obscur parfois, mais fort et judicieux, a formulé très bien la radicale impuissance de ces gouvernements. « Une invariable fixité de trente ans dans le mal avait détruit dans les gouvernants la notion des choses, le sens de voir et de prévoir. L'injustice était si ancienne, si bien enchevêtrée, incorporée à tout, qu'ils ne la sentaient plus et n'y distinguaient pas la cause de cette paralysie mortelle. Ils s'étonnent, ils se fâchent. Ce peuple est donc bien paresseux ? Point du tout, mais c'est qu'il est mort. » (H. Doniol.)

Et cela sans figure. L'homme véritable de la terre, le fermier, a péri. Il reste dans le Nord un colon misérable, qui, sous l'entrepreneur temporaire du travail, *exécute* la terre pour quelque peu de noire bouillie. Il y a dans le Midi un métayer étique. Des deux côtés, la terre jeûne aussi bien que l'homme, ne recevant plus d'aliment, mais peu à peu n'en donnant plus.

Les lois philanthropiques de la Régence sont souvent ridicules. Elles permettent par exemple la circulation des bestiaux. Mais il n'y a plus de bestiaux. Elles ennoblissent le travail, disent qu'il ne fait pas déroger. Mais qui songe à cela, qui pense à travailler, quand on ne produit plus qu'à perte ? Sans secours, engrais, ni bestiaux, le bras de l'homme obtient un petit résultat, cher et chargé de frais, plus cher par les transports (alors très difficiles). On achète peu à l'intérieur, étant toujours plus pauvre. Bien moins à l'extérieur, car le voisin produit à bon marché. Ainsi la France enfonce. Non seulement elle descend d'elle-même, mais alentour tout monte et contribue à la mettre plus bas.

Ce gouvernement ne paraît pas se souvenir de l'autre règne. Qu'il songe donc qu'avant 1700, avant cette guerre immense et le million d'hommes enterré, Louis XIV en est déjà à chercher comment il obtiendra qu'on cultive le désert.

Combien plus le désert s'étendait en 1715 ! Le Régent l'ignore-t-il ? Non, il le sait parfois, parfois il se réveille, et il a des moments lucides. Cette terre qu'en songe il voit peuplée, éveillé il la voit déserte. Il en offre à qui en voudra, aux gens de guerre réformés, par exemple, et encore avec une maison abandonnée, une exemption d'impôt.

Ces vérités terribles crevaient les yeux des hommes de bon sens. Il était déjà évident que la réforme de Noailles ne ferait rien, que la Régence resterait faible, bavarde, à vouloir le bien, faire le mal. La France, détendue, n'avait plus même sa ressource de 1709, la fièvre, le nerf du désespoir. Elle gisait, inerte, après l'accès. Et qu'adviendrait-il d'elle si ses démembreurs acharnés, les deux dogues, Marlborough, Eugène, la surprenaient sur le grabat?

Mais l'Europe elle-même en avait bien assez. L'Angleterre n'avait pas à la guerre un intérêt réel, puisque l'Espagne, et la France bientôt, offraient sans guerre tous les avantages qu'elle désirait. Malheureusement la fausse fureur de Marlborough, la haine têtue des vieux Whigs, la criaillerie des spéculateurs, faisaient grand bruit, et non seulement couvraient la voix des gens sensés, mais, par leur insolence, leurs injures, leurs affronts, rendaient le traité impossible.

Le rechercher semblait une bassesse. Il se trouva un homme qui, sans souci d'honneur, d'orgueil, vit nettement l'intérêt des deux nations, le leur fit voir, éclaira les Anglais eux-mêmes. C'était un intrigant qui toute sa vie avait été entremetteur, et qui le fut ici très utilement. C'était ce faquin de Dubois.

J'ai dit ailleurs ce que j'en pense, et il ne s'agit pas ici de sa vertu. On doit dire seulement qu'il n'est pas de coquin qui n'ait eu un jour dans sa vie, un jour où il ait marché droit. On doit avouer que celui-ci, infiniment spirituel, eut ce que n'ont pas toujours les gens d'esprit, un sens net et vif du réel, une vue très lucide de la situation, nulle fausse poésie, nulle illusion. De plus, une résolution déterminée et obstinée pour aller droit au but, y faire aller les autres.

Notez qu'il était presque seul de son avis, que ni l'Angleterre ni la France n'avaient grande envie de traiter. L'une et l'autre avaient encore la vue comme offusquée des mauvaises fumées de la guerre. On ne passe pas impunément par une lutte si longue et si atroce. Elles restaient malades de funestes levains, de fâcheux souvenirs, d'humeurs noires, de pénibles songes.

Nombre d'Anglais honnêtes, de braves gens qui sortaient peu de l'île, croyaient de bonne foi que la France était quelque chose comme la Bête de l'Apocalypse, le grand Dragon, que le monde n'était malade que de son venin, qu'il ne serait guéri qu'au jour où un vent de colère, un bon vent d'ouest, emportant l'Océan, le roulerait de la Manche au Jura. Des gens habiles, comme Marlborough, exploitaient la fureur des simples. Si la Bourse allait mal, c'était la faute de la France. Si les Compagnies avortaient, la France en était cause. L'une, la Compagnie des plongeurs, s'engageait à repêcher tout ce qui s'est perdu dans les eaux, des Argonautes à l'Armada. L'avare Océan, qui pendant tant de siècles a thésaurisé les naufrages, il aurait à restituer. Qui l'empêchait? sinon la France, cette fée, qui, de Brest, de Dunkerque jetait ses sorts et son mauvais regard.

Folies étranges! la France qui ne sait pas haïr, haïssait si peu l'Angleterre, qu'elle l'imitait tant qu'elle pouvait, copiait ses modes, ses banques, et pendant tout le siècle nos écrivains en font des éloges insensés. Mais, en même temps, il faut le dire, la France avait regret à sa guerre des corsaires, à leur bizarre légende, qui passe tous les contes de fées. Elle se souvenait peu de la grande affaire de La Hogue, mais beaucoup de Jean Bart, beaucoup de la *Railleuse*, l'étrange oiseau de mer, qui se moquait des flottes, qu'on bloquait dans Dunkerque, pendant qu'en Amérique il faisait razzia. Jeu piquant de hasard, de malice héroïque, où le plaisir était moins la prise que la surprise. Il s'agissait si peu d'argent, qu'un des nôtres (le petit Renaut) dépense une fois vingt mille francs à régaler ses prisonniers. Pris lui-même, Duguay-Trouin, en revanche, capture une Anglaise, magnanime Ariane qui fait fuir son Thésée. Voilà de ces folies que regrettait la France, qui lui mettait au cœur Saint-Malo et Dunkerque, qui la faisait s'obstiner dans cette fraude de Mardick qu'on creusait toujours malgré le traité.

Mais comment s'amusait-on à cela, quand la grande marine était exterminée? Pour longtemps on ne pouvait rien. Brest et Toulon chômaient, devenaient des déserts. Nos vaisseaux y pourrissaient; on n'en refaisait plus. Le roi même, se faisant un système de sa défaite, mettait les fonds de la marine aux embellissements de Marly. Pontchartrain, le ministre, fut terrible à nos amiraux plus que les Blacke et les

Ruyter. Il donnait deux mots d'ordre : 1° point de bataille ; 2° reculer.

Autre maladie de la France. Elle gardait un coin du cœur pour *le petit Joas*, je veux dire le Prétendant. Ce Joas, devenu un triste capucin, restait pour bien des âmes tendres l'intéressant enfant qui fit pleurer dans *Athalie*. Les belles Anglaises, qui vivaient à Paris de jeu et d'autre chose, les bonnes Carmélites de Chaillot, de la rue Saint-Jacques, les Jésuites, priaient pour lui. L'improbable, l'absurde, a ses attraits. Témoin les romans jacobites que l'abbé Prévost a parés de son entraînant bavardage, ces *Cleveland*, ces *Doyen de Killerine* (je ne veux pas parler du chef-d'œuvre, *Manon Lescaut*).

Fausse et malsaine poésie, sous laquelle ces bourreaux Jésuites, persécuteurs, brûleurs en Espagne, en Autriche, et si cruels en France, invoquaient la pitié, pleuraient, attendrissaient. Qu'était en soi le Prétendant ? le dangereux revenant du vieux monde, l'être fatal en qui les éléments de la grande guerre pouvaient se réunir, se rallumer, embraser tout ?

Et avec quoi l'Europe l'eût-elle recommencée, cette guerre ? avec des ruines, des peuples épuisés et sanglants, plusieurs agonisants, finis.

Ou bien, on eût recommencé (chose terrible !) avec des monstres. On va voir tout à l'heure comment le monstre russe, exterminateur, dépopulateur, le vampire espagnol galvanisé de son tombeau, la Suède, un spectre fou, s'entendirent pour le Prétendant contre la civilisation, l'Angleterre et la France. Ce jour-là, le Stuart de Rome parut ce qu'il était, l'ennemi du genre humain.

Il faut laisser les romans de côté et voir la vérité en face. La France gagnait autant, et plus que l'Angleterre, à éloigner le Prétendant, à le tenir bien clos dans son tombeau de Rome, à mettre ensemble les deux morts. Non seulement il exposait la France, la tenait contre sa voisine dans un état irritant, provoquant, pire que la guerre, mais il était une épine intérieure pour la France même; il était l'opposé de la pensée moderne, dont elle est l'interprète. Rien n'était énervant contre la jeune sève du libre esprit, autant que l'esprit jacobite, cette mauvaise petite fièvre de l'intrigue galante et dévote.

Tout cela n'était encore ni vu ni entrevu. Ici même, en pleine ruine, ayant tant besoin de la paix, on ne la voulait pas. Le Conseil de régence, en grande majorité, continuait Louis XIV. Par une folle générosité, le Régent y avait mis ses ennemis, le duc du Maine, l'inepte Villeroy, trois ministres du dernier règne. Le rapporteur était le maréchal d'Uxelles, tête creuse, qui se croyait profonde. Auprès du Régent même, la vieille tradition avait pour avocat ce petit furieux Saint-Simon, terrible contre l'Angleterre. Le Régent se défendait mal. Noailles et Canillac, Nocé, quelques *roués*, seuls appuyaient Dubois. L'ambassadeur anglais, Stairs, de son chef, sans l'aveu de Georges, conseillait l'alliance; mais ses emportements, ses aigreurs insolentes, la rendaient odieuse. Villeroy fit chasser un des Anglais de Stairs, que l'on disait (sans preuves) avoir voulu assassiner le Prétendant.

Dubois, en mars 1716, alla incognito à La Haye voir Stanhope à son passage, le tâta, fit des offres. Mais, même en offrant tout, en cédant sur Mardick et sur le Prétendant, on pouvait croire que Georges serait sourd. Il était Allemand et point du tout Anglais, fort médiocrement touché de l'intérêt de l'Angleterre. Il ne pensait qu'à l'Allemagne, aux provinces surtout qu'il avait prises à la Suède. Pour les garder, il lui fallait l'appui de son maître l'Empereur, auquel il appartenait jusqu'à lui livrer l'Italie contre la politique anglaise, qui venait au contraire de jeter en Piémont la première pierre de la future royauté italienne.

Ce valet de l'Autriche, notre ennemie, ne nous répondit rien pendant trois mois, et il n'eût peut-être jamais répondu, si Dubois n'eût su l'inquiéter. Il se fit écrire par le Régent un mot qu'il montra à Stanhope. On y voyait que le Régent était fort au courant des discordes intérieures de la cour d'Angleterre. Georges exécrait son fils qu'il ne croyait pas sien. Il tenait sa femme enfermée, tandis que lui-même traînait partout deux grosses laides maîtresses allemandes. Sa haine pour son fils éclatait sans mesure. Une fois, à grand bruit, il le chassa avec sa jeune épouse. Les amis du fils, Argyle et Stanhope, n'étaient pas sans crainte. Le Régent leur offrit ses bons offices, son appui, de l'argent.

Georges était fort peu populaire. L'Autriche avait exigé de lui un traité qui révélait son honteux vasselage (16 mai 1716). Georges et l'Empereur « s'y garantissaient *leurs futures acquisitions* ». Autrement dit, l'argent anglais et les flottes anglaises allaient être employés à aider l'Autriche en Italie. Cette Autriche qui déjà avait tant sucé l'Angleterre, qui avait si mal fait la guerre, si mal soutenu Eugène, elle voulait une guerre éternelle, déclarait que la paix d'Utrecht n'était qu'une trêve. Et Georges l'encourageait, lui répondait de l'Angleterre. Vrai crime contre la paix du monde.

Les Anglais commençaient à voir ce qu'ils avaient fait en donnant une telle couronne à un domestique de l'Empereur, qui ne suivait que sa bassesse; ses petits intérêts de principicule allemand, au risque de bouleverser le monde.

Eugène, à ce moment, battait les Turcs, et l'Autriche allait s'étendre de ce côté. Que voulait-elle donc? Conquérir partout à la fois? Si grande et si heureuse, elle trouvait en Georges un compère qui ne la trouvait pas assez grande à son gré, et voulait la grandir, contre les intérêts anglais.

Cela dégrisa les Anglais de leurs colères aveugles contre nous, nous ramena beaucoup d'esprits. Georges dut faire attention. Une convention préalable fut signée en octobre sur la vraie base anglaise (Mardick comblé, et le Prétendant éloigné au delà des Alpes). Georges ne peut se refuser à envoyer des ambassadeurs à La Haye, mais il les envoie sans pouvoirs. Enfin les pouvoirs viennent, mais incomplets, insuffisants. L'Autriche empêchait tout. Il est probable (et, selon moi, certain) qu'elle ne laissa traiter Georges et la Hollande qu'en arrachant du Régent une promesse qu'on lui sacrifierait les intérêts de la Savoie et de l'Espagne, et qu'au lieu de la Sardaigne, elle aurait la Sicile.

Le 28 novembre, la France et l'Angleterre, la Hollande, le 31 décembre, signèrent la *Triple Alliance*.

Dubois écrivait au Régent : « J'ai signé à minuit. Me voici enfin hors de peur ; — et vous hors de pages. »

Hors de peur. En effet, la France n'était plus isolée, n'avait plus à craindre l'intrusion du roi d'Espagne, qui eût été le retour de toutes les vieilles sottises.

Hors de pages, c'est-à-dire indépendant, pouvant faire la loi aux partis, déconcerter l'intrigue du duc du Maine.

Ce parti du duc du Maine c'était celui du Prétendant, des fous, des aveugles étourdis qui nous relançaient dans la guerre. Orléans, c'était la paix même, c'était l'esprit moderne, humanité, liberté et lumière.

Stairs, l'envoyé anglais, avait dit, et Dubois redit « que l'*usurpateur* Georges avait pour ami naturel l'*usurpateur* de la Régence. » Forme paradoxale, effrontée et choquante, d'une chose en réalité juste. Les mannequins du vieux passé gothique, le Stuart, l'Espagnol, étaient-ils les vrais rois des deux grandes nations les plus civilisés du monde? Que leur apportaient-ils ? sinon honte et sottise. Contre ce faux droit de famille, Georges le protestant, Orléans le libre penseur (tels quels et quoi qu'on pût en dire) représentaient pourtant le vrai droit et l'unique, celui des nations et celui du progrès.

Ce traité, ce contrat d'assurance mutuelle qui les affermissait tous deux fut aussi un bienfait pour les deux peuples et pour l'Europe. Il menait à la paix réelle, solide et sérieuse pour laquelle le monde haletait depuis la fausse paix d'Utrecht qui n'avait rien fini. Les trois peuples civilisés, désormais réunis, étaient en mesure d'imposer aux barbares, aux aventuriers, aux ambitieux qui continuaient la guerre au Nord et la réveillaient au Midi.

CHAPITRE III

Dubois. — La Tencin. — Mademoiselle Aïssé. (1717.)

Madame, au premier jour que son fils fut Régent, lui avait demandé pour grâce « de n'employer jamais ce coquin de Dubois ». Et en effet, il n'eut nul emploi, aucun titre. A soixante ans, il n'était encore rien. Et cet homme de rien, ce néant, avait eu la chance de faire la paix du monde, de donner à la France la sécurité du dehors, si nécessaire dans sa ruine intérieure. Mais, malgré ce service, sa réputation était telle que le Régent n'osait le produire. A peine le fit-il, peu après, conseiller d'État.

Le diplomate heureux, l'ange de la paix, ne payait pas de mine. On l'aurait cru un procureur fripon, un aigrefin de jeu, ou un courtier de filles, et l'on se serait peu trompé. Les portraits qu'on lui fit au temps de sa puissance, qui lui furent présentés avec des vers flatteurs où ses vertus sont résumées; ces portraits, certes, nullement satiriques, sont terribles et font reculer. Rarement on le montre de face ; les yeux sont trop sinistres, et l'ensemble trop bas. On aime mieux encore le donner de profil, et alors sa figure ne manque pas d'énergie. Sous une vilaine petite perruque blonde, elle pointe violemment en avant, comme celle d'une bête de proie, « d'une fouine », dit Saint-Simon. Comparaison trop délicate. Il a un mufle fort, de grossière animalité, d'appétits monstrueux, qui doit en faire ou un vilain satyre de mauvais lieux, ou un chasseur d'intrigues nocturnes, une furieuse taupe qui, de ce mufle, percera dans la terre ces trous subits qui mènent on ne sait où.

Il avait du flair, de la ruse, un pénétrant instinct. Mais, pour mentir à l'aise, il feignait d'hésiter, il avait l'air de chercher sa pensée, bégayait, zézayait. Dans ses lettres, c'est tout le contraire. Il écrit de la langue nouvelle et si agile qu'on peut dire celle de Voltaire. C'est un homme d'affaires vif et pressé, entraînant, endiablé, terrible pour aller à son but ; et avec cela amusant, pétillant. Il a des mots très bas, comme en déshabillé, mais décisifs, qui tranchent tout.

Jamais embarrassé. C'est par là qu'il prit le Régent. Le désolé Noailles, dans sa voie impossible d'économies, ne trouvait que difficultés. L'honnête chancelier d'Aguesseau, ancien procureur général, dissertait, raisonnait, faisait de l'éloquence et n'arrivait à rien. L'archevêque de Noailles, et le Conseil de conscience, les jansénistes modérés, voulaient, ne voulaient pas. Dans la question de Rome, dans celle des protestants, leur attitude double fut pitoyable. Non seulement ils n'avaient révoqué aucune ordonnance contre les protestants, mais ils ne toléraient pas seulement ce que l'on proposait, d'ouvrir sur la frontière une libre colonie où ils pussent exercer leur culte. Ce qui se fit de bien se fit sans eux, par le Régent. Il refusa aux commandants les autorisations qu'ils demandaient pour fusiller, massacrer les *assemblées du désert*. Il tira de la chaîne les protestants que les Parlements envoyaient aux galères. Le pape refusant l'institution à ses évêques, il allait s'en passer, et peut-être essayer des formes anglicanes. C'eût été déjà quelque chose, et beaucoup, de n'avoir plus affaire au vieux prêtre étranger. Mais les jansénistes auraient eu horreur d'un changement si hardi. Ils n'eussent pas suivi le Régent.

Il restait là impuissant et inerte, découragé, sentant qu'en tout le bien était impossible. Là-dessus arrive Dubois, l'homme de l'alliance anglaise. Il va apparemment encourager son maître? Cette alliance étroite avec l'Angleterre protestante permet de ne rien craindre des menées romaines, espagnoles. On peut émanciper la France. Mais qui s'y oppose? Dubois.

Avec l'apparente légèreté des libertins, des beaux esprits d'alors, il conseille au Régent de laisser là l'insoluble dispute, de se moquer de la question religieuse, de lâcher tout. Rome et la Bulle ont, après tout, la majorité des évêques. Laissons faire et laissons passer. Point de bruit, point d'appel. Du silence, c'est l'essentiel. Nous avons tant d'autres affaires !

En finances on est embourbé. Mais pourquoi s'en tenir à ce Noailles, sans imagination, sans invention, qui parle de nous mettre pour quinze ans au pain sec, qui traîne dans les vieilles voies? Soyons jeunes et prenons des ailes. L'Angleterre a sa force dans la dette même ; elle fleurit par la bourse et la banque. Il n'est pas jusqu'à l'Autrichien qui ne veuille avoir une banque. L'Empereur vient de fonder la sienne, de faire les premiers pas dans la voie du papier-monnaie.

Dubois, à son retour, avait fait alliance occulte avec un charlatan, puissant parce qu'il était sincère. C'était le brillant Law, Écossais de naissance, mais de génie, d'éloquence irlandaise. Un merveilleux poète en finance, et d'étrange attrait personnel, doux, aimable, charmant, né pour gagner tout homme, troubler toute femme. Son étrange beauté féminine (dont les portraits témoignent) n'aidait pas peu à la fascination. La laideur de Dubois, près de lui, devenait moins laide.

Celui-ci, favorable au grand novateur de la banque, en affaires d'État et d'Église ne conseillait rien que routine. Éteindre tous les bruits, rentrer dans l'arbitraire, c'était tout son programme. Faire taire les jansénistes, faire taire les Parlements et tout le monde, éteindre les lumières gênantes de la discussion.

Le premier pas dans cette voie mauvaise fut pourtant excellent. On étouffa la criaillerie de la noblesse qui, secrètement poussée par le duc du Maine, pour une vaine question de privilège, voulait les États généraux, qu'il aurait ensuite exploités. Le Conseil de régence frappa directement le chef, le duc lui-même. Il déclara les bâtards incapables de succéder au trône. Coup vif et qui surprit. On sentit la vigueur nouvelle d'une main cachée.

Dubois était déjà le maître de son maître. Il ne voulait pas moins (lui obscur, décrié, au bout d'une vie subalterne et malpropre) qu'être premier ministre, et pour cela, avant tout, cardinal.

L'impudence et l'audace étaient le fond de sa nature. On l'avait vu lorsque Louis XIV, s'étant servi de lui pour séduire Orléans au mariage de sa bâtarde, voulut le payer, lui demanda ce qu'il voulait. Il dit hardiment : « le chapeau ».

Ce chapeau rouge avait deux vertus excellentes. Il décrassait d'abord. Le cuistre, ainsi rougi, passait devant les princes. Mais le meilleur, c'est qu'il donnait une immunité générale, quoi qu'on pût faire. On ne pendait pas un cardinal. Alberoni se trouva bien d'avoir pris cette précaution. Il eût été pendu sans le chapeau. Dubois, pour l'obtenir, précipita son maître dans le plus étrange revirement.

On n'a de ces miracles qu'au gouvernement monarchique. Nous venons de voir tout à l'heure la reine d'Espagne, en une nuit, changer son mari si dévot, jusqu'à faire des offres étourdies aux Anglais hérétiques qui se moquent de lui. Maintenant voici le Régent, voici Dubois, les deux impies qui toujours ont raillé le pape, et qui tout à coup lui reviennent et se tournent du côté de Rome.

Dix-huit mois de gouvernement avaient usé, plus qu'usé le Régent, avaient éteint en lui toute énergie, toute faculté de vouloir. Trois choses y contribuaient. D'abord rien en affaires ne lui réussissait. La réforme espérée, proclamée, avait échoué, et nul dédommagement de cœur. La seule chose qu'il aimât au monde, sa fille, allait toujours plus folle dans ses caprices effrénés, ridicules. Plus que jamais il eût voulu l'oubli et le cherchait dans les excès.

Les portraits du Régent (tout un volume in-folio, à la Bibliothèque) en font une admirable histoire, depuis le premier (à douze ans), portrait doux, tendre, gai, de l'enfant le mieux doué qui fut jamais, jusqu'à la grosse face bouffie, apoplectique, qui de si près touche à la mort. Une chose est saillante pourtant dans le premier et le dernier : l'élément allemand, qu'il tenait de sa mère, Madame, se marque dans l'enfant, et il reparait à la fin.

Le Français se dégage dans les portraits intermédiaires, svelte, élégant, vif à tout prendre au vol, avec un mélange italien, l'aptitude à tout art. Mais, avec cela, on sent bien que la fermeté manque, qu'il coulera, glissera; il est visiblement facile et *tout à tout*.

Ses dons brillants un moment se fixèrent dans l'action, à Neerwinden, à Turin, en Espagne, où il fit la guerre à merveille. J'ai dit comment les dames (Maintenon, Des Ursins) s'entendirent pour clouer ici cet oiseau, lui couper les ailes. Il n'était que mouvement; les bonnes dames, en l'immobilisant, le damnèrent, le perdirent. Dans sa terrible activité, il courut par les sciences, réussit dans les arts. Mais tout cela ne suffisait pas : il lui fallait aimer. Son mariage forcé avec la bâtarde du roi, qui constamment le trahit pour son frère, lui rendait le foyer très froid. Elle était son espion, observait, *rapportait*. Il ne l'en traitait pas plus mal. De cette couleuvre domestique, molle et douce, onduleuse, malgré son froid contact, il eut beaucoup d'enfants. Mais de l'accouplement de l'homme et du serpent il ne sort rien de bon. Le fils fut idiot, les filles étonnamment bizarres. L'aînée, duchesse de Berry, effrénée et charmante, eut le cerveau fêlé. La seconde, qui avait l'universalité du père, était une encyclopédie tourbillonnante ; elle se fit religieuse (abbesse de Chelles) pour faire de la littérature, du jansénisme, et toutes sortes de choses d'art, de métier, jusqu'à faire des feux d'artifice pour l'effroi de ses nonnes. La troisième et la quatrième ne furent que caprice et folie ; elles étonnèrent l'Italie et l'Espagne de si hardis scandales qu'on aurait pu n'y voir que des cas d'aliénation.

Et avec tout cela, il aimait toute sa famille et y perdait beaucoup de temps. Il rendait de grands devoirs à sa mère, voyait bonnement sa femme, quelque occupé qu'il fût. Il allait une fois par semaine voir à Chelles sa petite abbesse, qui le réprimandait, le sermonnait. Il n'aurait pas passé un jour sans voir au Luxembourg sa folle adorée ; son idole, la duchesse de Berry, lui faisait à propos de rien d'horribles scènes, et lui créait mille embarras.

Autre perte de temps : tout le monde abusait de lui, pour de vaines audiences où il tâchait de satisfaire les gens, au moins par des paroles. Avant six heures, il s'enfermait, mettait le verrou. Cinq ou six habitués, ses roués, étaient là avec quelques dames peu sévères, dames de cour, dames de théâtre. Elles n'avaient aucune influence, « tiraient fort peu de lui, dit Saint-Simon, peu d'argent, nul secret. » Faisant si peu de frais d'amour, il n'était pas jaloux, leur passait des amants, parfois les reprenait après. Mais nos femmes de France n'aiment pas à compter si peu. Il en attrapait des mots durs. La comtesse de Sabran lui dit un jour : « Quand Dieu eut créé l'homme, il prit ce qui restait de boue pour faire les princes et les laquais. »

Plusieurs, et les meilleures, étaient des comédiennes, nullement intrigantes, quelques-unes désintéressées. La Desmares, à qui (une nuit) il voulait donner des diamants, lui dit : « Donnez-moi moitié moins ; cela me suffira pour acheter une petite maison pour quand vous ne m'aimerez plus. »

Si l'on veut juger cette époque, dont on parle un peu au hasard, il faut songer qu'après Louis XIV il y eut, et en mal et en bien, une explosion de liberté. Tout parut au soleil. Ce fut comme dans le *Diable boiteux* de Lesage, quand ce diable enlève les toits, rend les murs transparents, et que tout à coup l'on voit tout. Mille choses éclatent indécemment. Ce qu'on faisait la nuit, dans des échappées hypocrites de Versailles à Paris, aux orgies effrénées des *petites maisons*, on le fait en plein jour, chez soi. Le scandale, le bruit, l'ostentation et la fatuité du vice, souvent bien plus que le vice même, c'est la Régence. De là tant de choses ridicules. De là la vogue étrange, inexplicable, d'un drôle, le petit Richelieu, si couru des femmes à la mode. Elle tint à l'adresse qu'il avait de faire croire qu'il avait été, à treize ans, le chérubin heureux de sa marraine, la duchesse de Bourgogne.

Au total, les mœurs valent mieux sous cette Régence que sous les deux régences du dix-septième siècle. La licence espiègle et rieuse du dix-huitième est moins fangeuse pourtant. Qui oserait vivre alors comme firent la plupart des Condé, et Vendôme et Monsieur, si publiquement? L'école italienne est en baisse; moins d'hommes-femmes, et moins de poisons. Le Régent n'eût pas supporté le spectacle qu'eut si longtemps Louis XIV. Il n'aurait pas vu sans horreur le maître de Saint-Cloud, l'ange du Diable, le chevalier de Lorraine, empoisonneur connu, célèbre, de madame Henriette, lui succéder, se pavaner, piaffer, marcher sur le pied à tout le monde. Les monstruosités deviennent rares, et elles sont notées et sifflées. Seule peut-être, sous le Régent, la duchesse de Retz (née Luxembourg) est célèbre en ce sens; elle veut dépasser la nature et se tue à la lettre; elle meurt à vingt-cinq ans. On jasa fort d'une orgie d'écoliers qu'elle fit avec cinq ou six petits seigneurs, enfants de vieilles mœurs, qui n'aimaient point les femmes. Paris fut indigné, et le Régent satisfit l'opinion en exilant cette effrontée et chassant ces petits vilains. Il se montra sévère aussi pour un jeune prélat, qui, ayant une belle maîtresse, trouvait piquant de la mener pontificalement et de la montrer dans Paris.

Ce sont là des nuances dont il faut tenir compte. Après le système de Law, il va venir un moment plus âpre de corruption violente et quelque chose peut-être d'encore pire sous Monsieur le Duc. Et cependant, je ne vois pas que, même alors, nous soyons tombés dans la brutalité des autres peuples de l'Europe. Le café, le champagne nous tinrent plus légers, plus ailés, que les buveurs de gin et de cette encre épaisse qu'ils appellent le Porto. Qu'est-ce que les soupers de Paris devant les immondes galas du Nord, l'ivresse épileptique de Pierre-le-Grand, les longues bacchanales de celles qui lui ont succédé, je ne dis pas des femmes, — mais d'impures minotaures, des gouffres, ou plutôt des égouts.

L'esprit toujours ici faisait quelque alibi aux fureurs de la chair. On n'eût pas trouvé à Paris la grasse sensualité de Vienne, la Gomorrhe féminine, de ses grandes dames et de leurs femmes de chambre (qui vendaient à la Prusse tous les secrets du lit).

Le carnaval de la Régence ne peut se comparer à celui de Pologne, sous Auguste, à ses fameuses fêtes de nuit. Ce grand buveur saxon, joyeux satyre, faisait la *presse* pour le bal, enlevait d'amitié, d'autorité, les maris et les dames, les faisait boire à mort. Point de grâce. Pendant qu'ils ronflaient sous les tables, leurs dames, reportées fidèlement par les voitures de la cour, revenaient endormies, enceintes. De là tant de bâtards du roi ; les belles Polonaises donnaient à leur mari, par centaines, des petits Allemands.

Ces surprises et ces hontes, ici, auraient paru ignobles. Orléans ne vola jamais le plaisir. On ne voit pas qu'il ait trompé personne, encore moins employé l'ascendant de la puissance. Il aimait la liberté et ne voulait rien que par elle. Même aux fameux soupers, dans l'ivresse et le vertige, une femme restait toujours libre et pouvait se faire respecter. On le voit par l'exemple d'une fille à coup sûr légère, peu respectable, *la petite Émilie*.

Tout corrompu qu'il fût, il y avait telle corruption qu'il ne supportait pas. Chose étrange ! madame De Tencin, fine et belle, très spirituelle, échoua près de lui, et lui fut si antipathique que, lui bon et poli pour tous, il le lui dit brutalement.

Cela étonna fort. On la trouvait très agréable, et plus que les très jeunes. Ses trente-quatre ans en paraissaient vingt-cinq. Elle semblait délicate et douce, ne mettait pas affiche de méchanceté (comme madame Du Deffand, moins méchante). Son portrait est gracieux, avec l'air oblique et fuyant. On sent qu'elle n'est pas, ne sera jamais posée franchement, ni tout à fait assise, mais à moitié, de côté, de travers. Sa fine et jolie mine est basse en même temps, d'une femme propre à tout, prête à tout et à qui on peut demander. Le Régent ne demanda rien. Un fort juste instinct l'avertit, et il recula, comme il arrive à ces buissons fleuris d'où pourtant se révèle le serpent par sa fade odeur.

Madame De Tencin n'était pas un être simple ; elle était une en deux personnes ; en toutes choses, doublée de son frère, homme d'Église, homme d'esprit, qui la valait, mais bien moins calculé ; il ne faisait mystère d'être le mari de sa sœur. Elle était de Grenoble, et y avait été religieuse, en grande liberté, fort galante. Mais, pour suivre son frère, ou briller sur un autre théâtre, elle eut l'adresse de se faire faire chanoinesse à côté de Lyon, d'où, le roi mort, elle s'émancipa tout à fait, vint à Paris. Elle y prit tout d'abord le nécessaire baptême de la mode, passa par Richelieu. De là les soupers du Régent, où elle échoua. Elle se rattrapa à la littérature, se fit faire (par son neveu d'Argental) un joli roman qui lui fit honneur, et lui valut des amants gens de lettres, Fontenelle, Bolingbroke, et autres. Elle eut un salon, où surtout affluait le parti moliniste, jésuite, qui y portait les pamphlets contre le Régent.

Ce parti se divise, alors, en deux fractions : les violents et les doux.

En tête du premier, le nonce, le furieux Bentivoglio, ex-capitaine de cavalerie, guerrier sans paix ni trêve, qui crie, jure sang, mort et ruine, et s'illustre à Paris pour avoir fait à sa maîtresse une paire de petites filles qui furent deux actrices ou danseuses.

L'une, que plaisamment on nommait la *Constitution*, étonna la pudeur du temps, en s'étalant aux vitres de la rue Saint-Nicaise par l'aspect le plus singulier (Barbier). Son vaillant père, le nonce, dictait ou propageait les vers et les brochures où l'on voulait mettre à mort le Régent, empoisonneur de la famille royale.

L'autre fraction du parti croyait que ce Régent, tel quel, pouvait faire les affaires du pape. En tête, se trouvait, je ne dis pas un homme, mais un visage, le beau visage féminin du fils de la belle Soubise, le cardinal de Rohan. Parfait contraste avec le trop mâle Bentivoglio, Rohan, pour avoir la peau douce, embellir ses appas, prenait un bain de lait par jour. Ce parfait imbécile n'était pas sans ambition; Dubois s'en amusait, lui prédisant que tôt ou tard il deviendrait premier ministre. Près de lui se groupaient le président De Mesmes, qui jouait de génie Scapin et Scaramouche au théâtre de Sceaux; Lafiteau, jésuite-évêque (qui scandalisa Dubois même), voleur à voler dans les poches. Entre ce groupe et le Palais-Royal un étrange canal existait : c'était le vieux d'Effiat, alors octogénaire, sinistre figure historique, qui rappelle la mort de madame Henriette. Le Régent, qu'il avait vu naître, le gardait d'habitude, comme un vieux meuble du Saint-Cloud de son père.

Madame De Tencin s'était glissée, jetée dans ces intrigues. Les hauts Jésuites, le parti de la Bulle, faisaient de son salon leur place d'armes contre les jansénistes. Elle y tenait concile, y siégeait en mère de l'Église. Ce rôle fut un peu dérangé au printemps de 1716. Elle eut un embarras inattendu. Elle avait su toujours éluder la nature, elle n'avait pas eu d'enfant. Un étourdi, un militaire, qui, la connaissant peu, en était fort épris, au carnaval de 1716, lui fit ce mauvais tour. Cela lui venait mal. Elle était justement alors dans une double intrigue qui promettait. D'une part, elle accrochait Dubois, lui faisait croire que son salon de prêtres et de prélats lui concilierait Rome ; d'autre part, elle entrait au complot de réaction qui voulait, par les femmes, prendre le Régent même, le ramener à la Bulle, aux Jésuites, lui faire chasser d'Aguesseau, les Noailles, et, à la place, mettre Law et Dubois. Admirable château de cartes, que cette sotte aventure vulgaire d'une grossesse à contre-temps risquait fort de faire écrouler. Elle y fut très adroite, se déroba, fit croire qu'on l'avait exilée, mais secrètement se délivra et fit jeter son fruit. On le mit, la nuit, en novembre, sur les marches d'une église de la Cité. Il devait y geler, selon toute apparence, et le secret disparaître avec lui (il vécut, et c'est d'Alembert).

Libre ainsi, l'araignée reprit sa toile, son intrigue ecclésiastique. Le parti qu'elle servait n'était pas loin de triompher. D'Aguesseau, les Noailles, ne tenaient qu'à un fil. Leur successeur était tout trouvé, d'Argenson, le fameux lieutenant de police qui avait détruit Port-Royal, et par là s'était mis bien loin dans le cœur des Jésuites. Dubois, le vrai ministre, ayant, sans titre encore, la réalité du pouvoir, allait briser tout obstacle à la Bulle, et mériter, emporter le chapeau. C'était le plan, et pour l'exécuter Dubois crut bon de prendre une maîtresse. A soixante ans, usé de ses campagnes dans les mauvais lieux de Paris, souffrant souvent en damné de l'urèthre, de la vessie, le voilà amoureux. Il a trouvé enfin son idéal. Il présente à grand bruit la Tencin au Palais-Royal, au Régent qui rit à mourir. Excellent choix pourtant. C'était évidemment la première pour l'intrigue, et la reine comme entremetteuse.

On pensait judicieusement que pour pousser si loin le Régent dans la voie nouvelle, il fallait l'occuper, lui donner quelque femme. Il baissait; le plaisir, il l'avouait, avait pour lui peu de saveur. Les fameux soupers étaient froids. Les convives y perdaient le temps à se faire la cuisine eux-mêmes, sot amusement de vieux gourmand, ce semble, où triomphait le Régent. Après la courte explosion du champagne, la torpeur venait et le somme. Un emblème indiscret semble le faire entendre. Au portrait que Vanloo fait de la Parabère, l'habituée de ces soupers, qui plus souvent qu'aucune y berça le Régent, elle est représentée oisive, ayant sur sa main détendue la colombe d'amour qui s'endort au repos.

Si blasé, pouvait-il avoir au moins quelque caprice? Grand problème, pierre philosophale.

On a vu qu'en 1715, les jacobites de la cour de Saint-Germain avaient cru, bonnes gens, réussir avec une Anglaise, lactée, fraîche et beurrée. Et ils y avaient échoué. La Tencin, plus profonde, inventa mieux que la fade rose d'Occident. Elle essaya la rose orientale.

Elle avait sous sa main une bien extraordinaire personne, Haïdée? Aïscha? qu'en français on déguise du nom de mademoiselle Aïssé. Elle l'avait chez sa sœur, femme du président Fériol, qui l'avait élevée, la tenait dépendante, à sa disposition.

Il paraît que ces dames firent entendre à la Parabère (qui n'était rien qu'une bonne fille et craignait fort Dubois), qu'ayant alors si peu de prise, elle devait laisser faire, que si, dans cet amour endormi et fini, on introduisait un caprice, un aiguillon nouveau, elle-même n'y perdrait pas, qu'elle aurait des retours, comme elle en avait eu déjà. Ce fut chez elle qu'on amena mademoiselle Aïssé, chez elle que l'on crut brusquer lestement l'aventure.

Mais j'oubliais de dire ce qu'était la victime. Chose bizarre, une esclave dans Paris. Notre ambassadeur à la Porte, M. de Fériol, qui avait fait les guerres des Turcs et vivait à la turque, achetait souvent de belles esclaves, des enfants même. En 1698, après un pillage de Circassie, on lui vendit une petite, de quatre ans, et il y mit la forte somme de quinze cents livres d'abord. Elle était fort gentille, et comme la *Perdita* de Shakespeare, on la disait fille de roi. Il l'envoya chez lui à Paris, à sa belle-sœur, femme du président Fériol, fort complaisante pour l'ambassadeur qui était garçon et dont sa famille héritait. Elle ne se fit nul scrupule de ce rôle de garder cette mignonne pour les voluptés du beau-frère. On la fit élever avec soin aux *Nouvelles-Catholiques*. Elle grandit, fleurit, jolie, spirituelle, aimée de tout le monde, et comme sœur aînée des fils de la maison (l'un était d'Argental, le célèbre ami de Voltaire).

L'ambassadeur ne revenait pas, mais s'informait fort d'Aïssé, et sur ce qu'on lui dit qu'à dix ans elle aimait un petit garçon de son âge, il fut horriblement jaloux et gronda sa belle-sœur. Ce Fériol était un homme rude, étonnamment hautain, fort courageux, mais violent, colère jusqu'à devenir fou. On le remplaça en 1711, et il revint pour le malheur d'Aïssé. C'était alors une grande demoiselle, une Française de dix-sept ans, d'esprit très cultivé, précoce et déjà admirée dans le monde comme une jeune dame. Quel coup ce fut pour elle quand cet homme âgé, sombre, dur, arriva et se dit *son maître*. Elle ne le connaissait point du tout, ne l'ayant vu qu'à quatre ans. Elle fut pénétrée de terreur et sans doute essaya de se défendre et s'appuyer par celle qui l'avait élevée, madame de Fériol. Mais celle-ci, avare, qui attendait beaucoup de son beau-frère, et qui eût été désolée si, malgré l'âge, il eût pris femme, fut ravie au contraire de le voir réclamer sa petite maîtresse. Nous avons la lettre terrible où le barbare lui dénonce son sort : « Quand je vous achetai, je comptai profiter du *destin* et faire de vous ma fille ou ma maîtresse. Le même *destin* veut que vous soyez l'une et l'autre, etc. » Elle plia sous la fatalité.

Situation honteuse ! qu'il y eût esclave et sérail dans la maison du président, d'un magistrat français !

Les deux frères logeaient ensemble dans un hôtel de la rue Neuve-Saint-Augustin. Aïssé, très captive de ce vieillard jaloux, vivait comme une religieuse, victime immolée, innocente, fort pure moralement, ne connaissant même son cœur. Telle la vit madame De Tencin chez sa sœur en 1717 (Voy. les *Éclaircissements*). Elle comprit très bien tout le parti qu'on en pouvait tirer.

Aïssé avait vingt-quatre ans, et elle avait déjà assez souffert pour souffrir peu. Elle était résignée et douce, enjouée même. Elle avait l'air très jeune, une figure ouverte, aimable, où l'esprit rayonnait. Ses beaux yeux d'Orient, avec sa grâce toute française, c'était un contraste piquant, une chose singulière, unique, dont beaucoup étaient fous. Et, avec tout cela on eût pu entrevoir combien la pauvre créature était brisée. Elle avait des bras maigres et pauvres. Son sein (Voy. le portrait) semblait, malgré cet âge, celui d'une petite vierge de quinze ans. On la sentait très neuve, presque enfant par certains côtés.

Ce qui servait les dames, c'était sa grande déférence pour elles. Avec une haute liberté intérieure, elle était, dans sa vie, ses actes, toute dépendante de la famille de son maître, de cette étrange mère, madame de Fériol, que (telle quelle) elle ne voulut jamais quitter. On supposait que la jeune fille, depuis six ans soumise à tout caprice d'un homme désagréable et plus âgé que le Régent, ferait peu de façons. Cela n'arriva point. Il paraît que l'esclave parla en femme libre, et se fit respecter. Le Régent n'était pas homme à profiter d'un guet-apens. Et les dames d'ailleurs auraient craint d'employer la violence. Si elle eût dit un mot à son ambassadeur, il eût éclaté certainement et les aurait déshéritées.

Elles eurent beau faire et beau dire, la gronder au retour, la rendre malheureuse, lui faire honte de son obstination à refuser une si haute fortune. Elle se jeta aux genoux de la Fériol, jura que, si on la poursuivait ainsi, elle se sauverait dans un couvent.

Elle resta fidèle à son tyran. Elle le soigna vieux et malade filialement jusqu'à sa mort, en 1722. Il lui laissa une petite rente, et le billet d'une forte somme qui pouvait être sa dot, si elle se mariait. Mais, voyant que madame de Fériol gémissait d'avoir à payer tant d'argent, elle alla chercher le billet et le jeta au feu.

Cette noble et charmante femme eut une destinée bien tragique. Nous achèverons en son temps sa douloureuse histoire. Aimée de l'amour le plus tendre qui fût jamais, elle eut cet étrange supplice de ne pas s'estimer assez pour accepter les offres d'un amant accompli qui, douze années durant, lui demanda sa main. En s'immolant à lui, elle refusa le mariage. Son cœur, haut et très pur, s'accusant jusqu'au bout des hontes involontaires, des fatalités de sa vie, s'obstina à se croire indigne, mourut d'amour et de vertu.

CHAPITRE IV

La fille du Régent. — Watteau. — La révolution de janvier 1718.

La révolution qui bientôt va renverser Noailles et d'Aguesseau et leur substituer l'homme de Dubois et des Jésuites, le lieutenant de police d'Argenson, le destructeur de Port-Royal, cette révolution est traitée beaucoup trop légèrement et dans Saint-Simon et partout.

Elle est un retour net au règne de Louis XIV, dont les ordonnances cruelles sont de nouveau exécutées. En ce même mois de janvier 1718, qui change le ministère, le sang recommence à couler. Un ministre protestant, le jeune Étienne Arnauld, est exécuté à Alais. D'autres le seront tout à l'heure.

Où donc est le Régent, si doux de sa nature, trop bon même pour ses ennemis? Le Régent qui naguère enlevait de la chaîne les protestants condamnés aux galères par le Parlement de Bordeaux?

Dubois lui avait arraché l'exil des évêques jansénistes qui faisaient appel contre Rome, sous prétexte du bien de la paix. Et ici, tout à coup, c'est la guerre qu'on reprend.

On recommence gratuitement les agitations du Midi; on lâche le clergé, le peuple du clergé. Le protestant malade entend sous ses fenêtres la foule qui réclame son corps, par ce cri sauvage : « A la claie ! »

Que fait le Régent cette année? Il publie *Daphnis et Chloé*, ses gravures, signées *Philippus*.

Que fait-il? Il fait sa fille reine de France. Il ne la contient plus. Il la laisse marcher sur sa mère, éclipser, effacer le roi.

Sa tête était visiblement hors des affaires publiques. Il ne savait lui-même comment expliquer, colorer la révolution qu'on lui faisait faire. Faible, faux par faiblesse, il disait craindre que le parti de Rome n'appelât le roi d'Espagne. Saint-Simon lui ferma la bouche par ce mot sans réplique : « Que nulle concession ne changerait ce parti; qu'il serait toujours espagnol. » Et tous deux rougirent d'insister, de toucher le bas-fond réel, honteux qui était sous cela.

Dira-t-on que ce fond, c'est la seule influence du vieux coquin Dubois qu'il connaissait si bien? ou bien que c'est le rêve d'or que Dubois lui donnait en appuyant le Système naissant? Ces deux choses pesèrent, mais il y en eut une troisième certainement. On va le voir par les actes de cette année. C'est la dernière où vécut sa fille, la duchesse de Berry. Elle avait près d'elle un Jésuite. Elle avait pris un appartement aux Carmélites. On la poussait au mariage, à la conversion. Par elle, sans nul doute, on travaillait son père. Et que pouvait-elle alors? Tout.

Le chroniqueur de Richelieu, Soulavie, un auteur léger, qui pourtant a su beaucoup de choses, en dit une bien grave, qu'il altère, défigure, mais qui mérite attention : un étrange traité entre le Régent et sa fille. S'il se fit, ce fut, sans nul doute, la veille de la réaction, à la fin de 1717 (ni avant, ni après).

Le Régent, dit sa mère, était un homme fort léger, qui n'eut guère de sérieuse passion. Au vrai, il n'en eut qu'une, déplorable : sa fille. Elle l'ensorcela dès l'enfance. Il n'aima qu'elle au fond et ce qu'il tenait d'elle. S'il garda si longtemps la Parabère, c'est parce qu'elle venait de la maison de sa fille. Celle-ci avait l'attrait terrible, que souvent ont les demi-folles, avec d'incroyables caprices. Mais ni caprices, ni rebuts, ni outrages ne rompirent cette chaîne fatale qu'il traînait misérablement. Rien ne l'affranchit que la mort.

On comprendrait peu ce qui suit, si je ne reprenais à son origine cette étrange créature.

Tout ce qu'on pouvait chercher de conditions pour faire une folle s'y trouvait au complet.

Elle était impure par sa mère, l'*enfant du jubilé*, conçue d'un moment trouble et faux. Impure par son grand-père, Monsieur, le vrai roi de Sodome. Mais ce qui en elle domina tout, ce fut l'orgueil. Madame, sa grand'mère, la fière palatine de Bavière, ne lui donna pas sa vertu, mais sa hauteur allemande. Dans ce sang de Bavière, je l'ai déjà remarqué, il y avait beaucoup de maniaques, d'excentriques, de mélancoliques, dont plusieurs eurent des atteintes d'épilepsie.

La naissance fut pire que la race. Son père, par mariage forcé, en pleine discorde domestique, l'eut du Judas femelle qu'il savait son espion. D'un tel amour naquit la discorde incarnée.

On trouva à sa mort qu'elle avait le cerveau incohérent de forme, disparate et fêlé.

Et son éducation fut pire que sa naissance. Ce fut le vice à la troisième puissance. Son grand-père et son père avaient déjà été élevés par des scélérats. On le voit par les lettres de Madame, que le roi de Hanovre vient de confier à Ranke (1861). Elle fut laissée aux mains d'une femme de chambre perverse, la De Vienne, qui l'instruisit à poignarder sa mère d'injures, d'affronts. Éducation néronienne. On s'étonne qu'elle n'ait pas été jusqu'au fer, au poison.

Elle eut tout le chaos du siècle qui commence et a peine à se débrouiller. Elle vivait dans le cabinet de son père, c'est-à-dire au pêle-mêle du laboratoire de Faust. En 1709, tout à coup passant du drame de la guerre à la plus triste inaction, il rôdait à travers Babel, l'infini des sciences et des arts, comme eût fait l'Esprit (anticipé, déclassé, malheureux) du siècle de Diderot. Il voyait les savants, et il voyait les charlatans, des fripons qui faisaient de l'or, ou faisaient voir le diable. Il n'avait à chercher. Le diable était chez lui, en son lit par sa femme, et par l'enfant sur ses genoux.

Elle avait une chose de son père : charmante et

dangereuse, — en contraste avec sa malice, sa violence ; — une sensibilité facile, le don des larmes. Tous deux pleuraient fort aisément. Nous la voyons pleurer pour sa mère même qu'elle déteste (Saint-Simon, 1719). Combien plus pour son père, et avec lui, dans les chagrins réels qu'il eut, quand on lui arracha sa maîtresse, quand on lui imputa d'horribles crimes. Ces derniers temps semblaient la fin du monde pour lui, comme pour la France. Plus sa femme s'éloignait de lui, plus la petite s'en rapprocha, mettant à le consoler la passion qu'elle mettait à toute chose. Seule amie et seule camarade, fière de suffire à tout, elle buvait avec lui vaillamment, voulait lui faire raison et luttait, au hasard de certaines misères à faire mourir de honte (Saint-Simon), étranges abandons où l'on s'attendrissait, s'éblouissait, s'ignorait tout à fait.

En quel temps se passaient ces choses ? Non en 1708, il était encore en Espagne ; non en 1710, elle était déjà mariée. Il s'agit de l'année 1709. Il avait trente-cinq ans, elle quatorze.

La punition fut cruelle : il resta pour toujours serf et la chaîne au pied. Serf d'une folle, qui, au contraire, de plus en plus mobile, divaguait de tous côtés.

Avec cela pourtant, elle avait infiniment d'esprit, et, dès l'enfance, ayant été pour tout la seule confidente de son père, elle savait les choses et les hommes. Si, à la mort du roi, qui la mettait sur le trône pour ainsi dire, elle eût agi de concert avec sa grand'mère, si elle avait tourné au bien son énergie, la France ne fût pas retombée où la jetait Dubois, à la seconde banqueroute, au joug misérable de Rome.

Dans une excellente gravure de 1716, au début de la Régence, on trouve exprimées à merveille ces idées du moment. Le Régent, tout pensif et plein des douleurs de la France, l'a devant lui assise, et qui s'appuie sur ses genoux. La France est une belle petite fille de quatorze ans, dans la prime fleur d'enfance. Ce sont les traits idéalisés de la fille du Régent, telle qu'elle dut être quelques années plus tôt (juste en 1709). On l'a faite un peu grasse, comme elle était, à l'allemande, et non sans rapport à Madame, sa grand'mère, à qui elle ressemblait autant que la beauté peut ressembler à la laideur. Elle est drapée d'hermine et couronnée de lauriers. Elle rêve; ses beaux yeux sont fixés au ciel, dans le trop poignant souvenir de tant de maux soufferts. Mais elle a trouvé comme un port, un abri, un soutien, et, de fatigue, d'affection, elle se laisse aller tendrement sur les genoux de son bon protecteur. Au total, l'effet est très grave. Le Régent est bien mûr, presque vieux, et elle bien jeune. Il est sombre, soucieux et tout à sa pensée.

Mais elle était indigne de jouer ce beau rôle. Elle n'avait pas la grande, la haute ambition. Son orgueil éclata en choses vaines, scandaleuses. Et, avec tout cet orgueil, elle n'avait d'amants que des sots : la première fois, son écuyer, sans figure, ni mérite; puis son capitaine des gardes Riom, un gros poupard. Le Régent aisément aurait dominé ce garçon assez bonasse, mais il était mené par sa première maîtresse, la Mouchy, confidente de la duchesse de Berry, et qui, lui voyant je ne sais quels accès de dévotion, poussait au mariage. Les Jésuites trouvaient leur compte à y aider.

Dès longtemps un petit Jésuite s'était glissé au Luxembourg. Il entra comme un rat par on ne sait quel trou de garde-robe. Il devint une espèce d'animal domestique à qui on jette des morceaux sous la table. On le trouva bon compagnon et il eut petite place aux soupers. Là il en entendait de dures. Mais rien de sale ne l'étonnait, aucun blasphème (à faire crouler le ciel). Il riait doucement et faisait rire; lui-même il excellait aux saillies libertines.

Tout échoit à qui sait attendre. Ce bouffon vit finement qu'elle avait des jours tristes, des ennuis, des langueurs. Il dit ou il fit dire qu'une grande princesse comme elle devrait avoir ce qu'avait eu Anne d'Autriche, un appartement royal dans un couvent, par exemple aux Carmélites de la rue Saint-Jacques, cette retraite illustre de madame de Longueville, de La Vallière et de tant d'autres dames. Il n'y avait pas loin de son Luxembourg aux Carmélites. On l'y mena tout doucement. Ces dames étaient charmantes, caressantes et baisaient ses pieds. On lui en attacha, pour lui faire compagnie, deux, jolies, gracieuses, de très noble famille, discrètes et qui s'avançaient peu.

Elles surent bien le faire à propos. La voyant prise de Riom, elles entraient dans ses idées, mais pour *la bonne fin*, le mariage. Les exemples ne manquaient pas. Il se trouvait justement que Riom était neveu de

Lauzun, que la grande Mademoiselle épousa secrètement. Et le feu roi lui-même n'avait-il pas épousé madame de Maintenon?

Elle prit feu à cette idée royale. Quel roman glorieux de braver tous les préjugés, le monde! et couronner l'amour! Riom vaut bien plus que Lauzun. Mais, fût-il le dernier des hommes, tant mieux! D'autant plus beau sera-t-il, plus hardi de l'approcher du trône!... Et c'était moins Riom encore que l'idée qu'elle aimait, l'absurde de la chose, le miracle, la lutte et la difficulté vaincue.

Son père ne l'embarrassait guère. C'était son nègre pour obéir en tout, ou plutôt sa nourrice pour adorer tout d'elle, jusqu'au plus rebutant. Elle lui avait fait avaler cette pilule amère de trouver là toujours Riom, amant en titre, officiel, quasi maître de la maison. Il avait humblement tâché d'apaiser la jalousie de ce redoutable Riom et lui avait donné un beau régiment. Il ne s'attendait pas à cette ambition, cette folie d'un mariage, et d'un mariage public!

Quand la chose lui fut intimée, terrible fut son embarras. Il se trouva entre deux peurs : il eut peur de sa fille, mais non moins de sa mère. Il comptait fort avec Madame, et devant elle il était chapeau bas. Elle était étonnamment haute et de naissance et de vertu. Elle haïssait et méprisait ce temps, ne vivait qu'avec ses aïeux, de la fière pensée de sa race, de ses alliances royales, impériales. Elle ne bougeait guère de Saint-Cloud, solitaire sur les hauts sommets; mais comme la tempête qu'il ne faudrait pas provoquer. Orléans se souvenait avec frayeur de l'épouvantable colère où elle entra, lorsque son fils accepta la bâtarde de Louis XIV, du soufflet qu'il reçut de sa puissante main. Soufflet retentissant. Toute la grande galerie de Versailles en trembla; on baissa le dos, comme à un éclat de la foudre. Mais qu'était-ce, bon Dieu! et quelle chute si de cette fille du grand roi, on regardait en bas, jusqu'à cet insecte, Riom! Qu'il en revînt un mot à Madame, tout était perdu.

Dans un beau livre (récent), la *Folie lucide*, on voit ce qu'est une idée fixe. Nulle chimère et nul crime où cela ne puisse mener. On y voit de plus une chose, c'est que ces demi-fous sont rusés, très propres aux intrigues. Ce sont d'excellents instruments pour ceux qui savent s'en servir.

Par celle-ci bien dirigée, ne pouvant pas de front emporter le Régent, on fit une attaque indirecte. On pensa qu'il serait plus docile et plus malléable, si préalablement on avait sur lui cette prise, de le tenir par un secret d'État.

On croyait qu'il en était un, dangereux, redoutable, qui pouvait servir aux Jésuites, et qui sait! à l'Autriche. C'est le secret que Marie-Antoinette voulut plus tard tirer de Louis XVI; secret que, seuls, quatre hommes ont su : *Louis XIV, le Régent, Louis XV et son petit-fils.*

La fille du Régent, l'enlaçant et le caressant, lui aurait dit : « Si vous m'aimiez, vous me diriez une chose dont je suis curieuse. Je donnerais tout pour la savoir... le secret du *Masque de fer.* »

Soulavie dit qu'elle n'avait d'autre but que d'en

amuser un amant. Et d'autres sots ont dit que le secret était sans importance. Mais alors comment expliquer qu'il ait été si bien gardé de roi en roi, avec tant de mystère? J'ai dit ce que j'en pense. Ce ne put être autre chose que la suppression d'un premier enfant d'Anne d'Autriche, enfant adultérin qui, se trouvant l'aîné, eût supplanté Louis XIV. La maison de Bourbon aurait été dépossédée. Ses ennemis trouvaient piquant, utile de savoir par le Régent même que *l'ordre de succession avait été interverti*, que Louis XIV et Monsieur n'*étaient que des cadets.*

Il avait trop d'esprit pour ne pas deviner qui la poussait. Mais elle avait trop de violence pour céder, subir un refus. Elle cria, ordonna et pleura. Et enfin elle employa l'*ultima ratio* des femmes. Elle se mit dans ses bras, dit qu'elle mourrait sans cela, qu'il le fallait, qu'enfin pour l'obtenir elle donnerait tout au monde. Le Régent ébranlé s'attendrit, se troubla, et la furieuse, en échange, jura encore de donner tout. Il n'y tint pas, dit le fatal secret.

Elle avait oublié Riom, ou pensé qu'après tout, maîtresse absolue du Régent, elle dédommagerait amplement son amant en faisant sa fortune. Mais Riom, déjà sur le pied d'un mari, se fâcha. Elle dut s'ingénier, chercher quelque expédient qui la dispensât de tenir parole.

Elle venait de recevoir parmi ses dames (en septembre 1717) une jeune dame belle et dévote, mal mariée, très vertueuse, madame d'Arpajon. C'était la petite-fille de l'architecte Mansard (Saint-Simon). Vertu

humble et humiliée. La duchesse s'amusait à l'appeler
« ma bourgeoise ». Pauvre personne qui semblait ne
pouvoir résister en rien.

Les grands, pour pécher sans péché, font par leurs
gens certaines choses. Les casuistes ont la bonté de
conniver à ce genre d'équivoque. La duchesse, alors
en si bonnes mains, eut l'idée d'immoler cet agneau
à sa place, de se la substituer. On parlait fort alors
d'une affaire de ce genre. (Voy. *Madame*, sur la
duchesse de Retz.)

Elle pensait que le Régent, qui admirait cette dame,
profiterait avidement de l'occasion. Mais elle-même,
par l'imprévu, par sa brusquerie sauvage, fit manquer
tout. Elle renverse violemment la chaise de la dame,
s'en empare et la tient qui crie et se débat. Lui,
étonné, myope, hésite. L'oiseau au piège, pris des
mains, de la tête, ne pouvant mieux, jette ses pieds
« et rue ». Il reçoit un coup juste à l'œil, — la fine
pointe du petit talon que l'on portait alors, et juste
à son bon œil; il voyait à peine de l'autre.

Duclos appelle cela un coup d'éventail. Mais en
Hollande, où des témoins qui avaient vu ou entendu
contèrent la chose à Du Hautchamp, on dit tout
simplement la honteuse aventure.

On ajoutait un mot invraisemblable. Le lendemain,
au Conseil, d'Aguesseau aurait fait cette plaisanterie :
« S'il est aveugle, faisons régent Monsieur le Duc, qui,
du moins, n'est que borgne. » Le Régent se serait
fâché, et le hasard eût précipité la chute du ministère.

Mais d'Aguesseau, poli, doux et respectueux, n'eût

pas dit un tel mot. D'autre part, le Régent savait peu se fâcher. Il y eut certainement autre chose. Pour le bien de l'Église et la chute des jansénistes, pour faire Riom un prince, on ne disputa plus, on fit trêve aux scrupules. L'accord dont parle Soulavie dut avoir son entier effet.

Ce moment se caractérise de deux façons fort expressives :

D'abord les dons faits à Riom pour le rendre patient. Le Régent lui donna le gouvernement de Cognac, lucratif et sans charge, avec un nouveau régiment et le plus brillant de l'armée : *Dragons Dauphin*.

Il lâcha à sa fille tout ce qu'elle aimait le plus : les honneurs de la royauté et l'humiliation de sa mère.

L'étrange publication de *Daphnis et Chloé*, faite à ce moment même, dut donner à penser. De 1714 à 1718, il avait gardé pour lui seul ce monument d'art (ou de volupté) dans le mystère du portefeuille. Mais alors il l'en tire, fait sa confidence au public.

Ce livre en dit beaucoup. Ce ne sont pas là les amusements qu'un solitaire fait pour lui-même. Tant de détails charmants, caressés d'un crayon ému, ne sont pas des caprices, mais des choses d'amour pour l'unique et l'aimée. Le texte, comme on sait, naïf en apparence, est très attendrissant, mais de tendresse si faible que l'amour ne veut ce qu'il veut. Chloé est courageuse, veut donner le bonheur; Daphnis résiste, n'ose, craint de la faire pleurer. Mollesse byzantine, ou faiblesse excessive, comme d'une mère pour une enfant chérie.

Il lui donna alors un bien autre don qu'aucun livre, — un homme, et le grand magicien, le seul qui eût l'âme du temps. Il venait de nommer Watteau *peintre du roi* (en 1717), et il le mit à la Muette pour peindre et décorer la *petite maison* où il avait placé l'idole au plus près de Paris, pour l'y voir à toute heure.

Ce peintre des *fêtes galantes* (c'était son titre officiel), si justement goûté pour ses pastorales délicieuses, ses ravissants Décamérons, avait autre chose en dessous. Son portrait est d'un grand garçon sec et âpre, d'air peu rassurant. Méchant? non. Mais il a souffert. Ce temps terrible a trop mordu. Il est exquis, maladif et *sinistre* (mot de Laurent-Pichat). Dans ses dessins, dans ses *Études*, il y a des choses trop senties. Il ne pourra pas vivre, car sa pointe lui perce le cœur. Voyez même ses dessins d'enfants, ces petites filles malignes et d'avance si *aiguisées*. Voyez ces femmes *amères*, si fâchées, si chagrines au fond. Elles ne pleurent, de peur d'être laides. Mais qu'elles ont souffert! pauvres sœurs de Manon Lescaut! L'amour vendu se venge. Qui se consolera de l'amour?

La scène dont parle Soulavie dut se passer à la Muette, — non pas au Luxembourg, où régnait la confidente avec Riom, — encore moins à Saint-Cloud, où résidaient Madame et la duchesse d'Orléans.

La Muette (la *Meute* d'abord, puis *Muette* ou discrète) était la maison du capitaine des chasses du bois de Boulogne, mais arrangée par un riche financier, avec les recherches du luxe privé que n'avaient nullement les maisons royales.

Dans quel état Watteau vit-il cette maison? Où en étaient alors les arts du mobilier, si admirables dans ce siècle? Ils n'ont pris leur essor qu'après Law, chez les enrichis. Mais déjà le changement capital a eu lieu. L'ancien grand lit français, solennel, incommode, où recevaient les dames couvertes de dentelles, ce lit en plein salon, avec sa barrière, sa ruelle, où passaient les privilégiés, cela n'existe plus. Le lit serre la muraille, bientôt frileusement se blottit dans l'alcôve.

Le lit perd de son importance. La femme s'est levée en ce siècle. Elle n'est plus couchée; elle est *assise*. Des sièges moelleux sont inventés. Des sièges à deux commencent, où deux amies pourront causer de près dans l'intimité tendre.

Le changement des modes précède celui du mobilier. En 1718, Dubois, comme séduction diplomatique, a porté aux dames de Londres nos riches robes à parements d'or. De Londres il nous revient la jupe ballonnée, mode anglo-allemande, que nos Françaises allègent et font tout aérienne. Dernier coup aux gênes maussades, aux solennités du grand règne. De la vieille prison à la Maintenon, on a déjà rogné la partie supérieure, la haute coiffure échafaudée. Le corset seul résiste, mais la jupe est émancipée.

L'ancien fourreau, étroit, serrait la personne en dessous, et s'était encore surchargé (vers 1700) d'une trousse extérieure, pesante aux reins et échauffante. Aux moindres occasions, il fallait quitter tout. Gêne si incommode, dit Saint-Simon, que madame de Soubise ne s'y soumit jamais. Au contraire le ballon, largement évasé derrière, donne aisance aux mouvements. Ses cercles de baleine, souples, infiniment minces, se prêtent en tout sens, et reviennent d'eux-mêmes par leur propre élasticité. L'appareil, si léger, loin de peser, soulève. La femme, en ballon, va légère, désormais comme ailée, oiseau qui pose à peine.

Et c'est là justement ce qui choquait les jansénistes. Ils regrettaient la pesanteur dont nos aïeules avaient été lestées. La démarche trop libre, disaient-ils, n'a plus d'équilibre. Elle flotte, elle nage incertaine. En chaire, ils allaient jusqu'à dire qu'une telle mode si complaisante, de facilité moliniste, était un défi aux hasards, une excuse aux défaites, à ces chutes presque involontaires, où l'on n'eût pas glissé s'il fallait vouloir tout à fait.

Grand embarras pour les dames jansénistes, placées entre l'anathème et le ridicule de garder les vieilles modes. Par un juste milieu, elles portaient de petits ballons, qui auraient bien voulu eux aussi se gonfler, mais restaient timidement à la mesure des audaces prudentes, gênées, contenues du parti.

Les autres gonflèrent sans mesure. Les ballons donnaient aux grandes de la majesté. Ils affinaient les grasses et les faisaient paraître minces. La reine de l'époque, madame de Berry, n'était nullement une ombre transparente. Elle donna l'essor à la mode. Cette royale ampleur, commandant à la foule et se faisant faire place, pompeuse aux galeries, aux descentes solennelles des escaliers, allait merveilleusement aux prétentions superbes qu'elle étalait alors.

L'envieuse rivale, l'infiniment petite duchesse du Maine, vraie naine, fut accablée. A son étroite cour de Sceaux, étouffée, elle s'agitait, faisait écrire, dessiner, chansonner. Dans ses pamphlets et ses caricatures, la fille du Régent est roulée dans la boue. Dans l'une, salement cynique, Riom possède et le Régent soupire ; il lui mange les mains de baisers. Mêmes attaques et plus furieuses dans les *Philippiques* de Lagrange-Chancel, qui vont venir à la fin de l'année. Ajoutez certaines malices, respectueuses en apparence, d'autant plus injurieuses. Un M. Serviez traduisait, compilait, pour les dédier au Régent, les *Vies des douze Impératrices*, de Messaline, etc. Voltaire achevait son *OEdipe*.

Ce grand moqueur n'avait que vingt-trois ans. Pour certaine satire contre Louis XIV qu'on lui attribua, il venait de passer un an à la Bastille, où il avait rimé quelques chants de la *Henriade*, et son imitation, faible et facile, de la tragédie de Sophocle. Sorti de prison en avril 1718, il avait hardiment demandé au Régent de lui dédier sa pièce. C'était un de ses tours. De même que plus tard il offrit l'*Imposteur* (Mahomet) au pape, il offrait l'*Inceste* au Régent. Sans être directement de la coterie de Sceaux, il en avait l'écho et l'influence par la maison où il vivait le plus, celle du vieux maréchal de Villars. Il lui faisait sa cour, écoutait ses récits, dont il fit son *Louis XIV*.

Ce château enchanté près de Melun, tenait Voltaire par son Alcine, la belle et jeune maréchale de Villars, dont il se croyait amoureux. Elle était quelque peu dévote, donc contraire au Régent. Voltaire fut aisément animé et lancé. Par lui on prépara, pour être jouée en novembre, la pièce qu'on supposait terrible, et dont la représentation serait (on l'espérait) une torture pour la princesse, pour le Régent une humiliation.

C'était peu le connaître, peu connaître le temps. Dans cette violente échappée des libertés nouvelles, toute chose audacieuse, contraire au monde ancien, tant fût-elle hardie et cynique, était fort peu blâmée. Rien n'étonnait. On souriait et c'était tout.

D'après nombre d'exemples illustres du siècle précédent (déjà cités), l'inceste était vice de prince, fort bien porté et à la mode. On l'érigeait en théorie. Montesquieu, qui alors écrivait ses *Lettres persanes*, publiées peu après, hasarde, entre autres paradoxes, l'excellence des amours antiques entre proches parents, et surtout l'union du frère et de la sœur (*Histoire d'Aphéridon et Astarté*).

Le Régent, loin de démentir les bruits qui couraient, les satires, faisait, disait plutôt ce qui pouvait les confirmer. Vers avril 1718, il dit, d'un cœur trop plein, un mot que ne comprit pas Saint-Simon : Que les fameux *soupers* l'ennuyaient désormais, qu'il aimait mieux vivre en famille.

Une folie non moindre que cette étrange passion l'avait saisi à ce moment, la découverte d'une prodigieuse mine d'or : le merveilleux système qui changeait en or tout papier.

Le Moyen-âge, avec la foi, avec du pain, un mot, un souffle, sut faire Dieu. Law ne voulait qu'un peu de foi pour diviniser son papier, en tirer de l'or, ce dieu du monde, susciter la nouvelle Hostie.

Il soufflait. Et déjà les billets de Banque, ses actions du Nouveau-Monde, fortement se gonflaient et montaient de valeur. La fortune soufflait avec lui.

Folie, fortune, ces mots vont bien ensemble. Éole engendra ces deux sœurs.

Chacun a lu les pages scintillantes où Montesquieu admire le puissant fils d'Éole, qui sut si bien souffler. Mais personne, je crois, n'a remarqué que Watteau, bien avant les *Lettres persanes*, avait dit tout cela, et mieux.

Dans une admirable arabesque, le dieu de l'air, aux ailes de zéphyr, vient amoureusement couronner un jeune objet charmant, qui, sur d'épais coussins (par le procédé de Virgile) conçoit de l'air, et déjà gonfle. Quel en sera le fruit ? aérien ? direz-vous.

Non, dans l'arabesque voisine, le fruit fleurit, une vraie rose, une beauté voluptueuse, la Folie. Pour la première fois, la Folie costumée décemment, richement, et l'on dirait en reine, la Folie fraîche et grasse (ce que n'a fait nul peintre), comme fut la fille du Régent.

CHAPITRE V

Alberoni et Charles XII. — Défaite d'Alberoni. — La Paix du monde.
(1718.)

La forte laideur de Dubois, c'est sa dualité étrange et violemment contradictoire. Véritable Janus, il montre deux faces opposées, deux politiques, au dehors, au dedans.

Il joue en même temps deux pièces dont chacune se moque de l'autre, en est la satire, la dérision. Grande fatigue pour l'histoire, qui, plus elle est fidèle, plus elle paraît inconséquente. Cela rappelle le laborieux amusement de Léon X qui, sur son théâtre, divisé en deux scènes, à la même heure, faisait jouer *la Mandragore* et je ne sais quelle autre facétie de Machiavel.

A l'intérieur, Dubois, tendre pour les Jésuites, amant de la Tencin, est épris de la Bulle. Il prend leur d'Argenson, sacrifie d'Aguesseau, Noailles. Il leur lâche la main dans leur plus cher plaisir, la chasse aux protestants.

Il est donc bien zélé pour Rome? c'est le contraire. Tout le travail de sa diplomatie, le sens de ses traités de Triple et Quadruple Alliance, c'est d'exclure à jamais les candidats de Rome, le Prétendant et l'Espagnol des trônes de France et d'Angleterre; c'est d'affermir ou de fonder la dynastie protestante et la dynastie *libertine*, la maison de Hanovre, la maison d'Orléans. De concert avec l'hérétique, il accable l'Espagne, la vraie puissance catholique, lui brûle ou noie son Armada, met au fond de la mer ce dernier espoir du papisme.

Aussi, fort raisonnablement les ultramontains, peu touchés de ses sourires, de ses caresses, des avances serviles qu'il leur faisait pour le chapeau, restaient ou Espagnols ou Autrichiens, ennemis de Dubois et de la Régence. Au moment même où le Régent prit leur homme pour ministre, les gros Jésuites, le Comité des trois qui gouvernaient, leur secrétaire, l'intrigant Tournemine, liaient les deux conspirations, celle de Sceaux avec celle d'Espagne; et le nonce Bentivoglio, dans un pamphlet atroce, condamnait le Régent à mort et le marquait pour le poignard.

Rome, faible, caduque, idiote, serrée, étouffée de l'Autriche, n'osait encourager l'Espagne, son meilleur défenseur, son champion. Elle était effrayée de l'audace plus qu'aventureuse d'Alberoni. Elle comprenait peu ses vrais amis. Mais, par une peur instinctive, elle sentait fort bien ses ennemis, son profond ennemi, la France, qui, dans son sein, portait la grande révolution critique. Elle ne se méprenait nullement sur les faiblesses, les faussetés de Dubois, du Régent. Elle y voyait les *libertins*, au fond les tolérants, indifférents ou philosophes. Derrière le ministère, tout provisoire, de d'Argenson, les vrais ministres pointaient à l'horizon, Dubois et Law. Celui-ci bien plus qu'un ministre : l'apôtre éloquent, le prophète de cette religion, qui, un moment, fit oublier l'ancienne. Moment d'effet profond. Un million d'hommes qui prit part au Système, pendant deux ans, n'eut aucun souvenir de Rome ni de théologie. Le Système passa. Resta l'esprit nouveau.

Law et Dubois arrivaient par la force des choses. Pourquoi? c'est que seuls *ils voulaient*.

Ceux dont on avait essayé, les Conseils et les Parlements, admirables pour empêcher ou blâmer, ne proposaient rien.

Law croyait, voulait, proposait. Il avait sa foi : le crédit.

Dubois (que l'on en rie ou non) était aussi un croyant, à sa manière. Fripon, ambitieux, voué à l'Angleterre, flatteur de Rome, faux de toute manière, il eut pourtant certainement un idéal qui fit son âpre passion ; il poursuivit (par des moyens indignes) un but très haut, très grand : le solide établissement, la fondation de la paix du monde.

Tant qu'elle n'existait pas réellement, ni la France ni l'Europe ne pouvaient se relever. Pour atteindre ce but, il fit des choses incroyables. Lui, qui n'adorait que l'argent, il en donna! jusqu'à payer des subsides à l'Autriche! jusqu'à payer le czar, pour qu'il fît grâce à la Suède. La France ruinée trouva de l'argent pour donner à tout le monde, pour acheter partout la paix, pour en assurer le bienfait à cet extrême Nord, qui alors (après Charles XII) ne nous touchait en rien que par l'intérêt de l'humanité.

Pour terminer l'interminable guerre, il eût fallu surtout désarmer à la fois les deux principaux combattants, l'Autrichien, l'Espagnol. Mais l'Autriche, avec son Eugène, qui vient de gagner sur les Turcs deux grandes batailles, crève alors de force et d'orgueil. Reste l'Espagne. Dubois n'hésite pas. Il paye l'Autriche et noie l'Espagne. Tout finit. Le monde a la paix.

Elles se battaient pour l'Italie. Et souvent l'on a dit : « *Ne devait-on pas affranchir l'Italie de l'une et de l'autre ?* » Sans doute recommencer la guerre générale contre l'Autriche et l'Angleterre, alors unies? la reprendre dans des conditions pires que celles de Louis XIV? Ceux qui disent ces choses vaines ont l'air de croire qu'en deux années la France avait repris des forces. Idée très fausse. La France était entre deux banqueroutes ; elle en avait fait une, et elle marchait vers la seconde.

« *Du moins, il valait mieux aider les Espagnols à s'emparer de l'Italie.* » Mais cela revenait au même. L'Espagne était si faible encore, qu'en l'assistant dans cette guerre la France en eût pris tout le poids.

L'Espagne de ce temps, bigote et sanguinaire, était-elle un gouvernement si désirable aux Italiens ?

L'Autriche, tout odieuse, brutale et barbare qu'elle fût, avait du moins cela de bon, qu'en Italie elle resta toujours à la surface, n'entra jamais au fond; c'était comme un corps étranger dont on sent la blessure et qui sortira tôt ou tard. Mais l'Espagne, par l'analogie de mœurs, de langue, une certaine attraction morbide, risquait trop de s'assimiler. A la corruption italienne (vivante encore, féconde, qui donne Pergolèse et Vico), elle eût mis le sceau de la mort. Quel? la férocité. Cela sèche, stérilise tout. Il faut songer que les étrangers qui successivement gouvernaient l'Espagne, Alberoni, par exemple, durent, pour flatter le peuple, lâcher l'Inquisition, multiplier ses fêtes exécrables, les auto-da-fé.

En travaillant contre l'Espagne, Dubois incontestablement eut pour raison suprême l'intérêt de ses maîtres, le solide affermissement de Georges et du Régent, la *fondation définitive des maisons de Hanovre et d'Orléans*. Mais cette politique personnelle était le salut de l'Europe, celui de l'humanité. Supposons l'Espagne à Paris, et Philippe V régent : quelle nuit profonde, affreuse! quelle servitude épouvantable de la presse, de toute société, du clergé même. L'archevêque de Tolède avouait en pleurant à Saint-Simon que, sous l'Inquisition et la Terreur de Rome, l'Église espagnole était un corps mort. Les molinistes eux-mêmes se seraient trouvés écrasés. Que fût-il advenu des jansénistes et des libres penseurs! Je vois d'ici Voltaire, Fontenelle, sous le san-benito, et l'auteur des *Lettres persanes* descendre dans un *in-pace*.

L'Espagne, c'était l'ennemi. Elle conspirait contre le monde. Elle portait, avec le Stuart, le drapeau de la barbarie, et elle était partout l'alliée des barbares, des dangereux aventuriers. Elle revenait toujours à son rêve de l'Armada, qui eût en Angleterre rétabli le papisme, — par contre-coup, en France, assommé le Régent.

Lemontey, si spirituel, si instruit, si fin sur le menu, mais qui sent peu le grand, a tort de parler de tout cela légèrement. C'était bien autre chose que la Conspiration des poudres. Les jacobites anglais voulaient solder Charles XII, et, ce vrai diable aidant, faire sauter l'Angleterre. Alberoni avait repris ce plan. On l'a dit romanesque, ridicule, impossible, parce qu'on suppose qu'il y fallait une grande flotte et une armée. Cela n'était pas nécessaire. Le nom seul du Suédois avait un prestige incroyable de terreur. Si, par un mauvais temps, un brouillard, il avait passé, avec sa bande personnelle, une poignée de ses soldats terribles, il aurait emporté l'Écosse comme une trombe, fondu vers Londres. Il eût été rejoint à coup sûr par un monde d'aventuriers, d'Irlande, de toute nation. De l'un à l'autre pôle, il était la légende de tout ce qui n'a de droit que la force.

Dans l'état effroyable où était la Suède, dépeuplée, désolée, elle n'avait guère à craindre. Le czar lui-même traitait, ne sachant plus qu'y mordre, ne pouvant que s'user les dents sur ce dur bloc, tout fer, glace et granit. Charles XII, si bien ruiné, n'en était que plus libre. Il avait fini comme roi. Mais il lui restait un bien autre rôle où il entrait à peine. Sa renommée bizarre pouvait le faire un grand chef d'aventures, lui donner un vaste royaume, le royaume des désespérés.

Pour comprendre ce temps, il faut mettre en lumière le point essentiel, la faim du Nord, sa terrible indigence. Pierre, mal nommé le Grand, avait plus de besoins peut-être encore que le Suédois, par la disproportion énorme de son petit revenu et de cent choses nouvelles, coûteuses, qu'il essayait. Tous deux étaient des mendiants. Ils rôdaient autour de l'Europe, comme les ours blancs du Spitzberg viennent la nuit gratter à la cabane du pêcheur, grondant, montant dessus, pour entrer par le toit.

En 1717, le czar était venu tâter la France, tendant la main pour recevoir ce qu'elle avait coutume de payer aux Suédois, promettant un meilleur service si on le préférait. Le Régent l'accueillit avec sa grâce accoutumée. Les Français admirèrent *ce créateur d'un monde*. Beau créateur qui, avec de la vie, savait faire de la mort, qui, de sang et de chair broyés, faisait une machine, un impossible monstre. Sa Russie ressemblait au char grotesque qu'il avait charpenté et où il voyageait, charrette informe et disloquée d'avance, qui allait branlant et grinçant, par cahots, chocs, secousses. Si, de droite et de gauche, nombre d'hommes, qui se relayaient, ne l'avaient soutenu, le triste véhicule, à chaque pas disjoint, eût mis à terre son constructeur.

Éconduit par la France, il était d'autant mieux disposé à écouter l'Espagne, à entrer dans le grand projet de bouleverser tout l'Occident. Pendant cette tempête, qui eût pétrifié l'Allemagne, il aurait fait ses affaires d'Orient, aurait rançonné la Pologne, où il eût mis un homme à lui, un tout petit roi tributaire. Il se fût arrondi et complété sur la Baltique, eût pris le Mecklembourg, fait établissement dans l'Empire en face de l'Empereur. Projets vagues, grossiers, incohérents. Tandis qu'il bouffonnait à Moscou la fête burlesque où l'on brûlait le pape, il entrait dans ce plan pour le faire triompher dans Londres !

Le candidat de Rome et de Madrid, le Prétendant ne se fit pas scrupule de s'allier à ce barbare couvert de sang et qui alors justement fit mourir son fils. Il lui envoya le duc d'Ormond pour obtenir sa fille Anne Petrowna. Qu'eût-ce été pour l'Europe si ces accouplements monstrueux avaient réussi ! si le bigotisme jésuite eût épousé l'Asie sauvage ! si l'esprit de l'Inquisition eût fait pacte avec Attila.

Deux fléaux menaçaient, d'une part, une répétition de l'invasion des barbares, la descente des masses faméliques du monde des neiges ; de l'autre, le renouvellement de la Guerre de Trente-Ans, mais sans fin, recrutée par les soldats à vendre.

Leur vrai roi, leur héros, leur Alexandre-le-Grand, était tout prêt dans Charles XII. Il mourut jeune, manqua sa destinée. Elle était d'être, en pleine Europe, un Pizarre, un Cortez, un grand pirate de terre. Nous avons de son étrange figure un fort bon portrait à Versailles. Avec ses gants de buffle, son habit grossier de drap bleu, ce grand corps sec, nerveux, semblé d'abord un dur soldat. Puis on voit davantage : on retrouve, on comprend l'indestructible, qui prenait son plaisir à jeûner plusieurs jours, à dormir par terre sans abri dans les hivers de Suède. Il a tel trait plus que sauvage, le dirai-je? bestial, qui fait penser à un terrible orang-outang. Ses yeux, d'un azur cru, ne se retrouveraient ni chez l'homme ni chez l'animal. Il tient fort du satyre, mais (tout au contraire du satyre) sa peau tannée est en-dessous riche d'un sang très pur, implacablement virginal (j'entends, des vierges de Tauride). Nulle amitié. Nul amour. Buveur d'eau. Un seul sens, le péril, le meurtre.

Le portrait nous le donne à l'âge où il meurt (trente-six ans), tel qu'il était alors, dans la fortune la plus désespérée, avec une redoutable hilarité qui fait trembler. Il en était au point de ne plus choisir les moyens. Son ministre, Goertz, un homme à tout oser, forçait de prendre sa monnaie de cuivre pour deux cents fois ce qu'elle valait! Il escroquait ce qu'il pouvait aux jacobites pour acheter des vaisseaux (il en acheta six en Bretagne). Il avait, pour son maître, accepté le patronage d'une compagnie de flibustiers. Il les entretenait et les gardait tout prêts. Troupe d'aventureux scélérats, une élite d'audace et de crimes.

Charles XII avait reçu des arrhes d'Alberoni, un million, somme énorme pour sa misère. Le czar, qui déjà négociait avec les Suédois (mai 1718), l'eût au moins laissé faire, y trouvant tellement son compte. L'Espagne n'avait qu'à croiser les bras, et solder Charles XII, qui, sans nul doute, aurait passé.

Tel aussi fut le plan d'Alberoni. Il ne varia pas là-dessus. Il soutint que l'affaire d'Angleterre devait précéder tout, qu'on ne pouvait agir en Italie, en France, qu'à la faveur de ce grand coup de foudre. J'en crois là-dessus Alberoni lui-même plus que Torcy (que copie Saint-Simon).

Qui empêcha? uniquement la sottise de la cour d'Espagne, qui n'écouta pas son ministre, l'impatience de la reine italienne qui le força d'agir en Italie.

C'est l'intérieur de cette cour, l'obscure chambre du roi et de la reine, qui seuls en ce moment illuminent l'histoire. Saint-Simon, dans son ambassade, put voir de près, ayant été reçu par eux avec confiance, et presque familiarité. Favorisé, comblé, admis à tout, il put voir, entendre beaucoup. Devant lui, ils causaient de sujets un peu étonnants dans une cour si dévote, de prélats scandaleux, de leurs mœurs à la Henri III. Alberoni en apprend davantage. A son passage en France, il dit au chevalier de Marcien que Philippe V, dans sa vie sensuelle et sombre (celle au reste des nobles, Espagnols, Italiens, du temps), usait largement des licences conjugales autorisées des casuistes.

Ces docteurs, dont les livres sont le parfait miroir de la vie du Midi, furent forcés de bonne heure de mollir là-dessus. En présence des monstrueux scandales qu'affichaient tant de princes et de princes d'Église, avec leurs petits favoris, leurs pages ou enfants de chapelle, ils accordent infiniment aux libertés intimes du mariage. Dès lors rien ne paraît. Tout retombe sur la discrète épouse. Elle n'a pas à s'inquiéter. C'est sainteté à elle de pécher par obéissance. De Navarro à Liguori, en deux siècles, on la plie, muette, aveugle, à toute chose. En la femme, et la femme unique, s'épuise l'infini du caprice. Les cent maîtresses du Régent, les trois cents nonnes portugaises de Jean V, ne sont rien en comparaison de ce que ces maîtres autorisent, au ménage espagnol du plus grave intérieur, entre le lit et le prie-dieu.

Une chose, chez ces docteurs subtils, est très malsaine, c'est que leurs équivoques, et jusqu'à leurs réserves, sont autant de tentations. Ils accordent aux préludes des libertés glissantes qui vont fatalement droit à ce qu'ils défendent. Comme au bord de l'abîme, même la peur de tomber fait qu'on tombe. Mais dans la chute aucun repos. Le remords même est corrupteur. Il fait que le péché garde une âcre saveur et ne s'affadit pas, et le repentir même titille la tentation.

Nous venons de décrire ici Philippe V. Né honnête, et gardant certaine loyauté de la France que n'a pas toujours le Midi, il a naïvement exprimé tout cela. Avec sa première femme, la vive Savoyarde, qui le tenait de haut, il ne fut qu'un mélancolique, enfermé, un peu maniaque. Avec la flatteuse Italienne, qui avait son but personnel, intéressé, et se courbait à tout, il eut de singuliers orages et de scrupules et de remords.

Ce but, tout politique, était souvent contraire à la foi de son mari. On l'a vu en 1715 quand elle exigea qu'il s'offrît comme allié à l'hérétique. Et on le voit ici, en 1718. Au lieu de faire ce que ce prince dévot eût préféré certainement, au lieu de tenter d'abord la grande affaire romaine et catholique, l'affaire du Prétendant, elle l'oblige d'aller (malgré le pape) en Italie. Vrais tours de force où elle ne pouvait réussir qu'en émoussant la conscience du roi par des arts énervants et de sensuelles complaisances qui le faisaient céder, mais le laissaient fort agité.

Elle avait déjà vingt-sept ans, avait eu deux couches de suite; de plus, la petite vérole, dont elle resta marquée. Le pis, c'est qu'elle avait maigri, n'était plus « la grasse Lombarde, bien empâtée », l'idéal de Philippe V. On est tenté de croire qu'elle baissa. Dans une maladie, en la nommant Régente, il annulait cette Régence par un pouvoir illimité qu'il donnait à Alberoni.

Elle restait très agréable, et reprit fortement le roi. Élégante amazone à la guerre, à la chasse, elle changeait de sexe et de figure, pour ainsi dire. Avec des modes fantasques qu'elle se faisait faire à Paris, sous un justaucorps d'homme qui lui marquait sa fine taille, elle semblait un enfant gracieux, mignon page italien. Gentille créature, joueuse comme un petit garçon, mais d'enfantine obéissance, soumise comme une petite fille.

L'énervante fascination, morbide, sous des formes si douces, absorba, acheva Philippe V. Mais, loin qu'il reposât dans son néant, il y trouva de plus en plus la fièvre, incessamment souffrant et stimulé de ces mauvaises faims de malade que nulle satisfaction n'apaise. En vain il l'avait à toute heure; en vain il la tenait sous son regard, passive, subissant même sans murmures certaines gênes un peu humiliantes de la vie de prisonnier. Nulle échappée. Aux fêtes ou dévotions de couvents, ils n'étaient pas moins enfermés, seuls au fond d'une obscure tribune. Dans leurs petites courses de chasse, dans ces déserts sinistres qu'on appelait maison de plaisance, même prison. A chacune de ces maisons se retrouvait exactement la petite chambre de Madrid, et l'étroit petit lit, jusqu'à la garde-robe, toujours l'une à côté de l'autre les deux chaises percées de Leurs Majestés Catholiques. » (Saint-Simon.)

Alberoni dit durement : « Il la pervertissait. » Mais comment? perverti par elle, insidieusement provoqué. Plus bas elle pliait, plus relevée elle exigeait des choses contre la conscience ou l'humanité même, qui (on va le voir) furent des crimes.

Les douces règles des casuistes, les vastes indulgences du bon Père d'Aubenton et des confesseurs italiens rassuraient tout à fait la reine; elle riait, elle était gaie, badine. Le roi restait troublé. Il eut pu, d'après leurs maximes, pour une pénitence minime (une prière, un jeûne, une aumône) se calmer et dormir à l'aise. Mais quoi qu'on pût lui dire, il avait cette faiblesse de consulter son âme, d'écouter la voix intérieure. Parfois il éclatait en bruyantes crises de remords qui n'embarrassaient pas peu la reine. Souvent on l'entendit pleurer, demander pardon aux muets témoins de la chambre, j'entends les saints bonshommes qui étaient figurés dans la tapisserie. Ces larmes, ces agitations qui ne faisaient qu'amollir le pécheur, par un cercle fatal, le ramenaient aux chutes; il se croyait damné, et n'en péchait que davantage.

Comme le roi de Portugal, il exigeait que chaque soir l'absolution du moins le blanchît pour la nuit. Autrement toute approche des choses saintes lui paraissait un exécrable sacrilège. Un matin qu'un prêtre lui disait la messe dans sa chambre à coucher, ignorant son état de conscience, il voulut lui faire baiser la *paix* : le roi s'indigna tellement, qu'il se jeta sur lui et faillit l'étrangler. Que dit le roi? On ne le sait. Mais la reine, humiliée, qui tremblait de fureur, s'écria : « Prêtre, si tu le dis, tu es mort. »

Alberoni, qui avait commencé sa fortune au privé de Vendôme, et qui plus tard amusait le roi de contes gras, eût bien voulu, en continuant son métier de bouffon, s'insinuer encore aux petits secrets de ménage. Il se serait fait craindre, eût pris ascendant sur la reine. Mais la porte sacrée de la chambre mystérieuse avait son chien, son dogue, la nourrice, grossière et violente, qui, s'il hasardait d'avancer, outrageusement le repoussait.

La reine, ne sachant rien, n'apprenant rien du

dehors que par cette nourrice, ignorant l'Espagne et le monde, se figurait que ce royaume était redevenu en deux ans l'empire de Charles-Quint. En réalité, la surprenante activité d'Alberoni avait créé une belle flotte et une armée non sans valeur. Le revenu avait augmenté, parce qu'ayant supprimé les privilèges de l'Aragon et de la Catalogne, on faisait payer ces provinces. Qu'était-ce pour une grande guerre? qu'étaient les petites réformes qu'avait pu faire Alberoni? Au fond, très peu de chose. L'Espagne n'en était pas moins épuisée, stérile, un cadavre. L'ingénieux résurrectionniste la remettait debout, mais pour la faire choir sur le nez.

Ce qui trompait encore Madrid, c'étaient les romans insensés, les folles promesses qui venaient de la France par toutes sortes d'intrigants. Tout cela misérable. Reprenons d'un peu haut, mais en datant soigneusement.

A son avènement, le Régent avait promis aux princes du sang, à Monsieur le Duc, qu'on ôterait aux faux princes, bâtards adultérins, le droit de succéder au trône que leur avait donné le feu roi. Cela fut exécuté en juillet 1717, et dès lors la duchesse du Maine, née Condé, et tante de Monsieur le Duc, mais furieuse de voir son mari descendre, implora l'appui de l'Espagne.

Elle avait des amis au Parlement (le président De Mesmes et autres). Elle en avait dans la noblesse, où deux hommes ruinés, Laval et Pompadour, étaient déjà en rapport avec Cellamare, l'ambassadeur d'Espagne. Enfin, elle s'adressa au grand trio jésuite qui avait gouverné à la fin de Louis XIV. L'un des trois, le Père Tournemine, lui donna un baron Walef, aventurier liégeois, peu sûr, fort étourdi, qu'elle envoya à Philippe V.

On voulait que ce prince mît le feu aux poudres en écrivant aux Parlements et demandant les États généraux. La lettre, ayant fait son effet, aurait été suivie d'une armée espagnole.

Le Régent savait tout. Dans l'automne de 1717, il fit lui-même avancer des troupes vers les Pyrénées, encouragea les grands d'Espagne qui voulaient chasser l'étranger (Alberoni, la reine), s'emparer du roi, des infants. Seulement il refusait d'autoriser le coup qui seul eût tout tranché, l'assassinat d'Alberoni.

La corruption, la faiblesse du Régent ne peuvent faire qu'on oublie le contraste de sa douceur avec la férocité de ses ennemis. Tandis que dans leurs pamphlets on le désignait à la mort, lui, il était si peu haineux qu'averti qu'un conspirateur violent, M. de Laval, était pauvre, il pensa que peut-être il ne conspirait que par misère, et lui donna une pension. Laval ne la refusa pas, mais il conspira de plus belle.

Tout en voulant obtenir de l'Espagne ce désarmement sans lequel il était impossible d'avoir la paix européenne, il négociait longuement, obstinément, pour les intérêts de son ennemie, la reine d'Espagne, quant aux successions de Parme et de Toscane. Cette dernière affaire irritait fort l'Autriche, et retarda fort longtemps les choses. Torcy (copié par Saint-Simon) dit que les Impériaux regardaient le Régent comme partial pour l'Espagne et refusaient de s'y fier.

Et cependant il fallait se hâter. Paris était fort agité. Il l'était et par l'odieux des mesures financières que prenait d'Argenson, et par les menées des partisans du duc du Maine, par les résistances ouvertes du Parlement, par les sourdes intrigues des ambassadeurs étrangers.

D'Argenson, qu'on croyait ami de Law et conseillé par lui, dès qu'il entra au ministère, passa à ses ennemis, et, publiquement associé à une compagnie rivale, fit ses propres affaires avec une audace effrontée. Il donna le bail des *Fermes et gabelles*, à qui? à lui-même ministre, représenté par son valet de chambre!

Cet homme de police, abusant de sa vieille réputation de dureté, et bien sûr d'être craint, n'eut ni ménagement ni pudeur. D'un coup, il éleva la valeur de l'argent de quarante à soixante, payant soixante livres avec quarante (empochant vingt). Il fit un filoutage hardi sur la refonte des monnaies.

Le Parlement saisit l'occasion. Il défend d'obéir (20 juin 1718). Il appelle à lui les corps de métiers. D'autre part, d'Argenson envoie aux marchés des soldats pour faire prendre sa monnaie. Refus, violences et batteries.

On publiait alors, on lisait avidement les beaux *Mémoires* du cardinal de Retz. Tout ce qui aimait le mouvement regrettait de n'être pas né du temps de la Fronde. La petite duchesse du Maine, avec sa ridicule académie de Sceaux, les gens de lettres qui lui prêtaient leurs plumes, n'étaient guère propres à agir sur le peuple. Si pourtant le monde des Halles, poussé à bout par l'affaire des monnaies, s'était levé, si les Parlementaires s'étaient mis à sa tête, nul doute que le vieux Villeroy ne leur eût donné le petit Roi. Villars eût appuyé de sa glorieuse épée, de sa renommée populaire. Et qui sait? le Régent se serait trouvé seul, ayant contre lui le Roi même.

Cette cabale d'Espagne n'était pas tant à dédaigner. Des gens loyaux, comme Villars, ne croyaient pas du tout trahir en appuyant Philippe V, le frère du duc de Bourgogne, prince honnête et pieux, qui, sans nul doute, eût sauvegardé les droits de l'enfant Louis XV. Ils se sentaient en tout cela fidèles à la pensée du feu roi.

Le Prétendant, pour qui Louis XIV écrivait encore à son lit de mort, avait son agent le plus sûr, le duc d'Ormond, caché près de Paris. Il était en rapport avec les ambassadeurs d'Espagne et de Russie. Dans le récit prolixe, obscur, mal lié, de Torcy, on voit que les rapports d'Alberoni avec le czar et Charles XII, interrompus un moment, se renouaient. Il ne dit pas la cause de ces variations qu'a révélées Alberoni. Rien n'eût pu faire renoncer celui-ci à son plan du Nord. Même en juin, par Paris, il envoya encore un émissaire à Charles XII.

Le czar était tout Espagnol en ce moment par sa haine de l'Autriche, par son extrême crainte que la

France ne prit avec elle des engagements définitifs. Le Régent l'amusait, faisait croire et à l'Espagnol et au Russe qu'il n'était pas décidé à signer. Mais, dès le mois de juillet, le comte de Stanhope, confident du roi Georges, était arrivé à Paris, et, dans une parfaite intimité, ils avaient réglé la future *Quadruple-Alliance*.

Le vrai sens de ce traité était celui-ci : la France, l'Angleterre et la Hollande commandaient, au besoin, *exécutaient* la paix définitive.

L'Autriche, victorieuse des Turcs, bouffie de ses victoires, et qui rêvait toujours et l'Espagne et les Indes, on l'obligeait enfin d'y renoncer, en recevant un joli joyau, la Sicile.

Malgré l'Autriche, on assurait à la reine d'Espagne pour ses enfants, non seulement la succession de Parme, mais celle de Toscane. Clause obstinément repoussée de l'Empereur, à qui les ports de la Toscane semblaient une porte ouverte par où la France rentrerait à volonté en Italie.

L'Autriche refusa longtemps, et même, après avoir signé, elle voulait encore revenir sur ses pas. L'Espagne refusa bien plus obstinément encore. Alberoni, pressé là-dessus par les Anglais, se fâcha, menaça. Il croyait les tenir par l'intérêt commercial, croyait que les ministres et les chefs politiques n'oseraient, par une rupture, compromettre les banquiers, marchands et armateurs de Londres, qui exploitaient l'Amérique espagnole.

Il se trompait. Georges, avant tout, voulait servir

l'Empereur et ne ménageait rien. Les grands meneurs anglais voulaient frapper la marine d'Espagne, frapper Philippe V, affermir le Régent. C'était leur homme. Il ne tenait pas à eux qu'il ne fût plus que Régent. L'ambassadeur anglais, Stairs, à la mort de Louis XIV, aurait voulu qu'il se fît roi.

Stairs avait préparé le traité. Vers le 1er juillet, le comte de Stanhope, confident de Georges, mais qui avait aussi la pensée des chefs du Parlement, arriva à Paris, et put dire au Régent les choses qui ne s'écrivent point : Premièrement qu'une forte flotte anglaise suivait celle d'Espagne, pour l'empêcher d'agir, sinon pour la mettre au fond de la mer. Deuxièmement, que, quelle que fût la faiblesse de Georges pour l'Empereur, le lien fort, unique, de l'Angleterre était avec la France ; qu'elle traiterait au besoin avec elle pour contraindre l'Autriche à la paix.

Et les Anglais n'entendaient par la France que celle du Régent et de la maison d'Orléans. Le Régent seul leur donnait confiance contre le Prétendant, contre les jacobites, contre la guerre civile, contre les coups de main que l'Espagne et le czar pouvaient tenter sur eux, en leur lançant un Charles XII.

On a dit qu'en cela ils ne voulaient rien autre chose que se faire ici un vassal. Mais en réalité c'était pour eux une question de vie et de mort. L'opinion, en France, était, je l'ai dit, généralement faussée et pervertie. Elle s'intéressait au roman du Stuart. Beaucoup mêlaient sa cause à celle du roi d'Espagne. Des hommes, en divers genres, illustres ou éminents (comme Villars, Saint-Simon, Torcy), étaient de cœur jacobites, Espagnols, donc absurdement rétrogrades. Stanhope et Stairs, qui voulaient Orléans (quels que fussent ses vices, et ses faiblesses pires encore), étaient dans la vraie voie du siècle et du nouvel esprit.

Tout fut conclu à un souper qui (chose bien significative) eut lieu dans la maison natale et patrimoniale des Orléans, au palais de Saint-Cloud. Ce palais, alors si petit, logeait l'été toute la famille, Madame, mère du Régent, sa femme, souvent sa fille. Elles reçurent Stanhope et le traitèrent. Cette fraternisation solide et qui semblait définitive se fit à la table de famille. On se sentit alors bien ferme contre les mouvements de Sceaux, du Parlement. On avait la sécurité d'un joueur qui s'amuse et tient les cartes encore, mais qui déjà a gagné la partie. Et quelle partie? la grande, celle de la couronne; on la voyait si près! on croyait la toucher. Vive joie, moins pour le Régent (fort désintéressé) que pour les trois princesses, pour l'orgueil impérial de sa mère, pour l'ambition profonde, souffrante, de sa femme, et bien plus pour la folle ivresse de la duchesse de Berry. Elle crut Orléans déjà roi, et (comme un fait de cette date le prouve trop malheureusement) elle perdit tout à fait l'esprit.

Nous reviendrons là-dessus. Remarquons seulement que ni l'excès du vice, ni la bonne fortune n'endurcissaient le Régent. Il eut, à ce moment (peut-être attendri du bonheur), un rare mouvement de bonté. Il eut pitié de l'ennemi. Quoiqu'il lui fût hautement désirable que l'Espagne fût coulée à fond, quoiqu'un grand coup frappé par l'Anglais sur Alberoni dut aussi effrayer, abattre ici ses ennemis, il fit, par son agent, Nancré, avertir cet aveugle au bord du précipice. Il le pria de ne pas se perdre, de ne pas lui donner, à lui Régent, cet avantage décisif et cruel.

Nancré ne trouva à Madrid que des sourds et des insensés. Ils nageaient en pleine victoire. Victoire peu difficile. Le duc de Savoie, qui avait encore la Sicile, mais qui était près de la perdre ou par l'Espagne ou par l'Empereur, en retirait ses troupes. Vainqueur sans combat (3 juillet), le pavillon d'Espagne flotte à Palerme. La conquête paraissait certaine. Mais les preneurs risquaient fort d'être pris. Les Anglais n'en faisaient mystère. Stanhope lui-même (24 juin), plus tard l'amiral Byng arrivé à Cadix, avaient fait dire aux Espagnols qu'aux termes des traités, à tout prix, on défendrait l'Empereur.

L'envoyé des Anglais serrant de près Alberoni pour obtenir une réponse, celui-ci ne décida rien de lui-même. Il a dit, après sa disgrâce : 1° qu'il eût voulu retarder et ne faire la guerre qu'après s'être assuré de plus grandes ressources ; 2° qu'il n'eût pas voulu qu'on commençat par l'Italie, mais par l'affaire du Prétendant. Or c'était justement l'Italie que voulait la reine, et à tout prix, et sur-le-champ. Elle était si aveugle, qu'elle ne voulait de la Sicile que comme d'une conquête préalable qui lui ferait faire celle du royaume de Naples. Le pape s'y opposait : chose grave pour Philippe V. N'importe. La fée dangereuse, sans doute par un coupable échange de honteuses faiblesses, avait acheté celle-ci. Le triste roi remit tout au destin, et sombrement répondit à l'Anglais : « Que Byng exécutât ce qu'avait commandé Sa Majesté britannique. »

Cruelle, imprudente parole! Il était aisé à prévoir que, de ce mot, il noyait son armée. Cette brave armée d'Espagne qui, pour lui obéir, était en pleine mer, en tel danger, ne lui inspirait-elle donc aucune pitié ? Pouvait-il croire qu'une marine créée d'hier tiendrait contre la vieille marine anglaise? Jadis, les Basques, il est vrai, si étonnamment hasardeux, firent du pavillon espagnol le premier du monde. Philippe II les découragea, et, dans l'affaire de l'Armada, les soumit à ses Castillans. Philippe V les découragea, et, dans cette affaire de Sicile, confia de hauts commandements à des intrigants jacobites, des aventuriers irlandais.

Du reste, les moyens humains semblaient fort secondaires. On comptait sur le ciel, et l'on exigeait un miracle. On sommait Dieu d'agir. L'Inquisition à ce moment fut terrible d'activité. En une seule année, cent et quelques personnes furent brûlées vives, quatre cents autres diversement suppliciées.

Des Juifs ou Maures, des misérables qui se croyaient sorciers, des *luthériens* (libres penseurs), voilà ce qu'on brûlait. Jamais de vrais coupables. L'Inquisition était fort douce pour le libertinage. Sodome était ménagée à Madrid beaucoup plus qu'à Paris. En 1726, un homme fut brûlé ici en Grève pour une faute que les juges, en Espagne et en Italie, négligeaient comme peccadille, affaire de confessionnal. On payait cela avec quelque aumône aux couvents, quelque délation, un service au clergé. Les pécheurs, quoi qu'ils fissent, expiaient par un fanatisme cruel, horriblement sincère, par le dévouement à l'Inquisition. Madame de Villars vit, aux auto-da-fé, des seigneurs sauter des gradins, tirer l'épée, piquer, larder les victimes hurlantes, qu'on précipitait au bûcher.

Le roi, s'il n'agissait, du moins assistait, présidait, avec sa gracieuse reine. Un tel jour expiait des nuits. S'ils avaient des scrupules pour les péchés d'hier ou ceux qui se feraient demain, ils les compensaient par leur zèle, mettaient aux pieds de Dieu et les douleurs des autres et le petit supplice de voir tant de choses effroyables. Ils comptaient que le ciel, touché de ces offrandes, bénirait leur expédition.

Certes, si les sacrifices humains, la chair brûlée, pouvaient lui plaire, jamais il n'eût dû être plus favorable. Cette flotte d'Espagne allait rendre la Sicile aux moines qu'avait chassés le duc de Savoie, et y raviver les bûchers. Tout lui réussissait. Elle avait pris Palerme et elle allait prendre Messine, quand elle se vit suivre de près par Byng, par sa flotte, plus forte en canons. Byng avait demandé un armistice de deux mois et ne l'avait pas obtenu. Le 11 août, l'amiral d'Espagne, incertain de ses intentions, avait quitté Messine, se trouvait devant Syracuse. Il voit Byng aller droit à lui, couper sa flotte, et, sans tirer encore, pousser ses vaisseaux au rivage. Un d'eux fit feu, et donna à l'Anglais le prétexte qu'il désirait.

Coïncidence singulière. Le même jour, 11 août, le comte de Stanhope, premier ministre d'Angleterre, arrivait à Madrid, voulant sauver Alberoni. Les vives plaintes du commerce anglais l'avaient changé, lui faisait craindre une rupture avec l'Espagne. Il venait traiter, mais trop tard.

L'immense désastre avait eu lieu. Surpris et séparés, ne pouvant même combattre, les Espagnols, avec toute leur vaillance, furent irrésistiblement poussés à la côte, ou coulés. Un de leurs capitaines irlandais s'enfuit le premier. Plusieurs vaisseaux furent mis en feu. Vingt-trois périrent ou furent pris, avec sept cents canons et cinq mille hommes. Byng renvoya les officiers, s'excusant froidement « de ce malentendu, pur accident, survenu par la faute de ceux qui tirèrent les premiers. »

Cruel, déplorable désastre, — mais qui faisait la paix du monde.

La mort de Charles XII qui survint en décembre, en fut une autre garantie.

Elle ne fut qu'un peu retardée en 1719, par notre courte expédition d'Espagne et celle des Russes en Suède. Elle arrivait fatalement.

Un seul homme rit. Ce fut Dubois.

La France fut touchée. Et l'homme du Régent, Nancré, qui seul eut le courage de l'apprendre à Alberoni, ne le fit qu'en versant des larmes.

CHAPITRE VI

Triomphe du Régent sur les bâtards et le Parlement. (Août 1718.)

Madame de Maintenon, dans sa pieuse retraite, octogénaire et si près de sa fin, suivait de l'œil les destinées du duc du Maine, son élève, ne désespérait pas de voir renverser le Régent. Elle accueillit avec bonheur la nouvelle des agitations de la Bretagne (24 janvier 1718). Les conjurés de Sceaux comptaient en profiter. M. de Laval, en Bretagne, M. de Pompadour, en Poitou, voulaient créer *une Vendée*.

Les six mille nobles de Bretagne, démocratie sauvage où tous votaient, le clergé et le Parlement (qui étaient deux noblesses encore), s'agitaient à l'aveugle au moment même où l'impôt fort réduit aurait dû calmer la province. Il était descendu de douze millions à sept (en 1718). En outre le Régent, malgré l'agitation, avait poussé la confiance jusqu'à autoriser des assemblées locales qui prépareraient le travail de l'assemblée générale (rouverte en juillet 1718). Celle-ci n'en fut que plus turbulente, et on fut obligé de la dissoudre. Pour qu'elle soulevât le peuple, il eût fallu deux choses, que les curés, le bas clergé, prêchant contre le Régent, lui montrassent sa foi en danger sous un prince si impie, et qu'en même temps une grande manifestation navale et militaire de l'Espagne apparût sur les côtes, une flotte de Philippe V sous le drapeau des fleurs de lys.

Ces deux choses manquèrent également. Dubois, comme on a vu, par ses avances à Rome, divisa les ultramontains. Si beaucoup restèrent espagnols, plusieurs furent gagnés au Régent. Ils n'agirent pas d'ensemble pour soulever la Bretagne. Quand on y prit les armes (trop tard en 1719), les meneurs gentilshommes n'avaient avec eux que deux prêtres.

L'autre condition manqua de même. Point de troupes espagnoles. L'ambassadeur Cellamare, le 30 juillet, mandait de Paris à Alberoni qu'on ne pouvait rien sans cela. Et Alberoni répondait : « L'armée, la flotte sont en Sicile. » Le 11 août, la voilà détruite, cette flotte, et l'armée quasi prisonnière, qui ne peut plus sortir de l'île.

La Vendée de l'Ouest se trouve tout au moins ajournée. La Fronde de Paris, la cour de Sceaux, les chefs du Parlement liés avec Madrid et le Parlement de Bretagne, sont blessés pour l'instant avec Alberoni.

On ne pouvait savoir le désastre espagnol que le 22 ou le 23. Les meneurs de Paris, dans l'ignorance où ils étaient de ce grand coup, croyaient pouvoir en frapper un ici. Le 18 août, la duchesse du Maine envoyait de Sceaux sa célèbre femme de chambre, mademoiselle De Launay, pour conférer encore avec eux. Elle les vit à minuit sous le pont Royal, et, sans doute, leur donna ses dernières instructions. On méditait une chose violente, qui eût atteint de très près le Régent, une rapide exécution qui l'aurait avili en montrant sa faiblesse, et qui eût exalté le peuple (toujours admirateur de l'audace) pour le Parlement. Sanglante expérience; mais sur un étranger, sur un aventurier, *in anima vili*.

Le 12, on avait renouvelé un arrêt de l'ancienne Fronde (porté alors contre le Mazarin), arrêt qui défendait à tout *étranger* de s'immiscer au maniement des deniers royaux sous peine de mort, le condamnait sans forme de procès. Law, enlevé de sa Banque, amené dans l'enceinte du Palais, eût été pendu sur-le-champ. On a douté que la chose fût sérieuse. Elle eût été impossible, en effet, s'il eût fallu un jugement en règle de ce grand corps où il y avait nombre d'honnêtes gens; mais, sur l'arrêt déjà rendu le 12, nulle procédure nouvelle n'eût été nécessaire. Les présidents, un De Mesmes, un Blamont, un Lamoignon, n'eussent eu qu'à ordonner d'exécuter l'arrêt. Law, plus intéressé que personne à bien s'informer, se crut en vrai péril, et Saint-Simon l'y crut; car il lui conseilla de se cacher, lui fit chercher asile au Palais-Royal même, chez le Régent.

La chose était énorme d'injustice et d'ingratitude.

Et d'abord d'injustice. On prenait occasion de l'irritation qu'avait causée la monnaie de d'Argenson. Mais d'Argenson était justement le rival de Law. En juin, avec les Duverney, il l'avait empêché d'avoir le bail des *Fermes et gabelles*, et il l'avait pris pour lui-même.

On avait cru habile de s'attaquer à l'*étranger*. Depuis les Concini et les Mazarini, le mot était puissant pour lancer à l'aveugle la meute populaire. Grande pourtant était la différence. Ces gens, entrant en France, n'avaient pas de chemise et moururent horriblement riches. Law entra riche en France, et sortit pauvre, en galant homme.

Les jansénistes même, les honnêtes gens du Parlement, étaient ici peu délicats. Ils avaient horreur de penser qu'un huguenot pût devenir contrôleur général. Law avait contre lui toutes les branches du parti dévot. Il était protestant; il était apôtre et prophète de certaines utopies économiques, humanitaires. Ses caissiers, ses commis, étaient souvent des réfugiés, qui, forts de sa protection, hardiment étaient revenus.

Je ne dis rien encore ici de lui, ni de ses précédents, rien du Système. Notons seulement que Law alors, en 1718, n'avait marqué en France que par deux éminents services, se hasardant pour nous, engageant sa bonne chance, jusque-là très heureuse, dans notre mauvaise fortune.

Il avait débuté par un bienfait qu'on ne pouvait nier. Il avait créé une Banque qui n'exigeait des actionnaires qu'un quart en argent, acceptant pour le reste nos malheureux *billets d'État*, résidu de la banqueroute, dépréciés dès leur naissance. Dès lors ils furent moins rebutés. Le crédit public fut un peu relevé. L'industrie, le commerce, reprirent du moins espoir. Cette Banque, par son escompte modéré, supprima l'usure. Celui qui prenait ses billets (valeur fixe, réglée uniquement sur un poids d'argent) n'avait pas à craindre les variations ruineuses que les monnaies subissaient sans cesse.

L'État, comme les particuliers, trouvait ces billets fort commodes. M. de Noailles, quoique ennemi de Law, autorisa les comptables à recevoir les impôts en billets de sa Banque. On n'eut plus le spectacle barbare de voir l'argent voyager en nature, d'exposer de grosses voitures, chargées de métaux précieux, aux attaques des voleurs. Pour éviter ce danger, on n'avait jusque-là de ressources que des traites tirées par les receveurs sur des marchands de Paris, avec un bénéfice énorme pour les uns et les autres. Les billets de la Banque firent tout cela sans péril et sans frais.

Tout était libre et sûr dans cette institution. Contre les billets présentés, on vous donnait sur-le-champ des espèces. Et tout était lumière : les actionnaires eux-mêmes gouvernaient la Banque républicainement. De là, modération, sagesse. Ces billets si recherchés, on n'en crée en deux ans que pour cinquante millions.

Les choses allèrent ainsi jusqu'en août 1717, jusqu'à l'agonie de Noailles. L'État alors, dans sa détresse, regarda vers cette Banque brillante et prospère, y chercha un secours.

Plus d'un gouvernement était alors au même point, et, dans sa défaillance, imaginait de se substituer une compagnie financière. L'Empereur accueillait le plan monstrueux d'une Banque qui eût payé pour lui, mais qui aurait été un État dans l'État. Cette banque autrichienne, fondée sur des contributions forcées, le produit des confiscations, etc., était un horrible grand juge en matière financière, investie du pouvoir de condamner à son profit. Law, imploré par le Régent, n'exigea rien de tel.

Il ne demandait rien qu'à la vraie source des richesses, à la nature et au travail. Il s'adressait à la puissante nature du Nouveau-Monde, non à la dangereuse Amérique tropicale, mais à celle qui, placée sous nos latitudes, est encore une Europe, une *nouvelle France*, le Canada, la Louisiane. On a fort durement jugé son entreprise. Rappelons-nous ceci : il y fallait un siècle, et il n'eut que deux ans.

Dans cette création, il faut le dire pourtant, la prudence éclata moins que la générosité. Sa *Compagnie d'Occident*, fondée au capital nominal de cent millions, acceptait la condition de les recevoir en mauvais *billets d'État* qui perdaient les trois quarts, donc valaient seulement vingt-cinq millions. Et cela même, elle ne le recevait pas; mais (à la place) une simple rente annuelle de quatre millions. Notez encore qu'elle n'avait en tout que la première année, quatre millions, pour mettre à son commerce; la seconde année, les suivantes devaient être partagées entre les actionnaires. Ces quatre millions, c'était tout!

La *Compagnie d'Occident*, quelles que fussent ses chances de ruine, pour un moment fut le salut pour nous. Elle absorba une masse de ces billets sous lesquels on pliait. Elle permit de supprimer un impôt très lourd, le Dixième.

Le Parlement, corps très incohérent, en grande majorité honnête, mais de peu de lumières, très ignorant (hors de son droit civil), était alors poussé par de fort dangereux meneurs. Après l'affaire populaire des monnaies, ils avaient cru que rien ne valait mieux, pour faire sauter le Régent, qu'un vaste procès criminel où l'on atteindrait plus ou moins tout ce qui l'entourait. Dans l'enquête, commencée mystérieusement, on poursuivait pêle-mêle et Law et les rivaux de Law. On attaquait avec le grand banquier nombre de gens qui l'exploitaient, le rançonnaient. On eût voulu pendre à la fois et les voleurs et le volé.

A la tête des voleurs qui pillaient Law était la maison de Condé. Le Parlement n'osait regarder si haut. Il s'en tenait à tel seigneur, tel duc et pair, par exemple un La Force, renégat du protestantisme, agioteur, accapareur. D'autres, avec les mains plus nettes, étaient attaqués par les parlementaires dans leur dignité, leur noblesse. Le président de Novion, dans ses enquêtes satiriques, prouvait la bourgeoisie de ces faux grands seigneurs, cruellement leur arrachait leurs noms.

Ces gens exaspérés poussaient tous le Régent contre le Parlement. Déjà, le 2 juillet, il avait dit nettement, ce qui était la vérité, « que ce corps n'était qu'une cour de judicature et d'enregistrement ». Depuis un demi-siècle il n'avait eu nulle connaissance d'affaires politiques, jusqu'à ce que le Régent, en 1715, lui reconnût le pouvoir de casser, annuler le testament du roi. De là cet orgueil insensé jusqu'en août 1718. Là il fit hardiment des actes de souveraineté, mettant le Régent en demeure de le briser ou de l'être lui-même.

Le Parlement se fût moins avancé, s'il avait su le 12, à son premier arrêt, le désastre espagnol du 11. Mais il fallait au moins douze jours pour que la nouvelle arrivât. Le 21, il fit le pas le plus hardi, voulant que le Régent lui rendît compte, lui donnât un état des billets supprimés. Quel jour arriva la nouvelle ? Nul ne le dit ; mais les faits montrent que ce fut le 23.

Byng la manda à Londres certainement par le chemin le plus court, le plus sûr, c'est-à-dire par la France. Donc, comptons trois ou quatre jours de la Sicile à Marseille, et huit de Marseille à Paris. Cela fait douze jours, et nous arrivons au 23. Le 24, un changement subit, violent en toute chose, en dit l'effet profond. Law, à son grand étonnement, reçoit non des recors pour l'arrêter, mais des députés du Parlement qui le prient d'excuser la violence de leurs collègues, d'intervenir, d'intercéder, de leur concilier le Régent.

Dubois qui, le 19, était revenu d'Angleterre, et qui, dans son intimité avec les ministres anglais, certainement savait toute chose, attendait, désirait la noyade espagnole ; mais, voyant leurs hésitations, à peine il osait l'espérer. Aussi, du 20 au 23, il resta flottant, indécis, disant qu'il vaudrait mieux n'agir qu'aux vacances, en septembre. Le 24, lui aussi il est changé en sens inverse, ardent contre le Parlement, actif pour l'organisation d'un Lit de justice qui, le 26, l'écrasera au nom du Roi.

La chose n'était pas difficile en elle-même. Le Parlement était fort peu d'accord; les meilleurs de ses membres savaient parfaitement qu'il avait dépassé son droit. Il s'était avancé étourdiment, et ridiculement tout à coup avait reculé. On le tenait, et par l'argent. Les charges, achetées chèrement, et qui faisaient souvent tout le patrimoine de la famille, rendaient celle-ci fort craintive. Les femmes, au moindre danger, mères, filles, épouses, priaient, pleuraient, troublaient la vertu de Caton. Il suffit d'un mot du Régent à Blanc-Mesnil, l'avocat général, pour le paralyser, le faire bègue ou muet. Mot simple, sans menace. Il lui conseilla « d'être sage ».

Le difficile pour le Régent était son parti même, son ami prétendu, Monsieur le Duc, la férocité d'avarice que montraient les Condé, dangereux mendiants, de ces bons pauvres armés qui demandent le soir au coin d'un bois. Quand Henri IV eut la sotte bonté de les croire et les faire Condé (malgré le procès criminel qui les fait fils d'un page gascon), ils avaient douze mille livres de rente. Ils ont, sous le Régent, dix-huit cent mille livres de rente, et dans les mains de l'aîné seul, Monsieur le Duc. Je ne parle pas des Conti. Avec cela avides, insatiables, grondant, menaçant en dessous.

Monsieur le Duc dit au Régent qu'il voulait le servir, mais qu'hélas! il était bien pauvre, n'était pas établi, n'ayant que le gouvernement de Bourgogne. Il lui fallait : 1° une petite *pension* de cent cinquante mille livres (six cent mille francs d'aujourd'hui) comme honoraires de chef du Conseil de régence ; 2° pour son frère Charolais un établissement de prince ; 3° enfin l'*éducation du roi*, enlevée au duc du Maine.

Saint-Simon, ami du Régent, et véritablement ami du bien public, fit les plus grands efforts pour défendre le duc du Maine qu'il détestait, pour empêcher que le Roi ne tombât en des mains si funestes, si dangereuses. Il se tourna et retourna habilement de toute manière, avec art, adresse, éloquence, pour fléchir Monsieur le Duc. Il le trouva plus sourd encore que borgne, ferme et froid comme la mort. Dans les conférences de nuit qu'ils eurent aux Tuileries, le long de l'allée basse qui suit la terrasse de l'eau, tout ce qu'il en tira par trois ou quatre fois, revenant à la charge le 21, le 22, le 23, c'est qu'à moins de cela « *il serait contre le Régent* ».

Ainsi, des deux côtés, les Condé, trop fidèles à leur tradition de famille, voulaient régner ; sinon la guerre civile. Toute la bataille était entre Condé et Condé. La duchesse du Maine, comme le grand Condé, son aïeul, la préparait, appelait l'Espagnol ; et son neveu, Monsieur le Duc, ennemi acharné de sa tante, intimait au Régent que, s'il ne lui mettait en main le Roi et l'avenir, il passerait à l'ennemi.

Monsieur le Duc gagné, comblé, soûlé, recevant du

Régent le don fatal qui pouvait perdre le Régent, était-ce tout? Oui, ce semble. Car, quoique le duc du Maine eût tant de choses en main : l'artillerie, les Suisses, deux grands gouvernements (Languedoc et Guyenne), il était tellement mou, bas, faible, poule mouillée, qu'on était sûr qu'il lâcherait tout au premier mot, se laisserait dépouiller, si l'on voulait, saigner comme un poulet. Mais on n'avait pas même à craindre d'avoir cette peine. Il était sûr qu'il s'évanouirait, disparaîtrait au premier mot.

Restait un point qui peut sembler comique; mais en réalité essentiel et de haut mystère. Si haut que Saint-Simon n'ose rien dire ici, et tire habilement le rideau. Soyons aussi discrets, modérés, convenables; s'il faut en parler, parlons bas.

Ce qui restait de douteux et de grave, c'était la volonté du Roi.

Le Roi avait huit ans. Idolâtré au point où nul roi ne le fut jamais, maladif, entouré de tant de soins, de tant de craintes, se sentant si précieux, le point de mire et le centre d'un monde, il était déjà étonnamment sec, froid, muet, dédaigneux, indifférent à tout, et bientôt l'idéal de l'égoïsme malveillant. Il n'aimait rien, personne, ni Villeroy, ni le duc du Maine. Et pourtant, si l'affaire eût transpiré d'avance, on eût pu faire agir l'enfant d'une manière bien dangereuse. Villeroy l'aurait aisément effrayé de la révolution qu'on préparait, du bouleversement des Tuileries, de l'arrivée de Monsieur le Duc, une figure qui faisait peur. Sans nul doute il aurait pleuré. Quel beau coup de théâtre on eût vu, si, en plein Parlement, quand on lui eut demandé sa volonté, au lieu d'une muette inclinaison de tête, il avait prononcé un : *Non!* Presque tous l'auraient appuyé, et plus qu'aucun Villars. Grande scène d'effet miraculeux. La voix de ce petit Joas aurait paru celle d'en haut. Villeroy sanglotant aurait fait Josabeth, et Villars le fidèle Abner. Orléans risquait fort de rester Athalie.

Le secret, l'imprévu, la surprise, ici, c'était tout. Elle était difficile. Villeroy couchait dans la chambre du roi, et le duc du Maine dessous. Le fils de Villeroy, capitaine des gardes, était dans les Tuileries. Or, c'était aux Tuileries même (et non au Parlement) que devait se faire le Lit de justice. On ne tendit la salle que le matin même à six heures, avec si peu de bruit que Villeroy, à huit, n'avait rien entendu.

Le Conseil de régence s'assembla. Mais d'avance il était dompté. Le duc du Maine, averti d'un péril (et ne sachant lequel), était déjà blanc comme linge. Il fut ravi de pouvoir s'échapper, s'enfuir chez lui. On avait charitablement averti Villeroy et Villars qu'ils pourraient bien être arrêtés. Ils s'en mouraient de peur. Le second, si brave à la guerre, ne craignant le fer ni le feu, avait tant peur d'un petit séjour à la Bastille, qu'en quelques jours il en maigrit.

On croyait le Régent peu capable de résolutions violentes. Mais quand on le vit tellement d'accord avec cette sinistre figure, Monsieur le Duc, on crut que tout était possible. Chacun baissa la tête. Tout passa sans difficulté.

Un seul danger restait. Villeroy pouvait, s'échappant, parler au petit roi, troubler l'enfant craintif, préparer la scène de larmes qui aurait tout perdu. A cela, le Régent trouva un remède bien simple, odieux, il est vrai, ridicule. Ce fut de tenir prisonnier le Conseil de régence. Il défendit de sortir, et quelques-uns essayant d'échapper, aidé de Saint-Simon qui lui servait de chien de garde, il se posta au seuil, se constitua sentinelle et geôlier.

Enfin arriva le Parlement, bien morne et tête basse, en écolier qui tend la main pour les férules. Il vint à pied pour émouvoir la foule, mais le peuple ne bougea pas. Il reçut sa leçon de cet ex-lieutenant de police d'Argenson, qu'il avait lui-même parfois tancé, censuré de si haut. Au nom du roi, il fut durement renvoyé à ses petits procès, à la poussière du greffe. Défense de s'occuper de l'État. Puis il apprit la chute des bâtards, du duc du Maine, tombé du rang de prince, réduit à son rang de pairie, dépouillé de l'Éducation. L'étonnement, l'abattement, le désespoir des meneurs, tout est, dans Saint-Simon, peint avec une joie furieuse qui, tant ridicule qu'elle soit, en plusieurs traits touche au sublime. On voit pourtant que cet insulteur violent, haineux, du Parlement, ne connaît pas ce qu'il insulte. Ce grand corps, si mêlé, comptait d'honnêtes gens, austères de mœurs, qui applaudirent à la dégradation des enfants du double adultère. Il ne manquait pas de bons citoyens qui, malgré leurs préjugés parlementaires, auraient applaudi le Régent s'il eût poursuivi leurs chefs intrigants, éclairci leurs rapports avec Madrid, avec l'insurrection qui couvait en Bretagne.

La déroute du Parlement fut suivie de près de la destruction des Conseils. Personne n'y prit garde. Ces soixante-dix ministres, la plupart grands seigneurs, s'étaient montrés parfaitement incapables ou inutiles. Deux classes d'hommes ainsi disparurent des affaires, convaincus d'impuissance, — les juges routiniers, ignorants et bornés, — les grands plus paresseux, fats, impertinents, rétrogrades. Donc, plus d'hommes. Voilà la France qui nous reste de Louis-le-Grand. Mais il faudra bien peu de temps pour que les idées, les systèmes, les audaces de l'esprit nouveau, fassent germer du sol les nouveaux hommes, les suscitent du fond de la terre.

Sur le théâtre, on ne voit que Dubois qui devient secrétaire d'État. Ministère peu glorieux, mais nécessaire peut-être, dans un moment d'exécution, et dans une crise de police. Il ménagea la coterie de Sceaux, la duchesse du Maine, quoiqu'il la tînt déjà par ses agents secrets. Les rigueurs se bornèrent à l'enlèvement de trois parlementaires qu'on enferma pour quelques mois.

Le Régent n'était pas pour les mesures sévères. En cet unique jour d'effort et de vigueur, il s'était montré un peu faible. Même en frappant, il regrettait le coup. Il eut le cœur percé (il le disait lui-même) de ne pouvoir agir contre le duc du Maine qu'en atteignant son frère, le comte de Toulouse, bon et digne homme qu'il aimait. Il lui laissa son rang, ses honneurs pour la vie.

Il fut bien plus sensible encore aux larmes de la sœur, madame d'Orléans, tellement attachée au duc du Maine et au rang des bâtards. Quoiqu'on le laissât très grand prince, avec tant de gouvernements et d'établissements, elle pleurait jour et nuit, comme si l'on eût tué son frère. Toute sa vie elle avait travaillé pour lui et contre son mari. Cette fois elle ne désespérait pas de surprendre sa facilité débonnaire, de lui faire faire quelque fausse démarche qui relevât le duc du Maine. Elle sortit de sa vie immobile où elle restait enfermée et couchée, s'enivrant toute seule (dit Madame) trois fois par semaine. Elle voulut être femme encore, essayer ce qu'elle pouvait. Un peu replète, à quarante ans, elle avait quelque chose d'une seconde jeunesse, même des joues rebondies, dont Madame se moque par une comparaison cynique. Depuis cinq ou six ans, sans rapports avec son mari, elle n'en avait pas eu d'enfant. Elle se montra, dans sa douleur, extrêmement habile. Elle, si sèche, l'orgueil incarné, qui, dans sa langueur affectée, laissait tomber un mot à peine, elle fut tout à coup éloquente, humble, douce, finement flatteuse, s'excusant de pleurer, lui disant « que l'honneur extrême qu'il lui avait fait de l'épouser dominait en elle tout autre sentiment ». Parole caressante, timide, d'épouse et de femme modeste qui rappelait de meilleurs jours, faisait soumission, non sans délicatesse, et s'avançait publiquement.

Une telle scène d'intimité, humiliante d'elle-même, l'était bien plus encore parce qu'elle se passait devant un tiers, devant celle qui la connaissait le mieux, l'aimait le moins, sa fille. La duchesse de Berry, dès l'enfance, détestait sa fausseté. Elle avait vu alors la servitude, les dangers de son père, l'espionnage de sa mère, ses rapports à madame de Maintenon. Du haut de son audace et de ses vices hardis, elle regardait, avec haine et mépris, ces vices lâches. Elle était venue justement pour soutenir son père, l'empêcher de mollir. Si elle avait été maligne, dénaturée, impie, autant qu'il semble, elle eût joui de voir ces avances obliques, ces adresses quelque peu rampantes, pour obtenir de lui qu'il se trahît lui-même. Mais la jeune duchesse ne vit ou ne voulut rien voir. Malgré toute sa violence et ses folies, elle avait le cœur de son père. Ils n'eurent qu'une âme à deux. Comme lui, elle ne vit qu'une femme, une mère humiliée, dans les larmes, pas jeune et fort déchue, demandant la pitié. Frappant contraste avec elle-même, brillante, dans l'éclat de sa beauté royale, adorée, le centre de tout. Elle n'y tint pas, et se mit à pleurer aussi de tout son cœur. Le Régent suffoquait. Ce fut entre les trois un concert de sanglots.

Doit-on croire qu'en voyant ce changement subit d'une mère si orgueilleuse, tout à coup abaissée, elle eut quelque pensée de l'instabilité commune, un pressentiment vague qu'elle aussi, un coup la frapperait?

Elle était dans un moment grave. S'il faut le dire, elle était grosse.

Elle l'était d'environ sept semaines (sans nul doute du mois de juillet).

Pendant son mariage, elle n'avait jamais pu amener à bien une grossesse. Celle-ci, inattendue, fortuite, devait l'inquiéter. Cet état de péril, de honte, de gêne constante, pouvait avoir mauvaise fin. Et en effet, elle accouche en avril, meurt en juillet, presque à l'anniversaire du premier jour de sa grossesse.

En Espagne, à Sceaux, en Europe, on crut, on assura que, si Riom y fut pour quelque chose, il n'y fut qu'en second. Non seulement les ennemis, mais les indifférents, les impartiaux (Du Hautchamp, par exemple, écrivain financier, nullement hostile au Régent), soutinrent cette chose bizarre que, tout en s'obstinant au mariage qui devait amender sa vie, elle avait des rechutes vers son vice d'enfance, sa dépravation presque innée. En rapprochant les dates, on voit par son accouchement d'avril 1719 qu'elle devint enceinte aux fêtes de Saint-Cloud en juillet 1718, à ce triomphe de famille. Orléans, alors assuré, garanti par Stanhope, lui parut déjà sur le trône, arbitre de la paix du monde. Au même mois il eut en main tous les fils de l'intrigue de la duchesse du Maine, pour la perdre quand il voudrait. Joie violente pour la fille du Régent. Unique confidente, comme toujours, possédée de ce grand secret qu'il lui fallut garder longtemps, elle dut, dans l'orgie furieuse, s'en dédommager à huis clos.

Une grossesse ne pouvait alors que nuire à Riom. Il devait peu la désirer. Un tel éclat (qui devait surtout exaspérer Madame) n'allait à moins qu'à briser tout. Il était bien dirigé par sa maîtresse, la Mouchy, qu'il aimait mieux que la princesse. Il n'était pas aveugle, voulait avant tout fixer la fortune. Il gouvernait en maître, en mari. Cela suffisait.

Riom n'avait ni esprit, ni grâce, ni même agrément de jeunesse. Il avait l'air malsain. C'était un amant un peu ancien pour une personne si mobile. Et, bien pis, c'était un mari. Il en avait déjà les honneurs, les déboires, les ridicules aussi. Elle faisait la reine, la régente, sans souci de lui. Elle porta sa maison jusqu'à huit cents domestiques et officiers de toute sorte. Elle accepta chez les Condé, à Chantilly, une fête babylonienne où l'on semblait célébrer son avènement; trente mille flambeaux éclairaient la forêt (Ms. Buvat).

Au Luxembourg, elle se fit un trône élevé de trois marches, où elle voulait que les ambassadeurs vinssent à ses pieds recevoir audience, selon l'étiquette des reines régnantes. C'était démasquer, afficher violemment la situation, faire trop visiblement de Riom un mannequin.

A en croire Du Hautchamp, dans un souper, on se gêna si peu qu'il éclata avec fureur. Ni lui ni le Régent ne se souvinrent plus des distances. Ces scènes violentes et dégradantes expliquent peut-être l'attaque d'apoplexie que le Régent eut en septembre (Ms. Buvat). Avis sinistre que donnait la nature. D'autant plus entraînés, poursuivant leur destin, ils semblaient le braver et courir au-devant, dans ce chemin fatal qui était celui de la mort.

CHAPITRE VII

Le roi banquier. — Conspiration et guerre. — *Œdipe*.
(Novembre-décembre 1718.)

La furie du plaisir fit chez nous la furie du jeu. Le déficit, la banqueroute, que dis-je? la faim même n'eût pas suffi pour faire d'une France de gentilshommes une France d'agioteurs.

On ne peut dire assez combien elle était sobre, cette ancienne France, combien elle portait gaiement les souffrances, les privations. La vie riche d'alors nous semblerait très dure. On avait du luxe et des arts, mais aucune idée du confort, de ses mille dépenses variées qui, aujourd'hui, nous rendent si soucieux et font tant rechercher l'argent. Au plus galant hôtel, on campait en sauvages. Nulle précaution. Peu de chauffage. La dame avait des glaces et des Watteau aux derniers cabinets, mais passait son hiver entre des paravents, comme l'oiseau niché sous la feuillée.

A tout cela peu de difficulté. Mais régler ses dépenses, mais mourir au plaisir, vivre de la vie janséniste, c'est ce qui ne se pouvait pas. A peine on avait eu le temps de mettre le vieux siècle à Saint-Denis, à peine on commençait d'entrer dans l'échappée des libertés nouvelles, et déjà brusquement on se voyait arrêté court. Les dames surtout, les dames ne l'eussent jamais supporté. Si l'homme pouvait vivre noblement gueux, joueur ou parasite en pêchant des dîners, la femme qui avait pris un si grand vol, gonflée dans son ballon royal, ne pouvait aplatir ses prétentions. Elle dénonça ses volontés, et dit fermement : « Soyez riches! »

On se précipita. On prit pour guide, pour maître (non, pour Dieu) un grand joueur, heureux, et qui gagnait toujours à tous les jeux, aux amours, aux duels. Personnalité magnifique d'un brillant magicien qui, autant qu'il voulait, gagnait, mais dédaignait l'argent, enseignait le mépris de l'or.

Toute l'Europe était alors malade de la fièvre de spéculation. C'est bien à tort que les autres nations font les fières, se moquent de nous, nous reprochent avec dérision la folie du Système. Chez elles il y eut folie, mais la folie ne fut pas amusante. Il n'y eut ni esprit ni système. Il y eut simplement avarice.

Par trois et quatre fois l'Angleterre, la grave Hollande, eurent des accès pareils. Mais, sous forme analogue, l'idée, le but étaient contraires. Que veulent-ils en gagnant? amasser. Le Français, dépenser, vivre de vie galante, d'amusement, de société.

Ajoutez le jeu pour le jeu, le piquant du combat,

la joie de cette escrime, la vanité de dire : « J'ai du bonheur, j'ai de la chance. Je suis le fils de la Fortune. C'est mon lot! *Je suis né coiffé!* »

Si quelqu'un eut droit de le dire, ce fut Law, à coup sûr. Il fut beaucoup plus beau qu'il n'est séant à l'homme de l'être : élégant, délicat, de la molle beauté qui allait à ce temps où les femmes disposaient de tout. C'est pour elles certainement, pour la foule des belles joueuses qui raffolaient de lui, qu'on a fait son premier portrait (*Bibl. imp.*). Il n'a encore qu'un titre inférieur, *conseiller du roi*, il est dans ses débuts, sa période ascendante. Il est l'aurore et l'espérance, la Fortune elle-même, sous un aspect très féminin, avec ses promesses et ses songes de plaisirs et de vices aimables. Image, en conscience, indécente, le cou nu, la poitrine nue, combinée pour flatter l'amour viril, les penchants masculins de ces bacchantes effrénées de la Bourse, qui sait! pour les précipiter à l'achat des Actions.

Heureusement, il était bien gardé. Par une très obscure aventure, après certains duels qui le firent condamner à mort, le trop heureux joueur avait gagné là-bas une fort belle Anglaise, que certains disaient mariée. Il l'appelait madame Law, lui rendait tout respect et en avait des enfants. Cette beauté avait la singularité d'offrir à la fois deux personnes; son visage, charmant d'un côté, montrait sur l'autre un signe, une tache de vin. Le contraste, quelque peu choquant, avait cependant au total quelque chose de saisissant qui rendait curieux, lui donnait les effets d'un songe, d'une énigme qu'on aurait voulu deviner. Qu'était-elle? le Sphinx ou le Sort?

Les Écossais sont souvent de deux races (exemple Walter Scott). Law, né à Édimbourg, dans la positive Écosse des Basses-Terres, eut, par-dessus, le génie de la Haute, superbe et désintéressé, l'imagination gaélique. Avec un don étrange de rapide calcul (qu'il tenait de son père, banquier), une infaillibilité de jeu non démentie, le pouvoir d'être riche, il n'estimait rien que l'idée. Il était visiblement né poète et grand seigneur. Par sa mère, disait-on, il descendait du *Lord des Iles.* Il fut l'Ossian de la banque.

Rien, selon moi, ne dut agir plus fortement sur Law que deux spectacles qu'il eut fort jeune.

La matérialité de la vieille Angleterre sous Guillaume, la bizarre crise monétaire qu'elle eut alors. La monnaie s'étant retirée, se cachant, on se crut perdu. Le commerce, un moment, fut dans le désespoir. On inventa heureusement une machine rapide pour frapper la monnaie nouvelle. Cette machine, à chaque ville, reçue comme un ange du ciel, y entrait en triomphe, au son des cloches. On ne savait quel accueil faire aux ouvriers secourables qui venaient donner le salut.

Et en même temps, il vit *en Hollande l'immatérielle puissance du crédit,* du papier, du billet, qu'imita l'Angleterre ensuite. Sans billets même, les affaires se faisaient avec quelques chiffres, par un simple virement de parties sur les registres. Chacun étant tout à la fois créancier, débiteur, réglait facilement par un petit calcul le solde de la différence. On n'était pas toujours à se salir les mains avec de l'or et de l'argent. Dans beaucoup de transactions on stipulait le payement en billets, car on les préférait à l'or.

Le papier contre le papier, l'idée contre l'idée, la foi contre la foi, c'était la noble forme du commerce.

Plus que la forme : c'était une part incontestable du fonds. Le négociant qui n'a que cent mille francs, avec la confiance, fait des affaires pour un million, exploite ce million, gagne en proportion d'un million, comme s'il l'avait en fonds de terre. C'est donc neuf cent mille francs que son crédit lui crée.

N'eût-il pas même cent mille francs, s'il a un art ou un secret utile à exploiter, s'il inspire confiance, le million tout entier sortira pour lui du crédit.

« *La richesse peut être une création de la foi.* » C'est l'idée intérieure qui faisait le génie de Law, sa doctrine secrète qui éleva une théorie de finance à la hauteur d'un dogme : le mépris, *la haine de l'or*.

La royauté de l'or et de l'argent est-elle d'institution divine ? Dérive-t-elle de la Nature ? qui le croira ? Matières incommodes et grossières, ces métaux sont avantageusement remplacés par des coquilles chez des tribus qu'à tort on croit sauvages. On les dit métaux *précieux*, le sont-ils par essence ? Dans l'usage artistique, ils seront sans nul doute un matin remplacés. La fixité de leur valeur les rend propres, dit-on, à servir de monnaie. Valeur, en fait, si peu égale, que le rentier qui stipule en argent, se trouve, en peu d'années, infailliblement ruiné. Tantôt c'est l'Amérique, tantôt c'est l'Australie, l'Oural, qui lance un déluge d'or, avilit ce métal, et du rentier aisé fait un nécessiteux, et presque un indigent.

Du reste, Law avait trop de sens et d'expérience pour croire, en pur banquier, que tout est dans ces questions du numéraire et du papier. En véritable économiste, il sait et dit très bien que la vraie richesse d'un État est dans la population et le travail, dans l'homme et la nature. Chez ce rare financier, le génie semble éclairé par le cœur. Les hommes sont pour lui des chiffres et non pas des zéros. Ses projets ne respirent que l'amour de l'humanité. Il répète souvent que tout doit se faire en vue définitive des travailleurs, des producteurs, « qu'un ouvrier à vingt sous par jour est plus précieux à l'État qu'un capital en terre de vingt-cinq mille livres », etc.

Sans lui prêter, comme on a fait, des idées trop systématiques d'aujourd'hui, révolutionnaires ou socialistes, il est certain que, par la force des choses il créait une république.

En présence de la vieille machine monarchique, qui gisait disloquée, hors d'état de se réparer, il avait fait jaillir de terre deux créations vivantes, deux cités sœurs, unies par tant de liens qu'elles n'en étaient qu'une au fond : la *République de banque*, en vigueur déjà, en prospérité, depuis trois ans, au grand avantage de l'État ; — la *République de commerce*, Compagnie d'Occident, qui bientôt fut aussi celle du commerce d'Orient et du monde.

L'une et l'autre gouvernées par ceux qui avaient intérêt au bon gouvernement, leurs propres actionnaires. Dans cette foule, cette nation d'actionnaires, de plus en plus nombreuse, toute la France entrait peu à peu, et toute, sans s'en apercevoir, elle se transformait par la puissance du principe moderne : *la Royauté de soi par soi* (self government).

Le plus piquant dans cette création d'une république financière, qui aurait absorbé l'État, c'est qu'elle avait pour fauteur et complice l'État qu'elle devait absorber. Le Régent était de cœur pour Law. Tous deux se ressemblaient. Le prince, novateur, et de bonne heure crédule aux utopistes, se fit vivement l'associé de ce prophète de la Bourse, apôtre humanitaire qui voulait que chacun fût actionnaire, associé, joueur, joueur heureux. Law, multipliant la richesse, allait faire du royaume un vaste tapis vert où l'on ne pourrait perdre, où tous réussiraient, que dis-je? le royaume? le monde, les deux mondes allaient entrer ensemble dans un immense jeu où l'Humanité même eût gagné la partie.

En attendant, le déficit croissait. Le Régent en était-il cause? Fort peu par ses dépenses personnelles. Il donnait peu à ses maîtresses (Saint-Simon). Il dota ses bâtards avec des biens d'Église. Même à sa fille, il ne donna qu'une petite maison, la Muette. S'il prit Meudon pour elle, quand elle fut enceinte, ce fut en échange d'Amboise qui était de sa dot. Il n'y avait pas de cour. Et rien n'était plus simple que le Palais-Royal. Ce palais et Saint-Cloud étaient de petites résidences où l'on ne pouvait s'étaler. Qu'était-ce que la vie du Régent, et celle du petit Roi encore, en comparaison du gouffre de la Vienne impériale? Michiels nous la donne, d'après les documents du temps. Grossière et monstrueuse *noce de Gamache* qui durait toute l'année, épouvantable armée de courtisans, de gardes, de gentilshommes, dames, laquais, cuisiniers, marmitons, et que sais-je? valets de valets et serviteurs de serviteurs, par vingt, trente et quarante mille! On recule. D'ici on sent ces cuisines de Gargantua, ces énormes chaudières, ces broches échelonnées à l'infini, ces masses de viandes fumantes!

A Paris, rien de comparable alors. La Régence n'a pas eu le temps d'inventer les raffinements coûteux que trouveront plus tard les Fermiers généraux. Les recherches luxueuses du siècle vieillissant sont ignorées encore. Le plaisir sans façon suffit.

Le défaut du Régent était bien moins de dépenser que de ne point savoir refuser. Il était né la main ouverte, et tout lui échappait. Il donnait d'amitié, il donnait de faiblesse, il donnait de nécessité. Beaucoup de dons étaient forcés, il faut le dire. Comment eût-il pu refuser à madame de Ventadour et autres qui avaient en mains l'enfant roi, la petite machine royale, si inerte, mais si dangereuse dans telle occasion imprévue? Comment eût-il pu refuser à la dévorante maison des Condé, qui venaient un à un prier, montrer les dents? C'était un bataillon d'alliés nécessaires contre le duc du Maine, contre le parti espagnol, le Parlement, *la Vendée* qu'on préparait en Poitou, en Bretagne.

Deux choses allaient creusant l'abîme, la faiblesse de la Régence et la faiblesse du Régent, la misère de situation, celle de vice et de laisser aller. Cent vingt millions de nouveau déficit! Vingt-quatre qui manqueront en 1719! Et, par-dessus, la dépense d'une guerre probable.

L'Angleterre et la France s'y attendaient également. Elles seules gardaient la paix du monde. Personne ne voulait de la paix, ni l'Espagne qu'on avait frappée, ni l'Autriche qu'on favorisait, à qui on donnait la Sicile. Cette brutale Autriche, après le désastre espagnol qu'on avait fait à son profit, ne voulait plus renoncer à l'Espagne. Dubois était désespéré, criait qu'il se tuerait, emporterait la paix dans son tombeau. Le 20 novembre, les puissances pacificatrices, l'Angleterre et la France, firent un traité secret pour forcer l'Autrichien à la paix si avantageuse qu'il avait acceptée lui-même.

Combien moins l'Espagne, outragée, humiliée, se résignait-elle? La sottise de la reine dans l'affaire d'Italie n'ayant que trop paru, on revenait au plan d'Alberoni, qui voulait avant tout tenter un coup sur Londres, agir en Bretagne, en Poitou. Cela n'était point fou, comme on l'a dit. Alberoni avait encore des vaisseaux pour un coup de main. L'homme d'exécution, dont le nom valait des armées, Charles XII, existait encore. Il ne fut tué qu'en décembre.

La noblesse de Bretagne, remuée par des femmes (absurdes, énergiques et jolies, comme sont volontiers les basses-brettes), fermentait et s'armait. L'hiver seul ajournait le mouvement. Mesdames de Kankoën et de Bonnamour grisaient ces fous. Elles organisaient un commerce de lettres avec l'Espagne. Les bouteilles de vin qui apportaient l'enthousiasme sous forme d'alicante, de xérès, de madère, reportaient à Madrid les chaudes protestations bretonnes. Ils se croyaient loyaux; leur maître naturel, c'était le frère du duc de Bourgogne, Philippe V, qui seul pouvait garder le cher enfant royal, si mal entre les mains de l'usurpateur, de l'empoisonneur. Tout pour le Roi! tout pour le peuple! Dans cette belle croisade qui aurait mis en France la tyrannie bigote du roi de l'inquisition, M. de Bonnamour appelait ses gens *les soldats de la liberté*. Les paysans ouvriraient-ils l'oreille? les curés de Bretagne prêcheraient-ils contre un Régent impie pour le Roi-catholique? S'il en était ainsi, on avait à attendre bien plus que la révolte écrasée par Louis XIV. Ce sauvage pays, si fermé par sa langue, pouvait avoir déjà souterrainement le vaste ébranlement des chouans de 93.

Mais cette guerre, c'était de l'argent, beaucoup d'argent, et où le prendre?

Tant qu'on cherchait encore la réponse à cette question, Dubois, quelque moyen qu'il eût de saisir la conspiration, Dubois n'osa agir. Pendant tout le mois de novembre, il les laissa s'agiter, frétiller, s'enhardir, parader dans leurs attaques étourdies au

Régent. On colporte hardiment les *Philippiques* de Lagrange-Chancel. Le 24 novembre, on lance le brûlot d'*Œdipe* (dont je parlerai tout à l'heure). Les souris dansent autour du chat.

Elles croyaient, non sans vraisemblance, qu'il était à bout de ressources, n'avait ni dents, ni griffes. Restait pourtant le grand expédient révolutionnaire, l'assignat, le papier-monnaie, imposé par la loi, par la force et par la terreur.

Expédient qui différait fort peu de celui dont nos rois usaient et abusaient sans cesse, frappant des monnaies faibles, fausses, et forçant de les prendre pour une valeur exagérée. C'est ce que d'Argenson avait fait, en juin, honteusement et non sans peine. Un tel expédient était contraire aux principes de Law, qui, sans contester que le roi a toute puissance, enseignait qu'il n'en doit point user, qu'il ne doit s'adresser qu'à la volonté libre, à la libre foi, au crédit. Cependant, ici, appelé, imploré, il n'offrit nul autre expédient qu'une monnaie forcée de papier.

Le roi n'aurait trompé personne. Il eût fait comme dans une place assiégée, où, pour le besoin du moment, on crée une monnaie. Il eût lancé un milliard de papier (l'employant au remboursement de la dette), sans y affecter d'intérêt, n'alléguant rien que la nécessité, la détresse de l'État, la guerre où les complots de l'Espagne obligeaient d'entrer.

Moyen franc, violent. Rien de plus clair. La tyrannie n'y prenait point de voile. C'est justement cet excès de clarté qui déplut. L'obscurité, l'infini mystérieux de spéculations qu'un grand mouvement financier allait ouvrir, plaisaient bien autrement aux illustres voleurs, qui voulaient faire leur razzia, aux fripons qui comptaient, sous un Régent myope, à leur aise pêcher en eau trouble.

Ce n'était pas, dit-on à Law, ce qu'il avait promis, ce qu'on pouvait attendre de son vaste et puissant génie. Lui, grand théoricien, qui, sous Louis XIV, sous le Régent, avait obstinément offert ses théories pour relever l'État, il hésitait, quand la France à son tour se mettait à ses pieds, voulait faire sa Banque *royale*.

Pourtant rien de plus naturel. Il avait proposé de sauver l'État naufragé en le recevant dans sa Banque, sa république d'actionnaires. Mais ici, au contraire, il sentait que l'État, par une fatale attraction, engloutirait sa banque, et la perdrait dans son naufrage.

Qu'était-ce que l'État? Rien que l'ancienne monarchie, non changée et incorrigible, le fantasque arbitraire, la mer d'abus, illimitée, sans fond. Nulle forme ne pouvait rassurer. Si la Banque devenait royale, que refuserait-elle aux vampires, qui, déjà sous Noailles, l'apôtre de l'économie, sous sa Chambre de justice, avaient volé sur les voleurs, qui, sous d'Argenson, grappillaient dans les misérables ressources qu'on arrachait au désespoir?

Un homme aussi intelligent que Law ne pouvait s'aveugler sur tout cela. Il sentait que tout irait à la dérive, si le pouvoir ne se liait lui-même. Il eût voulu pour garanties ces mêmes magistrats qui naguère parlaient de le pendre. Il aurait mis la banque sous l'égide d'une sorte de gouvernement national, d'une commission de quatre hautes cours (Parlements, Comptes, Aides, Monnaies). C'eût été justement le Conseil de commerce que Henri IV fit en 1607. La chose eût gêné les voleurs. On dit au Régent que c'était se mettre en tutelle, que, d'ailleurs, ces robins, ignorants, routiniers, ne feraient qu'empêcher tout. A Law, on dit qu'avec un prince tellement ami il resterait le maître, que c'était l'intérêt visible du Régent de ne pas se nuire à lui-même, de ne pas détruire, par une trop grande émission, la source des richesses, de ne pas tuer sa poule aux œufs d'or.

Au fond Law était dans leurs mains. Il avait ici toute sa fortune. Il s'était compromis en recevant si généreusement pour sa Banque et sa Compagnie nos chiffons de billets d'État. Il avait un pied dans l'abîme. On lui fit honte de reculer, de ne pas être un beau joueur, d'avoir fait mise et de quitter la table. L'*honneur* et le vertige l'entraînèrent, le précipitèrent.

Il cède au roi sa Banque. Cet établissement, intimement lié à celui de la grande Compagnie, y trouve un appui mutuel. Les profits de change et d'escompte, les profits du commerce, ceux de l'exploitation du nouveau monde, voilà ce qui doit relever l'État.

Ressources incontestables, mais qui exigent, même dans l'hypothèse d'une administration parfaite, pour condition indispensable ce que l'on n'avait pas, le *temps*. Law, le Régent pouvaient-ils s'y tromper ?

N'étaient-ils pas tous deux de hardis mystificateurs? Au fond, ils croyaient, sans nul doute, par l'utile fiction des trésors du monde inconnu, susciter un trésor réel, la confiance, le crédit, le commerce, l'industrie, la circulation. Passant et repassant, par ventes et par achats, les produits plusieurs fois taxés allaient doubler, tripler l'impôt, enrichir l'État, et le libérer, le mettre enfin à même de réaliser ce grand projet d'empire colonial dont la fiction, quelque fausse qu'elle fût d'abord, n'aurait pas moins donné le premier mouvement.

Les deux affaires de la Guerre, et celle de la Banque qui nourrirait la guerre, se décidèrent en même temps, le 4 et le 5 décembre 1718.

Dès le mois de juillet, par certaine marquise, famélique, intrigante, depuis par un copiste de la Bibliothèque, on savait tout, on pouvait tout saisir. L'occasion vint à point en décembre. Dubois avait entre autres amies une fort utile à la police, jeune encore, jolie et adroite, la Fillon. Cette dame, renommée la première en son industrie, tenait une maison, un *couvent* de filles publiques, et le mieux tenu de Paris. La décence avant tout, la religion, rien n'y manquait. On y faisait ses Pâques. La Fillon se piquait d'avoir dans ses clients le monde le plus respectable. Elle était fort considérée, mais déjà bien connue, un peu usée ici. On la fit peu après passer en province avec une forte pension. Elle y changea de nom, se maria noblement et devint une honorable dame de paroisse, l'exemple de ses vassaux.

Donc cette dame, le 2 décembre, dans la nuit, vint au Palais-Royal et fit savoir que le soir même un jeune secrétaire de l'ambassade d'Espagne, qui avait habitude chez elle avec une petite fille, s'était excusé d'arriver tard, alléguant un travail pressé, des papiers importants qui partaient pour Madrid. La petite bien vite en avertit sa dame, et celle-ci le ministre. Le porteur fut (le 5) arrêté à Poitiers.

Le 4 avait eu lieu dans la nuit la révolution financière, la Banque déclarée *royale*. Autrement dit, le *roi banquier*.

Coup subit, tenu fort secret. Le Régent n'appela que le duc de Bourbon, Law et le duc d'Antin. D'Argenson, le garde des sceaux, qui, ayant les finances, eût dû être appelé le premier, ne sut rien qu'au dernier moment. Rival de Law avec les Duverney, il croyait bien être chassé, et fut trop heureux de garder les sceaux.

Le Roi, représenté par le Régent, rachetait les actions de la Banque, reprenait le métier de Law (qui n'était plus que son commis). Le Roi recevait des dépôts. Le Roi faisait l'escompte. Le Roi tenait la caisse. Mais on pouvait se rassurer : elle serait, cette caisse, bien gardée, vérifiée sévèrement, strictement fermée de trois clefs différentes (celles du Directeur, de l'Inspecteur, du Trésorier). On n'émettrait de nouvelles actions que sur un arrêt du Conseil. Seul ordonnateur, le Régent. Le trésorier, finalement, placé sous les yeux vigilants et du Conseil et de la Chambre des comptes.

Pour revenir à la conspiration, les papiers qu'on trouva étaient peu de chose, dit-on. Au fond, on n'en sait rien ; car Dubois seul eut ces papiers. Il en ôta ce qu'il voulait. Il ne se souciait pas d'entrer dans un procès sanglant, où ni le Régent ni l'opinion ne l'auraient soutenu. Personne ne savait que Philippe V était un parfait Espagnol ; on n'y voyait qu'un prince français. Ses adhérents ne se croyaient point traîtres. Ils ne soupçonnaient pas le gouvernement monstrueux qu'ils auraient donné à la France. Lorsqu'on voit un homme, comme le chevalier Folard, s'offrir à la cour de Madrid, on sent la parfaite ignorance où l'on était de cette cour. Donc, nul moyen d'être sévère. Le petit Richelieu, qui avait offert de livrer Bayonne, méritait quatre fois la mort, comme le dit très bien le Régent. Mais s'il l'eût subie, que de pleurs ! Que de femmes à la mode auraient percé l'air de leurs cris ! Même au Palais-Royal, une fille du Régent, mademoiselle de Valois, priait pour lui. Combien plus l'eût-on accusé s'il eût puni le duc, la duchesse du Maine, le président De Mesmes ! Quelle légende en Espagne ! Que d'honneurs au nouveau martyr chez nos dévots Bretons ! Que de malédictions pour l'usurpateur, le Cromwell !

Frapper le duc, la duchesse du Maine, c'était grandir Monsieur le Duc. Bonne raison pour les épargner. On tint quelques mois la princesse emprisonnée. Richelieu, mademoiselle De Launay et autres furent quelque temps à la Bastille, mais avec toute sorte d'agréments, de douceurs. Richelieu y tenait boudoir, recevait ses maîtresses. La De Launay avoue qu'elle n'a jamais été heureuse qu'à la Bastille. Pour le fripon de président, le Régent, pour punition, lui mit en main cent mille écus, pour tenir table ouverte aux parlementaires, dans l'exil qu'ils subirent en 1719. Il croyait l'acquérir dès lors comme un homme à tout faire.

On ne pouvait punir sérieusement. Et cependant, il y avait vraiment crime et conspiration. Notre ingénieux Lemontey s'arrête trop ici au comique et au ridicule de la petite cour de Sceaux, aux langueurs paresseuses de l'ambassadeur Cellamare, etc. Ces misères de Paris se rattachaient à une trame effectivement très dangereuse, à cet inconnu de Bretagne, aux jacobites anglais, attendant toujours Charles XII, au moteur général Alberoni, qui, après sa défaite navale, faisait le doux et l'humble comme un serpent à demi écrasé. Il reconstruisait des vaisseaux. L'Angleterre et la France pouvaient attendre qu'avec le peu qu'il reprendrait de forces, il tenterait un coup, au printemps, et en Bretagne et en Écosse. On ne pouvait rester dans cette attente, qui paralysait tout. La guerre était plus sûre. Dubois, dit-on, ne l'entreprit que contraint et forcé par le gouvernement anglais. Je ne sais. Sans nul doute, il valait mieux pour le Régent, pour la France, prévenir l'Espagne et brûler dans ses ports les vaisseaux qu'elle aurait envoyés aux Bretons.

Le 8 décembre, les papiers saisis étant arrivés à Paris, on arrêta l'ambassadeur d'Espagne Cellamare.

pas décisif qui impliquait la guerre. Le 27 décembre, le jour même où les Anglais la déclarent à l'Espagne, le Roi, dans son nouveau métier de Banque, agit violemment comme Roi, proscrit l'argent pour forcer de prendre ses billets. Ordonné qu'à Paris et dans les grandes villes, on ne peut payer en argent que les petites sommes au-dessous de six cents livres. Au-dessus, on payera en *or ou en billets*. L'or alors était rare ; il devint recherché et cher. Les billets prirent la place, débordèrent et inondèrent tout.

La Guerre, la Banque, à la fois sont lancés. Guerre courte, guerre facile ; on pouvait le prévoir. Et la Banque semblait offrir des ressources infinies, une caisse sans fond, où le Roi prendrait sans compter.

Pauvre hier, voilà le Roi riche. Toute espérance est éveillée, toute convoitise est excitée. Peu, bien peu à la cour, s'informent des gens du passé, du piètre duc du Maine qui va dire son chapelet en prison, et de la petite furieuse qu'on envoie sous la garde de son neveu, Monsieur le Duc, rager d'abord en héroïne de théâtre, puis pleurer, prier en enfant, dans le vieux fort noir de Dijon.

Jamais la cour ne fut plus gaie, plus brillante qu'aux représentations d'*Œdipe*, où l'on avait pensé outrager le Régent. A la première, le 18 novembre, tous les malins étaient contre lui et les siens, et l'on eût voulu les siffler. Mais peu après tout fut pour lui.

Voltaire alors n'était connu que comme un fort jeune homme, brillant élève des Jésuites, un polisson spirituel à qui l'on avait fait l'honneur précoce d'une année de Bastille, mais que les ennemis du Régent, le vieux maréchal de Villars et autres, caressaient fort.

Il y avait dans la pièce de quoi plaire à tous les partis. Elle est pour et contre les prêtres. On les attaque. Mais ils triomphent au dénouement; ils se trouvent à la fin n'avoir dit que la vérité. Ils y prononcent la sentence : « Tremblez, malheureux roi, votre règne est passé. »

Les Jésuites en furent charmés comme d'une tragédie de collège qui prouvait combien leur élève avait fait de bonnes études. Lui-même, il adressa sa pièce et sa préface à son savant professeur, le Père Porée, par l'intermédiaire d'un de ses patrons, le Père Tournemine, l'un des trois Jésuites régnants sous le feu roi, et secret négociateur entre Sceaux et Madrid.

On sait qu'à l'exemple des Grecs, l'auteur même joua dans sa pièce. En personne, l'espiègle y portait la queue du grand prêtre. A la fin, on le vit dans la loge de Villars, entre lui et sa jolie femme. Et tous les spectateurs de crier à la maréchale : « Embrassez-le ! embrassez-le ! » Cette vive faveur pour le protégé de Villars faisait de son triomphe celui de la cabale, lui en donnait l'honneur. A ce premier jour du 18, le succès parut être celui des ennemis du Régent.

Tout changea le 8 décembre, quand on le vit si fort, arrêter Cellamare et menacer l'Espagne. Encore plus quand, la Banque se plaçant dans sa main, on le vit maître du Pactole qui allait bientôt déborder.

La pièce alors changea de sens. Les cœurs s'attendrirent pour Œdipe. On commença de l'excuser. S'il est coupable, le tort en est aux dieux; c'est un roi bon et débonnaire, le père du peuple et son sauveur, qui a la douceur du Régent. Il était joué par Dufresne, jeune acteur très aimé. Jocaste fut jouée à merveille, au naturel, par cette charmante Desmares, rare actrice, désintéressée, qui avait aimé le Régent, mais pour lui-même. Elle allait quitter le théâtre, et ne jouait encore, ce semble, que pour lui dire adieu. La séparation douloureuse d'Œdipe et de Jocaste, leur arrachement, dans cette bouche aimante, attendrit, arracha les larmes.

Les spectateurs aussi faisaient spectacle. Le Régent, si myope, auditeur bienveillant de la pièce qu'il ne voyait point, ne représentait pas mal l'aveugle Œdipe. Et la véritable Jocaste, la duchesse de Berry, dans la triomphante splendeur de la beauté et des honneurs royaux, occupait l'assemblée plus que la pièce elle-même. Elle n'était pas en loge. Nulle loge ne l'aurait contenue. Elle venait avec une trentaine de dames, ses gentilhommes, ses gardes, et elle emplissait d'elle-même la plus grande partie de l'amphithéâtre. Mais, ce qui surprenait le plus, ce que nulle reine, nulle régente, ne s'était donné, c'est qu'elle avait fait dresser un dais dans le théâtre, et qu'elle siégeait dessous, comme un Saint-Sacrement ou une idole indienne.

Je n'ai vu d'elle qu'un portrait authentique, (1714?). Elle est dans le plus riche épanouissement de la beauté, la fleur d'un naissant embonpoint par lequel elle aurait rappelé son origine allemande. La noble tête, un cou de rondeur sensuelle, un vrai cou de Junon, un beau sein, une taille de cambrure voluptueuse, remueraient fort si l'attitude hautaine ne glaçait, n'éloignait. Elle a un tour d'épaules d'une insolence intolérable. On sent bien qu'un souffle, un esprit circule en ce beau cou, le gonfle. Mais quel? on ne le sait : un esprit de tempête, un sinistre et terrible esprit.

Quatre années après ce portrait, au début d'*Œdipe*, en novembre 1718, elle avait fort grossi, aussi bien que son père. Elle était amplement, un peu lourdement belle, d'un luxe exubérant. Ajoutez six mois de grossesse. Quoique la mode d'alors dissimulât un peu, l'invincible nature ne pouvait manquer de paraître. Le public eut sans doute l'esprit de ne rien voir. Une épigramme que la cabale exigea de Voltaire pour expliquer la chose, et dire que « c'était bien le sujet de Sophocle, qu'on allait voir naître Étéocle », etc., n'eut aucune action.

On raffolait des mœurs d'Asie, de Chardin, de Galland, des *Mille et une Nuits*. On savait à merveille les indulgences des casuistes musulmans, et que, de leur avis, le Mogol épousa sa fille. Des seigneurs étrangers à Paris suivaient ces exemples. Le prince de Montbéliard maria sa fille à son fils (Saint-Simon). Et madame de Wurtemberg (selon la Palatine) n'avait d'autre amant que le sien.

La curiosité la plus grande fut d'épier comment

Œdipe serait pris du Régent. Depuis le jour où le *Cid* fut joué devant Richelieu, ce jour où le théâtre brava l'homme tout-puissant, on n'avait pu voir rien de tel. La situation ressemblait, mais tout autres étaient les acteurs. A la place du tragique cardinal, du sinistre fantôme, c'était le débonnaire Régent, roi du vice et de l'indulgence. Fin, plein d'esprit, sous sa grosse enveloppe, il ne perdit pas un mot des allusions dont on espérait le piquer. Mais il ne le fut point du tout. Il semblait qu'il y eût plaisir, qu'il fût charmé que l'on eût vu si bien. Il applaudit et fit venir Voltaire, l'enleva à l'ennemi, lui fit une pension, forte pour le temps, deux mille livres (qui en feraient huit aujourd'hui).

CHAPITRE VIII

Le café. — L'Amérique. (1719.)

On ignorait parfaitement, en janvier 1719, qu'avant la fin de cette année la France entière prendrait part au Système. Je dis la France entière. A la liquidation, quand la majorité s'en était retirée, un million de familles en avaient encore des papiers et les apportèrent au Visa.

Il n'y a jamais eu de mouvement plus général. Ce n'était pas, comme on semble le croire, une simple affaire de finance, mais une révolution sociale. Elle existait déjà dans les esprits. Le Système en fut l'effet beaucoup plus que la cause. Une fermentation immense l'avait précédé, préparé, une agitation indécise, vaste, variée ; — d'un but moins politique que celle de 89, — peut-être plus profonde. Sous ses formes légères, elle remuait en bas mille choses que 89 effleura.

Avant la pièce, observons le théâtre. Bien avant

le Système, Paris devient un grand café. Trois cents cafés sont ouverts à la causerie. Il en est de même des grandes villes, Bordeaux, Nantes, Lyon, Marseille, etc.

Notez que tout apothicaire vend aussi du café, et le sert au comptoir. Notez que les couvents eux-mêmes s'empressent de prendre part à ce commerce lucratif. Au parloir, la tourière, avec ses jeunes sœurs converses, au risque des propos légers, offre le café aux passants.

Jamais la France ne causa plus et mieux. Il y avait moins d'éloquence et de rhétorique qu'en 89. Rousseau de moins. On n'a rien à citer. L'esprit jaillit, spontané, comme il peut.

De cette explosion étincelante, nul doute que l'honneur ne revienne en partie à l'heureuse révolution du temps, au grand fait qui créa de nouvelles habitudes, modifia les tempéraments même : *l'avènement du café.*

L'effet en fut incalculable, — n'étant pas affaibli, neutralisé, comme aujourd'hui, par l'abrutissement du tabac. On prisait, mais on fumait peu.

Le cabaret est détrôné, l'ignoble cabaret où, sous Louis XIV, se roulait la jeunesse entre les tonneaux et les filles. Moins de chants avinés la nuit. Moins de grands seigneurs au ruisseau. La boutique élégante de causerie, salon plus que boutique, change, ennoblit les mœurs. Le règne du café est celui de la tempérance.

Le café, la sobre liqueur, puissamment cérébrale,

qui, tout au contraire des spiritueux, augmente la netteté et la lucidité, — le café qui supprime la vague et lourde poésie des fumées d'imagination, qui, du réel bien vu, fait jaillir l'étincelle, et l'éclair de la vérité ; — le café anti-érotique, imposant l'alibi du sexe par l'excitation de l'esprit.

Les cafés ouvrent en Angleterre dès Charles II (1669) au ministère de la *Cabale*, mais n'y prennent jamais caractère. Les alcools, ou les vins lourds, la grosse bière, y sont préférés.

En France, on ouvre des cafés un peu après (1671), sans grand effet. Il y faut la révolution, les libertés au moins de la parole.

Les trois âges du café sont ceux de la pensée moderne ; ils marquent les moments solennels du brillant *siècle de l'esprit*.

Le café arabe la prépare, même avant 1700. Ces belles dames que vous voyez dans les modes de Bonnard humer leur petite tasse, elles y prennent l'arome du très fin café d'Arabie. Et de quoi causent-elles ? du *Sérail* de Chardin, de la *coiffure à la Sultane*, des *Mille et une Nuits* (1704). Elles comparent l'ennui de Versailles à ces paradis d'Orient.

Bientôt (1710-1720) commence le règne du café indien, abondant, populaire, relativement à bon marché. Bourbon, notre île indienne, où le café est transplanté, a tout à coup un bonheur inouï.

Ce café de terre volcanique fait l'explosion de la Régence et de l'esprit nouveau, l'hilarité subite, la risée du vieux monde, les saillies dont il est criblé, ce torrent d'étincelles dont les vers légers de Voltaire, dont les *Lettres persanes* nous donnent une idée affaiblie. Les livres, et les plus brillants même, n'ont pas pu prendre au vol cette causerie ailée, qui va, vient, fuit insaisissable. C'est ce Génie de nature éthérée que, dans les *Mille et une Nuits*, l'enchanteur veut mettre en bouteille. Mais quelle fiole en viendra à bout?

La lave de Bourbon, pas plus que le sable arabique, ne suffisait à la production. Le Régent le sentit, et fit transporter le café dans les puissantes terres de nos Antilles. Deux arbustes du Jardin du Roi, portés par le chevalier de Clieux, avec le soin, l'amour religieux d'un homme qui sentait porter une révolution, arrivèrent à la Martinique, et réussirent si bien que cette île bientôt en envoie par an dix millions de livres. Ce fort café, celui de Saint-Domingue, plein, *corsé*, nourrissant, aussi bien qu'excitant, a nourri l'âge adulte du siècle, l'âge fort de l'Encyclopédie. Il fut bu par Buffon, par Diderot, Rousseau, ajouta sa chaleur aux âmes chaleureuses, sa lumière à la vue perçante des prophètes assemblés dans « l'antre de Procope », qui virent au fond du noir breuvage le futur rayon de 89.

L'immense mouvement de causerie qui fait le caractère du temps, cette sociabilité excessive qui se lie si vite, qui fait que les passants, les inconnus, réunis aux cafés, jasent et s'entendent tout d'abord, quel en était l'objet, le but? Les petites oppositions parlementaire et janséniste? Oui, sans doute, mais bien d'autres choses. Les *Nouvelles ecclésiastiques*, toujours poursuivies, jamais prises, piquaient quelque peu le public. Mais tout cela fort secondaire. On était rebattu, excédé de théologie. Les pédants jansénistes (fort cruels pour les protestants, pour les libres penseurs) n'intéressaient guère plus que les molinistes fripons. La Grâce suffisante et le Pouvoir prochain, tout ce vieux bric-à-brac de l'autre siècle rentrait au garde-meuble. On parlait bien plutôt de Law, de son ascension singulière, de la république d'actionnaires qu'il entreprenait de créer. On parlait du café, de la polygamie orientale, des libertés du monde anti-chrétien. Tout cela mêlé et brouillé. Cette France, si spirituelle, ne sait pas plus de géographie que de calcul ou d'orthographe. Beaucoup mettent l'Asie à l'Occident. Trompés par le mot *Indes*, ils confondent les deux continents sous un magique nom, toujours de grand effet : *Les îles!*

Des Hespérides à Robinson, tout le mystère du monde est dans les îles. Là, le trésor caché de la nature, la toison d'or, ou, ce qui vaut autant, les élixirs de vie qu'on vend au poids de l'or. Pour d'autres, c'est l'amour, le libre amour qui vit aux îles. Sans parler de la Calypso, dès le seizième siècle, le cordelier Thévet, dans les hardis mensonges de sa cosmographie, nous conte les amants naufragés dans les îles. Toujours la même histoire, Manon Lescaut, Virginie, Atala. Le Français naît Paul ou René. Plusieurs, faits pour l'amour mobile, élargissent *les îles,* préfèrent l'horizon infini des grandes forêts américaines, la vie du promeneur, hôte errant des tribus, favorisé la nuit du caprice des belles indiennes, libre au matin, joyeux, sans soin, sans souvenir. C'est le rêve du *coureur de bois*.

Quoiqu'on lût peu, les livres, ceux de Hollande, défendus et proscrits, les manuscrits furtifs, avaient grande action. On se passait Boulainvilliers, son ingénieuse apologie de Mahomet et du mahométisme. Mais rien n'eut plus d'effet que le livre hardi et brillant de Lahontan sur les sauvages, son frontispice où l'Indien foule aux pieds les sceptres et les codes (*leges et sceptra terit*), les lois, les rois. C'est le vif coup d'archet qui, vingt ans avant les *Lettres Persanes*, ouvre le dix-huitième siècle.

Le voile épais et lourd dont les livres de missionnaires avaient caché le monde, se trouve déchiré. Leur thèse ridicule que l'homme non chrétien n'est pas homme, d'un coup est réduite à néant. Plus de privilégiés de Dieu. Plus d'élus, mais tous frères. L'identité du genre humain.

Un siècle auparavant, Montaigne avait hasardé de dire que ces nations *étranges* nous valaient bien. Seulement, il s'était amusé aux discordances apparentes qui semblaient accuser une Babel morale en ce monde. Sur-le-champ, Pascal en abusa pour nier la raison et l'accord de la vérité.

Au siècle nouveau qui commence, on ne fait plus la faute de Montaigne. Tout au contraire, on pose l'accord profond de la nature, la concordance des croyances et des mœurs. Les collections de voyages, imprimées et réimprimées, nos voyageurs, simples, mais de grand sens, un Bernier, un Chardin, firent déjà réfléchir. Le savant Anglais Hyde, montra que le Parsisme fut originairement le culte du vrai Dieu (1700). Les Jésuites eux-mêmes disaient que les Chinois en possédaient la connaissance et adoraient le Dieu du ciel. A l'autre bout du monde, chez les Sauvages, si différents, le Grand-Esprit nous apparut de même.

Les Jésuites se sont dépêchés de faire dire par leur professeur, le rhétoricien Charlevoix, que Lahontan n'est pas un voyageur, que son voyage est une fiction, qu'on a écrit pour lui, etc. Ils l'ont dit, non prouvé. Tout indique que réellement il habita l'Amérique, de 1683 à 1692. Peu importe d'ailleurs. Tout ce qu'il dit est confirmé par d'autres relations. Ce qui lui appartient, c'est moins la nouveauté des faits que le génie avec lequel il les présente, sa vivacité véridique (on la sent à chaque ligne). Il y a un accent vigoureux d'homme et de montagnard. Gentilhomme basque ou béarnais, ruiné par une entreprise patriotique de son père, qui eût voulu régler l'Adour pour exploiter les bois des Pyrénées, Lahontan courut l'Amérique, n'obtint pas justice à Versailles, et passa en Danemarck. Il a imprimé en Hollande en toute liberté.

Il expose, raconte, conclut rarement. Toutefois ce qu'avaient déjà dit pour l'éducation Rabelais, Montaigne, Coménius, ce qu'avait dit en médecine le grand Hoffmann (1692), Lahontan l'enseigne en 1700 :

Revenez à la nature. Le siècle qui commence n'est qu'un commentaire de ce mot.

Deux choses éclatent par son livre : l'accord des voyageurs laïques, — la discordance des missionnaires.

L'accord des premiers est parfait. Les seules différences qu'on trouve chez eux, c'est que les premiers, Cartier, Champlain, parlent surtout des tribus Acadiennes, Algonquines, etc., demi-agricoles, de mœurs fort relâchées, et les autres des Iroquois, d'une confédération héroïque et quasi spartiate, qui dominait ou menaçait les autres.

Quant aux missionnaires, ils composaient deux grandes familles rivales : 1° les récollets, *pieds nus* de saint François, qui avaient plus de cinq cents couvents dans le Nouveau-Monde, moines grossiers et illettrés, agréables aux sauvages pour leurs *pieds nus*, mais peu réservés dans leurs mœurs ; 2° les Jésuites, plus décents et plus politiques, prudents avec les femmes, ne vivant qu'avec leurs élèves convertis, les jeunes sauvages.

Les récollets disaient que les Indiens étaient des brutes, infiniment difficiles à instruire. Ils ne parlaient, dans leurs relations, que des tribus avilies, dégradées, faisaient croire que la promiscuité était la loi de l'Amérique. Les Jésuites rabaissaient moins les sauvages, les déclaraient intelligents, prétendaient en tirer parti. Ils mentaient sur deux points, d'abord sur la religion des Indiens, qu'ils donnaient pour culte du Diable. Sur les conversions, plus menteurs que les récollets, ils soutenaient en opérer beaucoup, et profondes et durables. Sur tout cela, Lahontan déchira le rideau.

Les fameuses *Relations* des Jésuites (1611-1672), lettres qu'ils envoyaient du Canada presque de mois en mois, avaient été un demi-siècle l'édifiant journal de l'Europe, journal intéressant, mêlé de bonnes descriptions, de touchants actes de martyrs, de miracles, de conversions. Tout cela très habile et fort bien combiné pour émouvoir les femmes, pour attirer leurs dons, pour les faire travailler à la cour et partout dans l'intérêt des Pères. — Le brave capitaine Champlain montre déjà comment les commerçants avaient dans les Jésuites leurs dangereux rivaux, et comment les dames (de Sourdis, de Quercheville, etc.) travaillaient à donner la direction exclusive à ces religieux, plus fins qu'habiles, et qui toujours firent manquer tout.

Les *Relations* des Jésuites n'ont garde d'expliquer ce que c'étaient que leurs martyrs. Ils ne l'étaient pas pour la foi, c'étaient des martyrs politiques. Alliés des Hurons, auxquels ils fournissaient des armes contre les Iroquois, dans la terrible guerre de frères que se firent ces deux peuples, les Jésuites surpris dans les villages hurons étaient traités en ennemis.

Une petite confédération, toujours citée par eux, trompait sur l'Amérique entière. Les Iroquois, héros cruels et tendus à l'excès d'un fier esprit guerrier, leur servaient à faire croire que tout le nouveau continent était un monde atroce, et, par cette terreur, ils le fermaient, s'en assuraient le monopole. Lorsque les voyageurs laïques s'y hasardèrent, ils virent tout le contraire. Ils trouvèrent chez les tribus de l'intérieur une touchante hospitalité.

Il faut voir dans Cartier, Champlain, mais dans Léry surtout, l'aimable, le charmant accueil que les peuples des deux Amériques faisaient à nos Français. Les pauvres gens croyaient que ces étrangers généreux prendraient parti pour eux, les défendraient contre leurs ennemis. Le mot que les femmes d'Afrique disaient à Livingstone : « Donne-nous le sommeil! (la sécurité), » c'est l'idée des Américaines, quand elles faisaient au voyageur français une si tendre réception. On l'asseyait sur un lit de coton. Ces douces créatures, toutes nues, venaient pleurer à ses pieds, si bien qu'il ne pouvait s'empêcher de pleurer. C'étaient des petits mots de sœurs, qui fondaient l'âme : « Quoi! tu as pris la peine de venir de si loin pour nous voir!... Que tu es donc aimable et bon! »

Ces observateurs excellents s'accordent en tout là-dessus. L'Amérique sentait qu'elle avait besoin de l'Europe, d'une Europe compatissante. Ces tribus, d'elles-mêmes humaines et douces, n'étaient ensauvagées que par leurs discordes intérieures, des vengeances mutuelles, des représailles qu'on ne savait comment finir. Leurs éternelles petites guerres avaient porté à la famille même une grave atteinte, qui la menaçait réellement d'extinction. C'est ce qu'on a vu dans l'ancienne Grèce. Une vie trop guerrière y fit considérer la femme comme un être presque inutile, un embarras souvent funeste. De là une dépopulation infaillible et rapide. Nos Français, au contraire (c'est le défaut ou le mérite de cette race), étonnamment empressés, amoureux, et jusqu'au ridicule, courtisans de l'Indienne, si dédaignée des siens, s'en faisaient adorer.

Ils n'avaient ni l'orgueil ni l'exclusivisme de l'Anglais qui ne comprend que son Anglaise. Ils n'avaient point les goûts malpropres, avares, du señor espagnol, son sérail et ses négrillons. Libertins près des femmes, du moins ils se mettaient en frais de soins et de galanterie. Ils voulaient plaire, charmaient et la fille, et le père, les frères, dont ils étaient les hardis compagnons de chasse. La tribu accueillait volontiers le fruit de ces amours, des métis de vaillante race. La femme américaine, se voyant aimée, désirée, se trouvait relevée. Notre émigrant français, roturier en Europe, simple paysan même, était noble là-bas. Il épousait telle fille de chef, parfois, devenait chef lui-même.

Les esprits les plus positifs, Coligny, Henri IV, Colbert, avaient cru que notre Français (et surtout celui du Midi) était très propre aux colonies, qu'un petit nombre de Français aurait créé un grand empire colonial. Comment? en se greffant par mariages sur le peuple indigène, le pénétrant d'esprit européen. Véritable colonisation, qui eût sauvé et transformé la race de l'Amérique, que le mépris sauvage des Anglais a exterminée. Ils ont fait une Europe, c'est vrai, mais supprimé l'Amérique elle-même, anéanti le *genius loci*.

Ce qu'il aurait eu de fécond dans son mariage volontaire avec la civilisation, cela a péri pour toujours. Crime contre Dieu, contre Nature. Il sera expié par la stérilité d'esprit.

Les Jésuites, rois du Canada, maîtres absolus des gouverneurs, avaient là de grands biens, une vie large, épicurienne (jusqu'à garder de la glace pour rafraîchir leur vin l'été). Ce très agréable séjour était commode à l'ordre qui y envoyait d'Europe ce qui l'embarrassait, parfois de saints idiots, parfois des membres compromis qui avaient fait quelque glissade. Ils n'aimaient pas qu'on vît de près les établissements lointains qu'ils avaient au cœur du pays, qu'on vînt se mettre entre eux et les troupeaux humains dont ils disposaient à leur gré. Colbert se plaint à l'intendant de ce qu'ils éloignent les sauvages de se mêler aux Français par mariage ou autrement. Si ce monde fût resté fermé, ils auraient fait là à leur aise ce qu'ils ont fait au Paraguay, une société singulière où les sauvages, devenus écoliers, auraient été la matière gouvernable la plus agréable du monde (comme leurs imbéciles du Sud dont parle M. de Humboldt). Seulement, ces moutons n'auraient pu se garder des loups, lutter avec les fières tribus restées sauvages. Une terrible expérience fut celle du vaillant peuple des Hurons, qui, à peine christianisés, tombèrent dans une énervation telle que les Iroquois l'anéantirent (1650).

Rien n'était plus suspect aux Jésuites que nos rôdeurs qu'on appelait les *coureurs de bois*. Tous les mensonges de ces Pères sur l'horreur du monde sauvage, sur sa férocité, sur les hommes mangés ou brûlés, n'effrayaient guère nos vagabonds, chasseurs, marchands, etc. Ils s'étaient fait bons amis des Indiens. On les trouvait partout. Les Jésuites s'appuyèrent des Compagnies de Colbert, et obtinrent des ordonnances terribles contre les *coureurs*, à ce point qu'il fut défendu sous peine des galères d'aller à la chasse *à une lieue!* (*Ord. du Canada*, éd. R. Short Milnes, p. 93).

Ce système de précaution fut terriblement dérangé quand un hardi voyageur, le Normand Cavelier, sans s'arrêter à leurs fables sur les dangers de l'intérieur, descendit le Mississipi, découvrit en une fois huit cents lieues de pays, du Canada à la Louisiane. C'était un enfant de Rouen, en qui avait passé l'âme des grands découvreurs de Dieppe, des vieux Normands, précurseurs de Colomb et de Gama. Génie fort et complet, de calcul et de ruse, de patience, d'intrépidité. Il avait pris les deux baptêmes sans lesquels on ne pouvait rien. Il se fit noble, devint Cavelier de La Salle. Il étudia sous les Jésuites, et les étudia, sut tout ce qu'ils savaient. Il en tira de beaux certificats, passa en Amérique, et là vit du premier regard qu'il n'y avait rien à faire avec eux, qu'ils empêcheraient tout. Il s'appuya des récollets et du gouverneur Frontenac, qui (chose rare) n'était pas jésuite. Tout jeune encore, il alla à Versailles, exposa à Colbert son plan hardi et simple, de descendre le grand fleuve, de percer l'Amérique en longueur. Les Jésuites soutenaient qu'il était fou. Puis, la chose réalisée, ils soutinrent qu'ils savaient tout cela, qu'il les avait volés.

Je laisse à M. Margry, qui en a réuni les pièces, l'honneur de reconstruire la superbe épopée de cette vie extraordinaire. Elle a les vraies conditions épiques : l'enfantement d'une idée héroïque, invariablement suivie, l'exécution hardie, habile, la catastrophe naturelle, le héros victime de la trahison et mourant de la main des siens. Il est intéressant d'y suivre le complot meurtrier qui, tramé à Québec, à Saint-Louis, partout, n'existait pas moins sur la flotte que l'on donna à Cavelier pour découvrir par mer l'embouchure du Mississipi. Le commandant Beaujeu avait en sa femme un jésuite qui surveilla la trahison. Cavelier, débarqué par lui, avec des canons (sans poudre ni boulets), avec quelques colons affamés et découragés, fut tué, comme un chien, dans un bois.

Ces colons misérables auraient péri cent fois dans leur voyage immense pour retourner au Canada, sans la compassion des sauvages. On vit là la douceur, la sensibilité charmante de ces tribus tant calomniées. Ils pleuraient en voyant la misère de nos fugitifs, souvent les adoptaient et leur donnaient leurs filles. Ces hommes imberbes et beaux comme des femmes, qui semblent toujours jeunes (Voy. Remy, 1860), en réalité étaient des enfants, tendres et bons, parfois colères, comme la femme sensible et nerveuse l'est par moments. Les représailles de guerre entre tribus étaient cruelles ! Pourtant le plus souvent les prisonniers livrés aux veuves étaient adoptés par elles, remplaçaient le mort qu'on pleurait. Ils n'étaient nullement destructeurs comme l'a été l'Europe. Ils conservaient, sauvaient les races, même d'animaux. Forcés de tuer des castors, dans un pays très froid où les fourrures sont nécessaires, ils n'en faisaient pas le massacre indistinct que l'on a fait depuis. C'était chez eux un crime de détruire tout un village de castors. On devait au moins y laisser six mâles et douze femelles. Ils étaient convaincus que les castors délibéraient entre eux, et disaient : « Ils ont trop d'esprit pour n'avoir pas l'âme immortelle. » De là une généreuse fraternité avec ces nobles animaux, qui, bien traités, apprivoisés, devenaient des serviteurs utiles.

Chez ces douces tribus, Cavelier n'eût rencontré aucun obstacle. Il aurait mis à fin son projet admirable. Après avoir percé l'Amérique en longueur, il l'aurait ouverte en largeur, d'ouest en est. Il eût dans les deux sens établi une chaîne de forts sous lesquels nos coureurs de bois et leurs femmes indiennes, leur famille mêlée et les sauvages un peu agriculteurs auraient cherché abri et formé des villages. Le drapeau de la France eût partout défendu cette véritable Amérique et contre l'Iroquois, et contre l'Espagne, surtout contre l'exclusivisme destructeur des colonies anglaises qui a fait la fausse Amérique.

Cavelier put périr, mais la vérité ne périt pas. Les récits informes, incomplets, qu'on eut de l'expédition (Tonti, Joutel, Hennequin, etc.), laissèrent échapper la lumière. Elle éclata tout entière dans le livre de Lahontan.

Il eut dû éclairer Versailles. Mais, pour en profiter, il eût fallu sortir franchement du bigotisme, épouser l'Amérique, je veux dire ne pas craindre les mariages des nôtres avec les Indiennes, les filles du Grand-Esprit. Le système suivi jusque-là d'envoyer là-bas des femmes catholiques (les coureuses que l'on ramassait, l'écume de la Salpêtrière), ne pouvait avoir qu'un piètre effet, créer un petit peuple blanc. L'autre aurait fait un grand empire métis.

La chose n'était pas difficile. Un exemple frappant suffisait pour le bien montrer. Le baron de Casteins, officier béarnais, au lieu de prendre une blanche, avait épousé une Indienne, était devenu chef des Abenakis. N'ayant pas converti son peuple, il se trouvait dispensé du contact dangereux des Jésuites, des intrigues des missions. Il était devenu une espèce de roi, s'était fait un trésor pour les cas imprévus, était estimé, redouté. De tels chefs, leurs enfants, heureusement mêlés des deux races, seraient restés tributaires de la France pour avoir son secours contre les Iroquois.

On ne pouvait rien faire en Amérique que par la liberté. Les esprits généreux, humains, Coligny, Henri IV, Vauban, auraient voulu en faire un grand refuge des persécutés du vieux monde, de tant de gens qui, pour cause de religion ou autre, étaient déterminés, sans espoir de retour, à changer de patrie. Il fallait des colons libres et de Versailles, et de l'administration détestable du Canada, des commis, des missionnaires. Desmarets, en 1712, imagina de céder au banquier Crozat, créancier du roi, ce qu'on appelait la Louisiane (la plus grande partie des États-Unis d'aujourd'hui). Crozat, homme d'esprit, agit avec intelligence, n'envoya que de sages et honnêtes cultivateurs. Mais il n'était pas libre. Il ne put rien, fut accablé entre l'Espagnol et l'Anglais, se trouva trop heureux en 1717 d'abandonner son privilège, qui passa augmenté à la Compagnie d'Occident.

Law avait justement tout ce qui manquait à Crozat. Il était protestant. Sa personnalité, hautement impartiale et généreuse, donnait confiance. En prenant pour caissier et principaux commis le réfugié Vernezobre et d'autres protestants, il annonçait assez la libéralité d'esprit qui présiderait à ses établissements. Le Régent lui donnait, on peut dire, carte blanche. La Compagnie, indépendante de la vieille administration, devait nommer elle-même les magistrats de sa colonie, les officiers des troupes coloniales. Elle faisait la paix et la guerre avec les sauvages. Elle pouvait construire des vaisseaux de guerre. Elle occupait non seulement le long cours du Mississipi, mais ses affluents qu'on lui cédait encore. Sa direction intelligente se marque par deux choses. On remonta le fleuve, et dans une situation dominante, admirable, on fonda la Nouvelle-Orléans, la reine du bas Mississipi. Pour le fleuve central Law ne comprit pas moins l'importance de la grande position; il l'occupa personnellement, s'établit chez les Illinois.

Son plan était-il chimérique? Le mauvais succès l'a fait dire. Mais on en verra les causes réelles. Law ne périt en Amérique que parce qu'il périt en Europe. S'il eût duré et dirigé lui-même ce qu'il venait de commencer à peine, les résultats pouvaient être meilleurs. Sa colonie, qui partait du Midi, eût exploité une belle source de bénéfices que le Canada n'avait point, la riche culture du tabac. Dira-t-on que les nôtres étaient paresseux, peu propres à la vie agricole? Mais ceux qui profitèrent de leur désastre, ceux que le tabac enrichit tellement dès 1750, qu'étaient-ce, sinon les moins laborieux des Anglais, l'orgueilleuse et fainéante race des *Cavaliers* de Charles Ier.

L'énorme espace que l'on cédait à Law n'avait que quatre cents agriculteurs blancs en 1712, sept cents en 1717. Mais cela même était un avantage. Rien de gâté d'avance. La virginité du désert. Ce n'était pas, comme le Canada, une méchante petite Europe, pourrie d'abus et de Jésuites. On avait fort sagement laissé ce Canada à part. Il aurait gâté tout le reste. La jeune Louisiane (le monde immense qu'on appelait ainsi), avec ses rares tribus sauvages, s'offrait neuve et entière au génie créateur du siècle nouveau qui s'ouvrait. Par un système tout contraire à celui des Jésuites et des commis du Canada, la Compagnie, loin de gêner les communications entre les nôtres et les Indiens, de faire payer fort cher des patentes aux chasseurs, donna des récompenses et des primes aux *coureurs de bois*.

En Amérique, Law partait exactement de rien. En Europe, de très peu de chose. Qu'était la mise première de sa Compagnie d'Occident? Rien que quatre millions de rentes. Qu'étaient les concessions commerciales qu'on lui fit? L'héritage obscur, incertain de nos Compagnies endettées.

Law eut plus tard les Fermes, etc. Mais ce fut après son succès, lorsque ses actions étaient montées très haut, et qu'on était déjà en plein Système. En avril 1719, quand il parvint à le lancer avec tant de bonheur, qu'offrit-il? Rien que l'espérance.

Ce que les Compagnies de Colbert n'avaient pu quand le pavillon français dominait les mers, devait-on l'espérer après une si longue ruine? Les premières Compagnies étaient mortes avant 1680, avant l'épouvantable guerre de vingt-cinq ans! L'éclat de nos corsaires avait illuminé ces temps d'une gloire sinistre. Mais la marine royale était tuée ; Toulon, Brest étaient des déserts ; on vendait pour le bois les vaisseaux de Louis XIV (Brun). La marine commerciale, sans protection, captive dans les ports, avait chômé, langui, péri. Le Levant même, qui si longtemps nous fut propre, à l'exclusion de tous les peuples, nous avait échappé, au grand profit des Anglais, Hollandais. Nos Antilles qui, au milieu du siècle, devinrent très productives et donnèrent lieu à un grand mouvement maritime, étaient tombées alors au plus bas. La traite était aux Anglais seuls. Seuls ils couraient les mers de l'Amérique espagnole, y imposaient leur contrebande.

De tous nos ports, un seul, Saint-Malo, riche par *la course*, avait fleuri, grossi de la ruine commune. Même il profitait des débris, avait acheté le privilège de la Compagnie des Indes orientales. Compagnies misérables, relevées fictivement dans la décrépitude du grand règne, tristes ombres, les filles d'un mort. Law supposa pourtant que si ces malheureux débris étaient réunis dans une même main, on en tirerait quelque parti, que d'abord à cette unité on gagnerait la dépense des rouages multiples, des chefs inutiles et nombreux ; qu'une Compagnie unique qui aurait l'œil sur les deux mondes aviserait bien mieux aux besoins mutuels, aux échanges avantageux, etc.

Les administrateurs des Compagnies défuntes réclamèrent vivement. Mais quand on les pressa, qu'on leur demanda sérieusement s'ils étaient sûrs, dans l'état misérable où tout était tombé, de les ressusciter, ils dirent franchement : « Non. » Alors on passa outre. On adjugea à Law ces corps morts, et sa Compagnie d'Occident put s'appeler *Compagnie des Indes*, ayant dès lors à elle seule un monopole universel du commerce qui n'était plus — *le monopole* (au fond) *de rien.*

D'autant plus merveilleux fut au printemps de 1719 le retour de la confiance, la renaissance du crédit. Les économies taciturnes et si cachées, qu'on faisait dans certaines classes, austères et abstinentes, hasardent de se montrer. L'argent perd sa timidité. Il s'arrache des caves, des poches profondes. Des doublures on découd les monnaies d'un autre âge.

La France, tant de fois ruinée, avec étonnement voit rouler à la Banque un fleuve d'or. On a hâte de se défaire du vil métal et d'avoir du papier.

Est-ce un songe ? Il faut croire qu'on s'est retrouvé riche. Car on achète, on vend, on fabrique. C'est de ce jour que l'art reprend au dix-huitième siècle et que l'industrie recommence. On se rend au miracle. Les douteurs s'humilient. Ils voient, touchent, confessent le symbole de cette religion nouvelle, merveilleuse et spiritualiste : « que la richesse fille du crédit, de l'opinion, est une création de la foi ».

CHAPITRE IX

Tentatives de réformes. — Danger de la fille du Régent. (Avril 1719.)

Le siècle a pris son cours. Jusque-là incertain comme un vague marais, il a trouvé sa pente. A travers les obstacles, les vieilles ruines et les nouvelles, il descend vers 89.

Combien, en quatre années, on a marché, combien on est déjà loin de Louis XIV, on peut le mesurer. L'apôtre, le prophète, l'idole de la France, c'est aujourd'hui un protestant !

Heureux entr'acte de douceur, d'humanité, de tolérance. En 1717, les jansénistes (Noailles et d'Aguesseau), en 1722 les molinistes (Dubois, Tencin, etc.), attestent les barbares ordonnances de Louis XIV. Sous le Système, on se borne à empêcher les grandes assemblées du Désert, mais on réprime les curés, leur police cruelle contre les nouveaux convertis.

Le beau printemps de 1719 semblait une aurore sociale. L'incroyable succès de Law, son miracle de bourse, lui en imposait un autre plus grand. Il sentit que, sous ce brillant échafaudage financier, il fallait une base sérieuse, une grande réforme de l'État. « Tentative insensée ? chimère ? » Mais il venait de faire ce que l'on aurait cru plus chimérique : il avait, en pleine banqueroute, rendu du courage à l'argent. Ses actions montaient d'heure en heure, l'enthousiasme aussi. Tous lui disaient d'oser.

En osant, il hasardait moins. C'est le péril qui le poussa. Rien n'indique que d'avance il eût jamais fait de tels rêves. Hors de France, il n'était qu'un des nombreux utopistes en finances, l'auteur d'une théorie peu remarquée sur le papier-monnaie. En France, où bouillonnait (dans les idées du moins) un chaos de révolution, lui qui planait si haut, ne désespéra pas d'ordonner ce chaos et d'en tirer un monde.

On est saisi d'étonnement de voir tout ce qui s'entreprit en quelques mois de 1719. L'égalité d'instruction, l'égalité d'impôt, une simplification immense, hardie, de l'administration, le remboursement de la dette, plusieurs des réformes excellentes que reprennent plus tard Turgot et Necker, telles furent dans cette année les grandes choses que voulurent Law et le Régent, qu'ils effectuèrent en partie.

Le Régent, qui avait ouvert à tous la Bibliothèque royale, ouvre à tous l'Université (le 14 avril 1719). Elle est payée par l'État et donne l'enseignement gratuit. Que Villeroy en rie, avec son petit roi, à la bonne heure. Mais la révolution est grave. Quels sont les premiers écoliers qui sortent de là tout à l'heure, le fils du coutelier, le puissant Diderot, un enfant de hasard qu'élève un menuisier, le vaste d'Alembert, — c'est-à-dire l'*Encyclopédie*.

En juin, Law, suivant les idées du petit Renaut, du meilleur citoyen de France, sollicite l'égalité d'impôt, — l'impôt estimé, non sur le revenu qui varie et qu'on ne voit pas, mais sur ce qui se voit, le fonds, la terre. Ceci aurait atteint les privilégiés plus sérieusement que la *Dîme royale* de Vauban sur le revenu, plus sûrement que le *Dixième* essayé vainement par Desmarets. Law, qui voyait les grands propriétaires (les Condé par exemple) être les grands agioteurs, voulait reprendre sur la terre ce qu'on escroquait sur la bourse.

S'ils empêchèrent cela, rien ne put empêcher une révolution très réelle, un mouvement immense d'activité et d'industrie. Ce qu'un chroniqueur de l'An Mille a dit : « La terre changea de vêtement, » on put encore le dire. Depuis vingt ans, la guerre et la misère ayant tout suspendu, on n'achetait plus, on ne vendait plus, on ne fabriquait plus. Tout délabré, et misérable. La France, sous ses oripeaux, n'en avait pas moins l'air d'une mendiante. Elle s'en aperçut, jeta violemment ses lambeaux, ses vieilles loques du vieux temps de sottises.

De tels moments sont grands pour l'industrie. L'Europe le voyait. On pouvait espérer qu'elle concourrait au mouvement, lui donnerait consistance, force et solidité, que le monde protestant, c'est-à-dire le monde riche, viendrait à nous, apporterait son activité, son argent.

On croit à tort que l'argent n'est d'aucune religion. — Erreur. — *Le capital est protestant.*

L'argent catholique est un mythe. — Quelles sont les nations qui dorment, rêvent et ne font rien ? les catholiques. — Et les nations pauvres ! les catholiques. — Tout ce qui négocie, fabrique, gagne, s'enrichit, prospère, est du côté de l'hérésie.

Nos protestants déjà revenaient en grand nombre. Et bien d'autres voulaient venir. Ils auraient fait couler ici un fleuve d'or s'ils eussent été bien sûrs que le feu roi ne ressuscitât point. Le règne du banquier protestant, employant indifféremment protestants, catholiques, voilà ce qui rassurait, appelait l'étranger. Ce qui pouvait le mettre en fuite, c'était Law converti, c'était le règne de Dubois, du fripon qui vendait nos libertés pour un chapeau, le futur cardinal ministre.

Il suffisait de voir à ce moment *le pays catholique*, l'Espagne, de le comparer à la France, d'observer la mort progressive de l'une, la renaissance de l'autre, pour juger et se décider. Tout éphémère qu'il soit, le Système a pour nous un effet très durable d'initiation, d'émancipation. L'Espagne de Philippe V, sous Alberoni même, sous sa reine italienne, enfonce en son vieux crime de barbarie sauvage et son châtiment mérité.

Chaque année compte par des auto-da-fé. Contraste abominable que ce gouvernement de femme et de nourrice; cette royauté du lit fût si cruelle, que cette femme, furieuse d'ambition, doublement corrompue, caressant à la fois et les secrets vices du roi et la férocité du prêtre, présidât à Madrid, avec son maniaque, à ces fêtes de mort! Des hommes en flammes, des femmes hurlant, se tordant sur la braise, c'est l'expiation du carême, parfois la glorification de Pâques. Pénitence d'horreur qui ne purifie pas, au contraire qui déprave encore.

L'ambassadeur de France donne dans ses dépêches le chiffre exact de quelques années. Le voici pour Madrid, pour les auto-da-fé royaux :

7 *avril* 1720, *neuf hommes et huit femmes brûlés;* 18 *mai* 1720, *sept hommes et cinq femmes brûlés;* 22 *février* 1722, *six hommes et cinq femmes brûlés;* 22 *février* 1724, *quatre hommes et cinq femmes brûlés,* etc.

Je ne m'étonne pas de la colère de Dieu. En 1719 (comme en 1718), invariablement il noie la flotte d'Espagne. Le 10 mars, l'expédition jacobite, préparée par Alberoni, part de Cadix et cingle vers l'Écosse; les tempêtes, les vents furieux en font justice au golfe de Biscaye. Plusieurs vaisseaux périssent; d'autres abordent pour être pris.

Notre armée, au même mois de mars, avait passé les Pyrénées pour cette guerre trop facile. Au dehors, au dedans, tout nous favorisait. D'avril en juin, une hausse incroyable a remonté, relevé le crédit. Le grand problème à ce moment, c'est de savoir si le Régent qui profite du succès de Law, aura assez de force pour le suivre dans ses réformes, s'il saura se défendre contre la bande qui l'assiège, obsédé, étouffé qu'il est entre les illustres vampires qui le pillent de haute lutte et les fines Circés qui l'enivrent et l'enlacent pour lui vider les poches.

Il était déjà loin dans la vie, affaissé, bien loin de l'énergie, du courage qu'aurait demandés la situation. Un coup à ce moment le fit baisser encore, la tragédie d'orage, de fureur, de remords, de fluctuations violentes qu'eut sa fille, ange-diable, torturée de ses deux natures, qui accouche en avril, est grosse en mai, se tue de vice et de folie.

Je n'ai rien lu en aucune langue de plus âcre, de plus violemment haineux que les pages de Saint-Simon sur les couches et la mort de cette princesse. Ce catholique impitoyable se baigne dans les roses à contempler, savourer les tortures d'une femme folle qui meurt à vingt ans. Tout disposé qu'on soit à condamner une personne si souillée, on ne peut qu'en avoir pitié en la voyant sous ce scalpel. Elle a peur, elle est furieuse; elle a des remords et des rages; elle veut vivre, se moque des prêtres, puis elle a peur du Diable; elle se voit déjà emportée. Elle crie, elle hurle, elle pleure. Saint-Simon en rit et s'en moque. Enfin, quand elle est morte, lui-même il dit la chose qu'il eût dû dire d'abord, une chose qui le condamne fort et rend cette férocité bien odieuse : on l'ouvrit, et l'on vit qu'elle avait le cerveau fêlé.

Duclos et tous l'ont suivi, copié. On peut se

demander pourtant comment Saint-Simon, si froid, si glissant sur les empoisonneurs (Lorraine, Effiat, Penautier), si léger sur les infâmes, les mignons de Sodome (Lorraine et Monsieur, Courcillon, etc.), est tombé avec cette fureur sur la duchesse de Berry? Elle eût été la Brinvilliers, la Voisin, empoisonneuse et assassine, qu'il aurait parlé d'elle avec plus de modération.

Si la jeune duchesse est véritablement un monstre, comment madame de Saint-Simon reste-t-elle sa dame d'honneur? Il a beau dire de page en page qu'elle y va peu. Il devrait avouer que les époux ne voulaient pas quitter cette position peu honorable, mais très influente près d'une princesse qui avait tous les secrets de l'État et tenait le cœur du Régent. Il se venge d'avoir eu cette faiblesse, cette patience. Il hait visiblement la duchesse. Il lui en veut de deux sottises qu'il a faites, et d'avoir travaillé à son triste mariage, et d'avoir laissé près d'elle madame de Saint-Simon.

Son père aurait voulu, ce semble, l'associer au mouvement nouveau. Il avait établi chez elle, dans son grand logement à Versailles, la belle colonie de huit cents horlogers que Law avait fait venir. Mais on travaillait fortement en dessous à l'occuper de tout autres idées.

La cabale sentait justement combien, avec son audace d'esprit, elle aurait pu lui être dangereuse. Il eût fallu que les deux femmes (les deux seules au fond qu'il aimait), sa mère, sa fille, employassent leur violence à le défendre, à le garder. Madame, née protestante, aimait les protestants. Sa fille aidant, elle aurait pu nous rendre le service de faire sauter le futur cardinal, d'empêcher la réaction.

Elle était imaginative. C'est par là qu'on la prit. Le noir rêve du Diable planait encore sur ce siècle douteur. Le Régent même avait eu la faiblesse d'écouter des fripons qui promettaient de le faire voir. Sa fille, dans les fluctuations de l'éternel orage où elle vivait, eut par moments de ces idées horribles. Prise excellente pour ceux qui la voulaient dévote, — non moins bonne pour ceux qui la voulaient mariée, prétendant que la conversion serait sûre par le mariage.

Mais le mariage de Riom était alors plus difficile encore qu'en 1718. Au moment du plus grand éclat de la Régence, lorsque les affaires en tous sens étaient glorieusement relevées, les partis abattus, l'Espagne envahie, impuissante, l'industrie, le crédit reprenant tout à coup, lorsque la jeune duchesse pouvait si naturellement devenir la reine du grand mouvement, — il semblait étonnant qu'elle se fît *madame Riom*. A cette idée, la mère du Régent, la fière Allemande, ne se connaissait plus.

Cela donnait du courage au Régent pour résister à sa fille. Le temps marchait, et rien ne se faisait. Elle était tellement dans ce combat, qu'à peine elle se souvenait d'être enceinte. Aux premiers jours d'avril (un peu avant terme peut-être), il lui fallut s'en souvenir. Vives douleurs. Elle est en danger. Mais elle souffre encore moins du mal que de la honte. Inquiète, elle parvenait à s'étourdir. Mais, au moment où elle est prise, elle voudrait cacher tout; elle s'enferme. Le Régent est là éperdu, bien justement puni, mais combien cruellement! Dans cette agonie de douleur, il lui faut négocier avec les prêtres. Le curé de Saint-Sulpice arrive, impérieux; il exige qu'elle se confesse. Il veut forcer la porte. C'est son droit.

Ce curé si terrible était Languet, qui avant et après, toute sa vie, joua le bonhomme. Mais là il se montra sans masque. Il était l'instrument des effrénés papistes, du nonce Bentivoglio, auteur et patron des satires où l'on recommandait le meurtre du Régent. Dans ce moment où leur duc du Maine disait son chapelet en prison, c'eût été pour ces saints une belle revanche d'égorger en effet le Régent dans sa fille, d'accabler la mourante. Folle, comme elle était déjà, on devine l'atroce cauchemar qu'eût ajouté à son délire l'appareil du clergé, des cierges de l'extrême-onction. On devine la scène qui allait avoir lieu, Languet, par menace et par force lui arrachant les plus tristes aveux, lui faisant faire (torches allumées), une espèce d'amende honorable, — ou, si elle hésitait, déchirant son surplis, sortant avec bruit et outrage, et criant dans la foule qui était là aux portes : « Allez, bon peuple, elle est damnée! »

Le Languet et son frère l'évêque, deux bouffons, étaient ceux dont on aurait le moins attendu une telle chose. L'évêque est le burlesque légendaire de Marie Alacoque, qui transforme en miracles les infirmités de la nonne, ses coliques hystériques. L'autre est le bâtisseur du maussade et froid Saint-Sulpice, qui, sous ce prétexte pieux, allait trottant, mettait le nez partout. Il faisait rire, c'était son grand moyen. S'il dînait quelque part, il mettait son couvert en poche. Sinon, il furetait. On lui laissait exprès trouver, prendre tel vase que les belles d'alors avaient en argent ciselé. Surpris, il alléguait : « Mais c'est pour ma Vierge d'argent. »

Que voulait-on de la malade? que demandait Languet pour lui donner les sacrements? qu'elle renvoyât Riom. C'était le mariage (un sot mariage, il est vrai), mais enfin une vie régulière, un amendement moral, tel que celui de Louis XIV épousant madame de Maintenon, celui de madame la Duchesse épousant Lassay, etc. Que voulait-on? Qu'elle courût, qu'elle eût cinquante amants? ou qu'elle retombât au monstrueux amour qu'on lui reprochait tant? On la rejetait vers l'inceste.

Notez qu'à ce moment les doux apôtres de la Bulle colportaient contre le Régent le vrai chant des Furies, les vers atroces de Lagrange-Chancel, qui invitent à l'assassinat. Ces vers couraient depuis plus de trois mois. Nul doute qu'on n'en eût régalé la princesse, qu'on n'eût eu la charité de lui bien montrer ce poignard suspendu sur la tête de son père. Au seul nom de Languet, elle fut hors d'elle-même. Elle eût voulu qu'on le jetât par les fenêtres.

Le Régent, avec tout son esprit, eut l'attitude d'un sot. Brisé par sa douleur, sa mauvaise conscience, il ne trouva pas la réponse qui était si facile. La princesse avait avec elle son confesseur en titre, et c'était un privilège du sang de France de ne pas dépendre de l'ordinaire, d'avoir son prêtre, et (*même excommunié*), d'avoir par lui la communion. Les larmes aux yeux, bien bas, il dit au curé qu'il fallait avoir compassion, qu'elle n'avait que le souffle, qu'un rien pouvait la faire mourir.

C'était le bon moyen de rendre l'apôtre intraitable. Il criait, tempêtait. Le Régent se mourait de peur qu'elle n'entendît. « Eh bien, dit-il, pour le faire taire, faisons venir notre archevêque. Il nous mettra d'accord. » Moyen dilatoire très mauvais. M. de Noailles, le faible janséniste qui avait détruit Port-Royal, craignait tellement les molinistes que, pour se relever, se défendre, il demandait (lui au fond doux, humain) que l'on continuât la persécution protestante.

Devant cet aboyeur Languet, il fut tout aussi pitoyable que le Régent. Il eut peur, et cacha sa peur sous un masque de sévérité courageuse, trancha du saint Ambroise contre le prince débonnaire.

Il dit tout haut, dans cette chambre pleine de monde : « Monsieur le curé, vous avez fort bien fait, et je vous défends d'agir autrement. » Languet, grandi d'une coudée, vainqueur, s'établit à la porte, campa là quatre jours et quatre nuits entières. Il fallait bien manger. Mais, dans ses très courtes absences, il laissait deux prêtres pour factionnaires.

Cruelle aggravation aux tortures de la femme en

couches. Si nerveuse en ce dur moment, celle qui se sent épiée, écoutée, et d'oreilles malveillantes, ne peut plus rien et risque de périr. C'est la scène de Junon assise à la porte d'Alcmène, tenant ses deux mains jointes, serrées, les doigts entrelacés pour *nouer* sa rivale, la faire crever. Il n'en fut pourtant pas ainsi. Les cris d'enfant qui éclatèrent, dirent assez que la délivrance avait eu lieu. Plus de danger. Languet leva sa faction.

Dans son épigramme maligne, Voltaire, cinq mois d'avance, baptisait l'enfant *Étéocle*, et Lagrange-Chancel disait que, de Cynire et de Myrrha, devait naître le bel *Adonis*. Ce fut cependant une fille.

L'orgueilleuse souffrait horriblement d'un tel éclat. Et quoi de plus cruel que d'accoucher sous les sifflets? Les rieurs furent impitoyables. Voltaire, pensionné du Régent, mais alors amoureux de la dévote maréchale de Villars, fit, fort étourdiment pour plaire à ce parti, une nouvelle épigramme sur la naissance incestueuse et sur les peurs de l'accouchée (ce mot date la pièce d'avril 1719, et dément la fausse date de 1716) : « Enfin, votre esprit est guéri des craintes du vulgaire », etc.

Tout ce bruit lui rendait cruel le séjour de Paris. Accouchée le 3 ou le 4, dès le 10, lundi de Pâques, elle se fit transporter à Meudon.

CHAPITRE X

Guerre d'Espagne. — Mort de la duchesse de Berry. — Danger de Law.
(Mai-juillet 1719.)

La guerre commençait sans grand bruit (mars-avril). L'Espagne aurait pu l'éviter. Car la France, à l'époque de la conspiration de Cellamare, n'ayant pas encore le Pérou de Law, redoutait cette dépense. Dubois avait de son mieux adouci, mutilé les pièces. La France et l'Angleterre ne faisaient à Philippe V d'autres conditions que de gouverner l'Espagne par l'Espagne elle-même, c'est-à-dire d'éloigner les brouillons italiens qui, sans moyens, sans force, étourdiment compromettaient son trône, troublaient la paix du monde. C'est exactement ce que demandaient les plus sérieux Espagnols. Il était insensé, coupable, d'armer malgré elle l'Espagne, de la forcer de combattre. Si elle avait encore un peu de vie, on devait bien le lui garder.

Les prêtres et les femmes n'ont peur de rien, parce qu'ils risquent moins que les autres. L'abbate, l'amazone, poussaient la guerre en furieux. La rude leçon de Sicile n'avait rien fait. Ils refaisaient la flotte; ports, chantiers, arsenaux, tout travaillait en hâte. Le plus simple bon sens eût dû leur faire comprendre qu'on ne leur donnerait pas le temps de finir tout cela. Ils provoquaient, défiaient la guerre, mais au jour du combat ils n'auraient rien de prêt encore. Isolés en Europe[1], ayant leurs meilleures troupes enfermées en Sicile, ils acceptaient la lutte contre les trois grandes puissances du monde, l'Angleterre, la France, l'Empereur.

Alberoni avait beaucoup d'esprit, d'activité, certaine audace de joueur. On a vu sur quelle carte il eût voulu jouer en 1717 et 1718, acheter Charles XII et le lancer, rétablir le Prétendant. Cela n'eût pas duré, mais l'effet eût été si grand que le Régent eût fort bien pu tomber de la secousse, Philippe V devenir Régent. La Reine le força d'ajourner, de se tourner vers la Sicile, où l'on ne pouvait faire rien de grand ni de décisif, et où la flotte se perdit.

En 1719, tout était empiré. Alberoni, la reine paraissent moins que des fous, — des sots. Leur espoir est dans trois romans, et plus absurdes l'un que l'autre. Ils imaginent :

1° Qu'une lointaine diversion de Ragotzi forcera l'Empereur à leur lâcher leur armée de Sicile ;

2° Qu'une petite flottille jacobite (et maintenant sans Charles XII qui est tué) va paralyser l'Angleterre ;

3° Que toute la France est pour eux. Si notre

armée entre en Espagne, tant mieux. Elle vient chercher Philippe V, n'arrive que pour le faire Régent.

Avec cette folie d'Arioste ou de Cervantès, ils manquent la vraie réalité. Elle était en Bretagne. S'ils avaient envoyé là tout droit leur petite flotte, décidé le soulèvement, Berwick n'eût pas passé les Pyrénées. Ils eurent deux grands mois devant eux, janvier et février. Les nobles de Bretagne, en mars, leur envoyèrent un M. Hervieux de Mélac, pour les supplier d'arriver. Nulle réponse qu'à la fin de juin ! Et la réponse, c'est une obole, un tout petit envoi d'argent. Déjà levés, armés et battant les forêts, ces gentilshommes regardent toujours s'il vient des vaisseaux espagnols. Ils viennent... en novembre ! et quand tout est fini.

Pour revenir en mars, une autre illusion de Madrid, c'était que le Régent ne trouverait pas de généraux, Villars et Berwick faisant profession d'être dévoués à Philippe V. C'était Berwick qui véritablement l'avait fait roi. Comme bâtard de Jacques II, il était frère du Prétendant. Avec tout cela, ce fut lui qui accepta le commandement. Il valait bien mieux que Villars pour tenir une armée dans ces circonstances douteuses. Ce grand Anglais, long, sec, qui avait été terrible aux Cévennes, était fait pour donner du sérieux aux nôtres, pendre au besoin nos petits Richelieu.

On se trouva au dépourvu. A peine quinze mille Espagnols contre les quarante mille de Berwick. La

meilleure chance de Philippe V aurait été de se faire
prendre, de se présenter aux Français, comme duc
d'Anjou, avec les fleurs de lys. On eût été terriblement embarrassé. Mais ce n'était pas le compte de
la reine et d'Alberoni. On aurait demandé au roi de
chasser celui-ci. Il eût fallu aussi que la reine désarmât, rentrât à son ménage et peut-être dans un
couvent, que Clorinde ne fut plus que la douce Herminie. Donc, ils ne lâchèrent pas Philippe V, ne le
quittèrent d'un pas. Alberoni eut même le soin de lui
faire faire un circuit, de l'égarer dans les montagnes,
pour qu'il fût le plus tard possible, trop tard, devant
l'ennemi.

Tout semblait combiné pour refroidir les pauvres
Espagnols. Des trois divisions, le roi en avait une.
Une suivait l'abbate italien, le nain grotesque Alberoni. Une autre obéissait au vrai chef de l'armée, à la
voix grêle du général imberbe, petit page équivoque.
Les Français galamment laissaient passer ses modes,
ses fantasques costumes qui venaient de Paris, lui
envoyaient de quoi parader contre nous.

On pouvait deviner les résultats. Philippe V n'apparut que pour voir tomber l'une après l'autre ses
meilleures places, Fontarabie, Saint-Sébastien. Il
avait cru gagner l'armée française. Et le contraire eut
lieu. Les Basques espagnols demandaient à se faire
Français. Cela acheva le pauvre roi. Il s'en alla,
rentra désespéré à Madrid, ne sortit plus de la petite
chambre où le tenait sa femme. Il rêva dès lors les
moyens d'abdiquer, de ne penser plus qu'au salut.

Notre armée et la flotte anglaise, aux deux rivages, à l'Ouest et à l'Est, brûlèrent les vaisseaux commencés, les chantiers, les arsenaux. On en blâma fort le Régent, comme d'une lâche complaisance pour l'Angleterre. Mais quoi! ces vaisseaux achevés, Alberoni s'en servait contre nous, et les envoyait en Bretagne.

Cette guerre se passait, pour ainsi dire, incognito. Law seul remplissait les esprits. La mort de la duchesse de Berry occupa à peine un moment.

Mort cependant tragique, entourée de circonstances déplorables. Un mois après ses couches, elle se retrouva enceinte, bientôt tomba malade et n'en releva plus.

Madame, sa grand'mère qui ne se mêlait de rien, et ne demandait rien, — pour l'affaire de Riom, demanda, agit, fut terrible. Elle eût voulu le faire noyer. Elle dit au Régent qu'elle quittait la France, si cet homme n'était arrêté. Comme il allait joindre son régiment (27 avril), il fut saisi à Lyon et mis dans la dure prison de Pierre-en-Cize. Quel coup pour l'orgueilleuse qu'on eût osé cela sur son capitaine des gardes, sur l'homme qui lui appartenait! Elle employa le grand moyen, et, quoique fort peu remise, elle fit venir le Régent à Meudon (1er mai) pour un souper intime. Sans souci de sa vie, elle prolongea la nuit sous les étoiles cette folle fête qui délivra Riom, mais la tua.

Elle eût voulu encore une chose impossible, insensée, faire revenir Riom au nez de sa grand'mère, écraser celle-ci, solenniser ce bel hymen. Le Régent, effrayé de la trouver si absurde et si violente, n'osait plus aller à Meudon. Elle se fit porter à la Muette pour le tourmenter de plus près. Il n'y venait guère davantage. Il alléguait les embarras réels, très graves, qu'il avait à Paris. Au moment où le grand succès de Law relevait ses affaires, on voulait le lui enlever. Un complot se formait pour faire sauter la Banque. C'était le milieu de juillet. La malade, seule à la Muette, abandonnée du Régent même, soit par douleur et désespoir, soit par un fol essai pour ressaisir la vie, se lève, se fait un grand repas, et de choses rafraîchissantes. Dans la soif qui la dévore, elle mange du melon en buvant de la bière glacée (Ms. Buvat). Cela l'achève. Elle tombe.

Deux médecins sont à son chevet. Chirac, celui de son père, s'obstine à la purger, et l'empirique Garus lui administre son brûlant élixir. Même incertitude pour l'âme. Chirac ne souffrait pas qu'on lui parlât de sa fin. D'autres l'avertissaient. Elle prit vivement son parti, fit ouvrir toutes les portes, reçut solennellement les sacrements, dans une triste et sinistre ostentation de fermeté, parlant moins en chrétienne qu'en reine à qui cela est dû.

On s'exagérait la douleur du duc d'Orléans qui était là à la Muette, à ce point que presque personne n'osa y venir. Saint-Simon, qui y vint, le trouva seul. Deuil mêlé de remords. Il avait été pour beaucoup dans cette déplorable destinée. Un moment, il pleura à faire croire qu'il étoufferait. Saint-Simon l'enleva avant qu'elle n'expirât (la nuit du 21 juillet). Il se chargea des funérailles, qui furent sans pompe et simplement décentes. Madame de Saint-Simon eut la lugubre fonction d'assister à l'ouverture du corps, où la pauvre princesse fut trouvée, comme j'ai dit, enceinte et le cerveau fêlé.

On supposait le Régent écrasé. C'était peu le connaître. C'était un homme fini, blasé, vide, épuisé de cœur, aussi bien que du reste. Il n'avait pas d'ailleurs le temps de pleurer. La mère même de la morte, Madame d'Orléans, les yeux rouges (mais au fond ravie), le supplia de ne pas s'enfermer. Il fit ouvrir les portes, reçut tout le monde. Il tint le Conseil, et donna à Law les Arrêts nécessaires pour face à ses ennemis.

Duverney, Argenson, la compagnie des Fermiers généraux, ce qu'on appelait l'Anti-Système, ne se contentaient pas d'attaquer le Système avec ses propres armes en émettant aussi des actions. Ils s'étaient, sans scrupule, associés à un monde singulier d'étrangers qu'on ne voyait jamais, qui travaillait par agents et prête-noms. C'étaient des Anglo-Hollandais, qui de leurs trous obscurs, sans bruit, faisaient sur les monnaies de très fortes opérations. Profitant des variations violentes qu'elles subirent, ils guettaient les moments, raflaient, exportaient à grand profit. Leurs maîtres, gros banquiers de Londres et d'Amsterdam, qui allaient faire jouer leur compagnie du Sud (superbe pompe à pomper dans les poches), les chargeaient de miner par tous moyens notre Compagnie des Indes, en poussant à la baisse contre Law, aidant Duverney.

Law n'en ignorait rien. Il avait les yeux très ouverts, et, pour se tenir en mesure d'abord contre les marchands d'or, il se fit donner pour neuf ans la fabrication des monnaies (20 juillet). Le 21, le 22, le 23, justement au moment du grand deuil du Régent, où sans doute l'on crut que le Conseil chômait, l'Anti-Système, aidé de ses Anglais, tenta un coup hardi pour faire sauter la Banque, et chavirer la Bourse. Ils avaient juste à point gagné le premier des agents de Law, l'oracle de la place, qui jusque-là avait poussé la hausse, et tout à coup précipita la baisse.

Un mot du personnage, Vincent. C'était un homme fort douteux, moitié agioteur, moitié accapareur de vivres. Il avait eu plus d'une fois de petites affaires avec la justice, souvent arrêté, toujours relâché. On ne pouvait pas s'en passer. Les plus mauvais papiers devenaient bons, lorsqu'il les soutenait. Dès qu'il paraissait, chacun regardait s'il était triste ou gai; on achetait, vendait, au froncement de son sourcil.

Law, au début, avait été heureux de trouver un tel instrument. En mai, par dix agents de change dont chacun avait dix courtiers, Vincent souffla la hausse. Law employait aussi des hommes moins connus à qui la Banque même prêtait de quoi jouer. L'un d'eux, André, gagna à ce métier, en trois mois, trente millions. Cela déplut fort à Vincent, qui d'ailleurs, comme accapareur et enchérisseur de denrées, était gêné par les projets de Law. Il tourna, et le jour même où la cabale vint d'ensemble à la Banque avec un torrent de billets enlever l'or, Vincent donna à la Bourse le surprenant spectacle de sa désertion. Vrai poignard pour égorger Law. Son Vincent, le vaillant Vincent, le héros de la hausse, lâche pied au fort du combat; il est pâle, il a peur; il crie le *Sauve-qui-peut!*

La farce était jouée, la panique opérée. On courait à la Banque; chacun, et à l'heure même, exigeait d'être remboursé. Le 25, au matin, Law tira une arme cachée qu'on n'avait pas prévue, et qui mit tout en fuite. Il frappa ses ennemis d'une mesure trop ordinaire alors et dont eux-mêmes récemment (sous d'Argenson) avaient donné l'exemple. Par arrêt du Conseil, l'or tombe, le louis vaudra un franc de moins. Les amateurs de monnaie forte, qui enlevaient l'or de la Banque, n'en veulent plus, s'enfuient.

On croit que Law est fort. « Il a des reins. Soutenu tellement d'en haut, qui l'empêche un matin de s'adjuger les Fermes, et dès lors de fonder son Mississipi sur la France même? » On commence à gager pour lui. On rougit d'avoir craint. L'élan revient; un poétique éclair a passé sur la Bourse, l'amour et la foi du papier.

Le papier, *monnaie immuable* (qualifié ainsi par Arrêt), vainqueur du vil métal, variable et capricieux. Qui se fierait à l'or? Altéré et changeant à toute crise, haussé, baissé, sans caractère, sans consistance ni tenue, il semble un piège à faire des dupes. C'est l'objet du mépris, de la haine. Il est conspué. On vit, rue Quincampoix, un créancier tirer l'épée contre le débiteur perfide qui voulait le payer en or.

CHAPITRE XI

La Bourse. — Les Mississipiens. (Août-septembre 1719.)

Nous avons faiblement marqué le péril qu'avait couru Law. Mais il était accru par son triomphe même. Son danger financier devint un danger politique. Les Anglais, furieux d'avoir manqué le coup de Bourse, se découvrirent brutalement par leur ambassadeur, l'enragé Stairs, menacèrent le Régent.

Reprenons la situation.

Dans la hausse rapide, impétueuse, qui se fit, Law fut emporté dans les airs comme un ballon sans lest, ou l'homme qu'une trombe eût pris en plaine, soulevé, pour l'asseoir à la pointe de la flèche de Strasbourg.

Il avait stupéfié, plus que vaincu ses ennemis. Ils n'étaient pas moins là, campés autour de lui, pour le ruiner, le démolir. Armée serrée, compacte. Avec les Duverney, les meneurs de la baisse, marchaient toute la Maltôte, les Fermiers généraux, leurs cent mille *gabeleux*, rats de cave, huissiers et recors. A ce corps régulier ajoutez les troupes légères, les associés intéressés, les accapareurs, fournisseurs, leurs agents, employés, mangeurs, rongeurs de toute espèce.

Law n'était pas myope. Il voyait, pour comble d'effroi, sous ses pieds même et sous sa base unique, je veux dire auprès du Régent, Stairs qui montrait le poing, et son compère Dubois, qui minait et sapait. Dubois avait eu du faible pour Law et pour sa caisse; mais ce grand citoyen savait dominer ses faiblesses. Ministre et bientôt cardinal par la grâce de l'Angleterre, il en avait, dit-on, de plus une petite pension d'un million.

Le Régent, si Anglais, était-il sûr pour Law? Était-ce un homme encore? A en croire ses maîtresses, c'était l'homme de neige au dégel.

Contre cet affreux dogue, Stairs et ses dents, Law ne se rassurait que par un bouledogue qui valait l'autre pour la férocité. Il coûtait gros. Si l'on ne l'eût gorgé de minute en minute, il eût mangé son maître. Monsieur le Duc (c'est de lui que je parle), même avant le succès de Law, en mars déjà, tire de lui un million pour un petit duché qu'il lui fait acheter. En août, huit millions, par la Bourse.

Comme le chien d'enfer, il mangeait par trois gueules. Ce n'était jamais fait. Après lui, arrivaient sa mère, sa grand'mère, son frère Charolais. En les gorgeant, on ne faisait qu'irriter l'envie, l'appétit des Conti.

Et ce qui était effrayant, c'est que, derrière les

princes, arrivait la file infinie de la *mendicité d'épée*, les grands seigneurs qui daignaient protéger Law en tendant la main, les nobles et quasi nobles, un monde de pauvres menaçants. Plus, l'armée de ses amoureuses, duchesses et comtesses et marquises, des femmes impudentes et jolies, qui personnellement le sommaient, ne lui faisaient pas grâce, exigeaient qu'on les achetât.

Voilà les deux abîmes que Law vit béants à ses pieds. A droite, le précipice où la Maltôte et les Anglais voulaient le faire tomber. A gauche, ce gouffre de noblesse, cette bourbe profonde, la prostitution mendiante.

On a peint plus ou moins l'extérieur du Système, mais jamais le dedans. On a été discret, prudent, respectueux. Du Hautchamp et les autres (Barbier, Marais, Buvat) sont pleins d'omissions volontaires. Le sage Forbonnais, compilateur tardif, donne les chiffres, et non les personnes. Le violent Pâris Duverney, si impétueux contre Law, dans le livre où il semble vouloir le tuer (après sa mort), a l'art de ne point voir les maîtres et tyrans de Law, ceux qui surent s'en faire un jouet. On croyait tout cela éteint et oublié, et l'on peut dire *en cendres*. En effet, les registres, actes, pièces, tous les monuments du Système avaient été brûlés en 1722. On avait établi une bonne cage de fer, de dix pieds sur huit, dans la cour de la Banque (aujourd'hui la Bibliothèque). Là tout passa aux flammes. Nul procès désormais possible. Mais celui de l'histoire serait-il impossible? Non. Par une industrie patiente, en rapprochant des faits qui jusqu'ici ne présentent aucun sens, nous espérons refaire la Sodome pour la foudroyer.

Ce qui a bien servi pour obscurcir la vue, faire cligner les plus clairvoyants, c'est la foule elle-même, l'amusement de ces tableaux mouvants, le va-et-vient de la rue Quincampoix. Il en reste de bonnes gravures (entre autres un beau volume hollandais à la bibliothèque de la Ville de Paris). On voit là le flux et reflux de cette mer, les confuses mêlées, les tournois de l'agiotage. Mais tout cela fort trouble.

Je vais, dans cette foule, saisir quelques individus. Cela sera plus clair. Leurs vies sont instructives. C'est le petit, c'est le menu. Mais il n'y a rien de petit pour qui cherche et qui veut comprendre. On voit alors et on distingue (parfois plus qu'on ne veut). La vie du temps s'y montre et devant et derrière, par le propre et par le malpropre, par tous les rangs mêlés et tous les métiers confondus, des balayeurs aux princes, des Holbak aux Condé. C'est ici l'*âge d'or*. Plus de prince et plus de valet. La fraternité du ruisseau.

Le balayeur. — Il y avait dans la boutique d'un changeur un bon gros Allemand qui s'appelait Holbak. Il faisait les fortes besognes, remuait, portait des sacs, balayait le devant de la porte. On le croyait trop bête pour friponner. Des banquiers le prirent pour domestique. Puis, voulant un homme de paille et le plus ignorant qui ne sût que signer et signât sans comprendre, ils lui achetèrent (ce qui alors était fort peu de chose) une charge d'agent de change. Mais voilà que l'argent lui éclaircit la vue. Il vit que tout le secret était d'acheter à vil prix les titres du rentier désespéré et de les vendre à bénéfice. Il fit cela tout comme un autre, et mieux. Car il réalisa à temps, envoya tout en Allemagne.

Le laquais. — Les Anglais qui, sans paraître, sournoisement travaillaient à la baisse, devaient vendre des actions par un agent à eux. Il se trouva malade; mais il avait un domestique de confiance, son laquais Languedoc. Il l'y envoie. Languedoc doit vendre au cours du jour huit mille livres par action. Mais il voit qu'elles montent. En homme intelligent, il attend, vend à dix mille livres, garde pour lui la différence, qui était de cinq cent mille francs. Huit jours après, il avait dix millions et s'appelait M. de La Bastide. Six mois après il était ruiné, reprenait du service, avec son nom de Languedoc.

La brocanteuse. — Un jour entra chez Law une bonne femme de province, une wallonne de la Meuse, une dame Chaumont. Elle implore sa justice dans une affaire et elle parle si bien d'affaires que Law l'appuie. C'était sur la frontière une brocanteuse de dentelles qui, au passage des armées, s'était intéressée avec deux fournisseurs et leur avait fait des avances. Ces gaillards (un soldat gascon et un barbier de régiment) avaient fort réussi dans les fourrages, et le barbier, se disant noble, avait eu l'industrie d'obtenir une demoiselle de Saint-Cyr, et la protection de Versailles. Depuis, les deux associés, travaillant à

Paris, ne songeaient plus à payer la Chaumont. Elle vient. On ne veut la payer qu'en billets d'État, qui alors perdaient soixante pour cent. Cette femme courageuse accepta, sachant ou devinant le nouveau miracle de Law, qui décupla la valeur des billets. Elle eut en un mois six millions. Les deux fripons pleurèrent alors, et ils voulaient lui disputer ses bénéfices. De là un procès solennel dont Law amusa le Régent. Ils donnèrent raison à la femme, qui avait cru quand personne ne croyait encore. « Il lui fut fait selon sa foi. »

Cette Chaumont paraît avoir eu le don qu'on recherchait le plus alors, quelque chose de rond, d'ouvert, de simple, qui donnait confiance. Elle était relativement honnête. Elle dut être le prête-nom des employés de Law, qui n'osaient jouer sans masque. Elle devint bientôt, comme on va voir, un centre autorisé, et comme l'hôtesse et la nourrice, *la bonne mère* des agioteurs, tenant (sans doute aux frais de Law et de la Banque) une table immense, prodigieuse, pour recevoir des milliers d'hommes. Les joueurs de toute nation que Law voulait attirer à Paris allaient manger chez la Chaumont. Sa cuisine de Gargantua, Bourse gastronomique où l'on fricotait des affaires, rappelait par sa monstrueuse grandeur les mangeries impériales, les distributions, les repas où jadis les Césars firent asseoir le peuple romain.

Les belles agioteuses. — L'écueil, il faut le dire, de ces triomphes de Plutus, c'était le défaut national, la galanterie. Des dames intrépides, pour brusquer la fortune, sans perdre le temps à jouer, se saisissaient du joueur même. Éprises de celui qui gagnait, dans ces moments d'ivresse où un coup de fortune trouble la tête, elles échangeaient vivement l'amour contre le portefeuille.

La langue de la Bourse y aidait, et Law avait donné l'essor. Ses actions, au féminin, avaient de jolis noms de femmes. Les anciennes, nées de quelques mois, étaient nommées les *mères*, celles d'après les *filles*, les récentes les *petites filles*. Pour avoir une *petite fille*, il fallait présenter et des *filles* et des *mères*, pas moins de *quatre mères*. Or, cela se réalisait. Tel achetait des actions, et se trouvait payé en *filles*; il avait une mère et plusieurs.

Plusieurs furent comiquement dupes. Un Rauly, par exemple, l'un des meilleurs, bon, généreux, crédule, fut surpris par deux Hollandaises, la mère et la fille, celle-ci un miracle de naïve ingénuité, de beauté enfantine et tendre. Il eut un moment poétique, voulut fuir au désert, je veux dire acheter quelque part hors de France, loin des procès possibles, un nid voluptueux pour cacher son trésor. Il envoya les dames devant, avec son intendant, qui devait mettre là un million à couvert. Cet intendant était un homme sûr, honnête, mais, hélas! un Français tout aussi galant que son maître. Le voilà amoureux, éperdu. Idiot. Bref, il ne voit plus goutte, se laisse enlever son million. Les belles et le million étaient partis ensemble, si loin qu'on n'a jamais su où.

Tels furent les jeux de l'amour, du hasard, parfois

tragiques, atroces. Un Bordelais, le fils d'un conseiller au Parlement, poussé au désespoir par une maîtresse exigeante qui l'avait mis à sec et voulait le quitter, tua son père, qu'il croyait un grand thésauriseur. Il ne trouva rien et s'enfuit. Sous des noms supposés, il joua et devint trop riche pour être poursuivi. Mais tout le monde le connaissait. Sa lugubre figure, sa démarche égarée, disaient assez qui il était.

L'entremetteuse. — Madame de Tencin fit-elle, comme le veut Soulavie, un livre sur l'orgie antique? Organisa-t-elle à Saint-Cloud (pour relever le pauvre prince), des bacchanales assaisonnées de pénitences obscènes? J'en doute. On a chargé la légende de cette sainte. Les chansons de l'époque assurent, chose plus vraisemblable, que l'ex-religieuse, avec sa grâce et sa finesse, son expérience (elle n'était pas loin de quarante ans), avait le mérite spécial d'une infinie complaisance en amour. Elle en savait beaucoup. On pensait qu'avec elle il y avait toujours à apprendre. Dubois, d'Argenson, Bolingbroke, vrais gourmets, aimaient ce fruit mûr. Elle tenait maison aux dépens de Dubois, lui faisant croire que son salon, agréable aux Jésuites, avancerait l'affaire du chapeau. Par lui, par d'Argenson, elle avait des secrets de Bourse. Elle jouait les fonds que Bolingbroke avait eu la simplicité de lui confier. Mais pour ne pas descendre à la rue Quincampoix, elle avait un amant exprès, M. de La Fresnaye. Il était sûr, exact à rapporter ses gains; elle lui faisait croire qu'elle l'épouserait. En 1726, elle traita impartialement ces deux derniers. A Bolingbroke elle nia le dépôt et rit au nez de La Fresnaye. Celui-ci, furieux, surtout d'avoir été si sot, se coupa la gorge chez elle et inonda tout de son sang.

Il n'est pourtant pas sûr qu'elle aimât fort l'argent ni le plaisir. Elle ne fit pas fortune. Ce qu'elle aimait, c'était de s'entremettre, d'intriguer, de corrompre. Par elle ou par sa sœur, qui avait les mêmes dons, furent travaillées l'affaire d'Aïssé, plus tard celles des trois fameuses sœurs avec le roi. Mais le maquerelage politique ne lui plaisait pas moins. Elle et son frère avaient des arts charmants pour amollir les gens et leur faire trahir leurs principes. Ils corrompirent Law, l'amenèrent à se faire catholique. Ils corrompirent jusqu'aux Jésuites, leur firent laisser l'Espagne, le Prétendant, pour accepter Dubois, l'homme de l'alliance anglaise. Enfin, faut-il le dire? le croira-t-on? ils corrompirent Dubois!

Law n'aurait pu, sans l'aveu de Dubois, emporter sa victoire, entamer sa grande œuvre. Dubois, en convertissant Law par son ami Tencin, pouvait se faire un honneur infini dans le monde catholique, un titre solide au chapeau.

La grande difficulté, c'est que Dubois était Anglais de cœur, de système, de position. Il fallait obtenir de lui une petite infidélité à cette passion dominante, pour quelques mois du moins. Il donnait, il est vrai, en ce moment même au ministère anglais un très solide gage en détruisant la marine espagnole. Mais, quoi! Si la Bourse de Londres, malgré cela, se mettait à crier? si les spéculateurs (et le prince de

Galles en était) s'en prenaient à Dubois, la pension d'un million lui serait-elle continuée? Grave, très grave considération qui pouvait rendre Dubois incorruptible. Cet esprit net et froid, qui se moquait de tout, serait-il pris aux mirages de Bourse? Il y fallait, ce semble, beaucoup d'art... Ce fut tout le contraire. On alla droit au but en employant tout franchement *la Compagnie du Savoyard*.

Un des chefs de la Compagnie était du pays des Tencin, du Dauphiné. La plupart de ces gens d'affaires, d'argent, d'intrigues, venaient de Lyon, Grenoble, Genève, des pays hauts et pauvres, étaient de rusés montagnards. Le plus fameux, c'est Duverney.

Avez-vous vu un dessin de Watteau, merveilleusement fort, *le Savoyard?* C'est un drôle, un rieur de gaieté singulière, gaieté physique propre à ces fortes races qu'on croirait innocentes, — en réalité, prêtes à tout.

Jeune et riant toujours, cet enfant des montagnes, aussi rude joueur que porteur ou scieur de bois, ira haut, ira loin dans les affaires, n'ayant ni hésitation ni scrupule. Il rit en vous volant, rirait en vous cassant les reins.

C'était la vraie figure pour faire fortune, et ce fut, je n'en fais pas doute, celle de Chambéry, un Savoyard qui créa cette compagnie. Il avait sa sellette au coin de la rue aux Ours, mais il monta, devint frotteur, porteur de sacs, se frotta à l'argent. Il était honnête, économe, à ce point qu'il avait amassé mille francs. Il lui fallait pour associé un homme qui parlât bien, écrivît, fût grave et posé. Il en trouva un plus que grave, un habit noir, étonnamment sérieux. C'était ce Bordelais qui avait tué son père. Les associés s'associèrent deux fripons, un Dauphinois qui prétendait avoir une manufacture de savon, et un M. Bombarda, trésorier du trésor vide de l'Électeur de Bavière, usurier enrichi de la ruine de son maître. Je passe toutes les autres vertus des quatre associés qui se chargèrent de la grande entreprise, *corrompre la vertu de Dubois.*

Law, jadis, pour jouer, avait fait faire de gros louis, lourds, à emplir la main. Cela ravissait les joueurs. Il pensa judicieusement que, dans l'agiotage au vol qui se faisait, on trouverait charmant d'avoir de gros billets, et il en fit de dix mille francs. Le bon Savoyard Chambéry, simple et rond, tout droit en affaires, en mit pour cinq millions en portefeuille, et, comme il eût porté un panier de pêches ou de fraises, il alla jovialement porter à Dubois cette primeur. Dubois se mit à rire. Il était besogneux pour son affaire de Rome. Il savait les Romains sensibles aux friandises. Il fut tenté pour eux. Il songeait bien aussi que le million anglais, après tout, n'était qu'un million, et que le bonhomme, au contraire, en ce premier payement, ouvrait à deux battants l'infini du Mississipi. Tout cela l'amollit. Il sentit son cœur. Qui n'en a? Le plus farouche homme d'État a son jour d'attendrissement. Il eut certain retour pour Law, — qui sait? reconnut la Tencin?

Le vampire. — Dubois ainsi permit et laissa faire.

On obtint son inaction. Mais pour que le Système vainquît décidément et supprimât l'Anti-Système, il fallait davantage ; il fallait acheter l'action énergique et directe, la férocité de Monsieur le Duc. Or, Monsieur le Duc, fort cher en 1718, fut énormément cher en 1719, ayant alors une maîtresse terrible, madame de Prie, moins une femme qu'un gouffre sans fond.

Lui, il n'était qu'une bête de proie, un brutal chien de meute, violent, mais aveugle et borné. Il pouvait happer des morceaux, terres, pensions, etc., mais il n'aurait pas su, je crois, faire si bien fonctionner la grande pompe de l'agiotage, qui le 18 septembre lui donna huit millions, vingt en octobre, etc. C'est qu'il était alors mené par un esprit (vampire ? harpie ?) un être fantastique, insatiablement habile et cruellement impitoyable, qui, six années durant, aspira notre sang.

Elle semblait née de la famine, des jeûnes que son père, le fournisseur Pléneuf, fit aux armées, aux hôpitaux. Déjà grande, elle eut pour éducation la ruine. Pléneuf, trop bien connu, se sauva à Turin. Sa mère, belle et galante, vivota d'une cour d'amants, qui, n'étant pas jaloux, la partageaient en frères. On parvint à marier la fille à un homme qui prit pour dot l'ambassade de Turin, ambassade nécessiteuse où elle eut les souffrances du pauvre honteux qui doit représenter. Elle devint demi-italienne, grâce, finesse et séduction, — au dedans vrai caillou, l'altération du torrent sec en août, ou d'un vieil usurier de Gênes.

Elle croyait, en rentrant, profiter d'abord sur sa mère, lui prendre, par droit de jeunesse, ses fructueux amants. Ils furent fidèles. La mère, beauté bourgeoise et bien moins fine, avait je ne sais quoi d'aimable qui retint. Cela aigrit la fille ; elle ne lui pardonna pas de rester belle et d'être aimée encore. Elle la cribla d'abord de dards vénéneux de vipère. Puis, comme elle n'en mourut pas, elle lui joua le tour, dès qu'elle fut puissante, de faire revenir son mari. Enfin, elle lui tua ses amants un à un, travailla à la faire périr à coups d'aiguille.

L'avènement de madame de Prie chez Monsieur le Duc, c'est celui de la hausse. Jusque-là il avait pour maîtresse la Mancini (Nesle, née Mazarin). Mais dans l'été, celle-ci l'emporta décidément. Elle s'empara de lui juste au moment de la curée, la razzia d'août et septembre. Maîtresse alors et du duc et de tout, elle fait revenir son père, Pléneuf, donne à ce vieux voleur la caisse de la guerre, le profit de l'affaire d'Espagne (septembre-octobre, Ms. Buvat).

Law craignait le vautour. — Il trouva l'araignée. — Mais qu'est-ce que le vautour, la bête qui n'a que bec et griffes, comparé aux puissances des affreuses araignées de mer, des suceurs formidables qui aspirent en faisant le vide, qui tirent parti de tout, qui des os extraient la moelle, et du craquant squelette savent encore se faire une proie ?

CHAPITRE XII

La crise de Law. (Août-septembre-octobre 1719.)

Montesquieu parle quelque part d'une pièce de ce temps-là : *Ésope à la cour*, et dit qu'en sortant de la voir, il se sentit la plus forte résolution qu'il ait jamais eue d'être honnête homme. Cette pièce avait fait aussi impression sur Law. Ruiné par le Système, il écrivait en 1724 : « On a mis sur la scène l'exemple du désintéressement dans le personnage d'Ésope. Ses ennemis l'accusèrent d'avoir des trésors dans un coffre qu'il visitait souvent. Ils n'y trouvèrent que l'habit qu'il avait avant d'être ministre. Moi, je suis sorti nu ; je n'ai pas sauvé mon habit. »

Cela est beau, pourtant ne suffit pas. Sortir nu, ce n'est pas assez. L'essentiel est de sortir net. Ésope retrouva mieux que l'habit : l'*honneur*. Law a-t-il retrouvé le sien ?

Ne devait-il pas expliquer les circonstances qui le rendirent complice (désintéressé, il est vrai, mais

complice après tout) du pillage honteux qui se fit?
N'eût-il pas mieux valu avouer franchement ce qui
lui donnerait devant l'avenir des circonstances atténuantes, sa faiblesse de caractère, sa servitude domestique, l'entraînement surtout de l'utopiste mené par
un mirage à travers les marais fangeux? « *Un petit
mal pour un grand bien. Une heure de brigandage, et
demain le salut du monde.* » Selon toute apparence,
il se paya de cette raison.

Il est mort sans parler, a abandonné sa mémoire.
Il nous reste une énigme. Pourquoi? Il n'eût pu se
laver que par le déshonneur des autres, et de ceux
qui restaient puissants. Il est mort à Venise en 1729,
triste solliciteur, tremblant apologiste, qui justement
s'adresse aux coupables, aux auteurs de sa ruine. La
faute en est à sa grande faiblesse, disons-le, à ses
deux amours. D'une part, cette fière Anglaise qu'il avait
enlevée, ne veut pas rester pauvre; elle le fait écrire,
elle écrit elle-même au grand voleur, Monsieur le
Duc, pour recouvrer le bien de ses enfants. Lui-même,
d'autre part, le pauvre homme est le même, joueur
obstiné, chimérique, amoureux de sa grande idée,
et si follement amoureux qu'il s'imagine que les
voleurs qui ont tant d'intérêt à le tenir loin, vont
le rappeler, l'essayer de nouveau, lui donner sa
revanche!

Voilà ce que c'est que la France. Il n'était pas né
fou, mais ici le devint. Un certain vin nouveau cuvait.
Le sage Catinat, Vauban, Boisguillebert, le bon abbé
de Saint-Pierre, chacun à sa manière, rêvaient, quoi?

la Révolution. Le meilleur ne se disait pas, et ne s'imprimait pas, circulait sourdement.

Qui réaliserait? Qui se compromettrait dans les essais trop souvent avortés? Un héros existait, l'homme d'exécution, et martyr au besoin, l'intrépide et savant Renaut. Il s'était adressé au favori de la fortune, ce brillant Law, qui par lui, ce semble, aspira l'âme de la France. De là le mémoire du 13 juin sur l'égalité de l'impôt. De là l'essai trop court où Renaut mourut à la peine. Mais Law lui fut fidèle, et, dans son apogée, presque roi, ambitionna d'être successeur de Renaut à l'Académie des sciences.

En Law fut, si je ne me trompe, bien moins l'invention que la concentration des idées capitales du temps. Quelles sont ces idées? J'y distingue ce que j'appellerai le *plan* et l'*arrière-plan*, une révolution financière, une révolution territoriale.

Le *plan*, c'était : 1° L'extinction de la Maltôte, la destruction de l'épouvantable machine qui triturait la France. Peu, très peu d'employés. Quarante mille préposés de moins. Plus de pachas de la finance, plus de Fermiers généraux, plus de Receveurs à gros profits, qui faisaient des affaires avec l'argent des caisses. Trente petits directeurs (à six mille francs) remplaçaient tout cela ;

2° L'extinction de la dette, la libération de l'État. Law se substituait aux créanciers en prêtant quinze cents millions à trois pour cent, remboursait le créancier en espèces ou en actions. On était sûr qu'il préférerait ces actions en hausse, qui, revendues au bout d'un mois, donnaient un bénéfice énorme.

Ce que j'appelle l'*arrière-plan*, c'était non seulement l'égalité de l'impôt territorial, mais une vente des terres du clergé. A peine contrôleur général, il fit examiner au Conseil un projet pour *forcer le clergé de vendre tout ce qu'il avait acquis depuis cent vingt ans.* (Ms. Buvat, *Journal de la Régence*, janvier 1720, t. II, p. 133 ; et dans la copie, t. III, p. 1134.)

Cette dernière proposition était tout un 89. Des quatre ou cinq milliards de biens que le clergé avait en France, une moitié au moins avait été acquise dans le dix-septième siècle. Cette masse de deux milliards de biens, tout à coup mise en vente, donnait la terre à très vil prix, la rendait accessible. De plus, une bonne part des gains de Bourse se seraient tournés là. Beaucoup de fortunes récentes, ou moyennes, ou petites, cherchant un sûr placement, s'y seraient portées. La révolution financière, qui semble si fâcheuse, tant qu'elle n'apparaît que comme agiotage, aurait profité à la terre et fécondé l'agriculture.

L'autre proposition, un impôt égal sur la terre, réparait aussi en partie les maux de l'agiotage. Les grands propriétaires de terre, qui furent (par prête-noms) les grands agioteurs, se trouvant soumis à l'impôt, eussent restitué à l'État quelque chose de leurs monstrueux bénéfices.

Résumons : 1° le *fisc simplifié*, devenu très léger ; 2° la *libération de la France*, la dette remboursée avec profit et pour l'État et pour le créancier; 3° *Égalité de l'impôt* territorial; 4° la moitié des biens du clergé vendue en une fois, et la *terre mise à si bas prix* que chacun pût en acheter.

Splendide construction de rêves et de nuages! Sur quoi (je vous prie) porte-t-elle?

Sur la supposition que l'abolition de l'abus se fera par l'abus suprême, que la révolution peut s'opérer par le pouvoir illimité, indéfini, le vague absolutisme, le gouvernement personnel qui ne peut pas se gouverner lui-même.

Law était fou évidemment. Le vertige de l'utopie, l'entraînement du duel contre Duverney, la partie engagée, l'ivresse avaient brouillé sa vue.

Il ne s'aperçut pas qu'il avait son Système, l'enfant chéri de la pensée... où?... dans la fosse aux bêtes, serpents, crabes, araignées. Il le suivit, il entra là, pour être mangé, l'imbécile, bien plus, honteusement souillé, sali, flétri.

Le 27 août, fort inopinément, par un simple arrêt du Conseil, la révolution s'accomplit, la Compagnie des Indes prend les Fermes à ses adversaires, et se charge de lever l'impôt. Toute rente sur l'État est supprimée : la Compagnie remboursera la dette en émettant des actions rentières à trois pour cent que recevront les créanciers de l'État.

L'Anti-Système périt; Duverney est vaincu. Le Système est vainqueur, ce semble. La masse des rentiers voit brusquement fermés les bureaux de payeurs, avec quelle inquiétude!

Il faudrait pour les rassurer que leur liquidation bien faite leur donnât sans difficulté ce qu'on leur promet en échange, ces actions qui désormais sont leur unique fonds, leur propriété légitime. Qu'arrive-t-il? les bureaux sont ouverts, les actions paraissent; le premier venu en achète! et le rentier seul est exclu. On lui répond : « Vous n'avez pas les pièces, vous reviendrez, bonhomme; vous n'êtes pas encore liquidé. »

La précipitation cruelle qu'on mit à tout cela ne servait Law en rien. Tout au contraire, ses grandes vues de colonies, de commerce, dont il était alors violemment préoccupé et qui devaient donner corps et réalité au fantasmagorique échafaudage du Système, voulaient du temps. Il était évident que, sans le temps, il périssait. On voit par le *Journal de la Régence* et autres documents, que si la foule était à la rue Quincampoix, Law était d'âme et de corps, de toute son activité, à l'affaire du Nouveau-Monde. Tout occupé de trouver des colons, il n'avait rien à gagner à ce crime de Bourse, que la ruine infaillible et prochaine du Système. Il était trop certain que la folle poussée de hausse, la ruine des rentiers, n'aboutirait à rien qu'à enrichir les gros voleurs, qu'une chute suivrait, épouvantable, qui emporterait Law, ses idées, sa fortune, sa personne et sa vie peut-être.

Ni Law ni le Régent n'avaient rien à gagner à cela qu'une immense malédiction, la ruine du présent et la honte dans tout l'avenir.

Les plaisirs personnels du Régent étaient peu coûteux, on l'a vu. Fini à peu près pour les femmes, il ne l'était pas pour le vin. L'ivresse de chaque soir, non seulement le menait à l'apoplexie, mais le tenait la matinée dans un état demi-apoplectique, obscurcissait sa vue, affaiblissait sa faible volonté. Ses facultés baissaient. Un signe de cet affaissement, c'est la facilité qu'eut Dubois, aux dernières années, de l'occuper de plats intérêts de famille, de mariages, d'archevêchés pour ses bâtards, etc. Chose étrange et qui touche à l'idiotisme : son fils (un petit sot), il le nomma *colonel général de l'infanterie française !* La charge dont Turenne et Condé ne furent pas jugés dignes, charge abolie comme trop haute, depuis l'amiral Coligny!

Donc, représentons-nous dans son Palais-Royal cette figure qui fut le Régent, ce distrait, ce myope, alourdi, ahuri et ne sachant à qui entendre dans la foule exigeante, fort insolemment familière, de ces demandeurs acharnés. — Quelle résistance? aucune ; — une mollesse incroyable, une aveugle, une lâche générosité pour être quitte et se débarrasser en donnant tout à tous.

Et tranchons par le mot brutal, mais vrai, de Saint-Simon : « La filasse? non pas... le fumier. »

Triste soutien dans la violente crise et les périls de Law. En 1718, on parlait de le pendre. En 1719, on parlait de l'assassiner.

Les Anglais le menaçaient fort. Pendant plusieurs années, fort à leur aise ils avaient spéculé sur les variations de nos monnaies: ils exportaient les monnaies fortes. Ils ne pardonnèrent pas à Law les mesures qui frappèrent ce trafic en juillet. Nos projets d'établissement au Nouveau-Monde leur plaisaient peu. Leur Compagnie du Sud regardait de travers notre Compagnie des Indes. Elle y voyait le grand obstacle à la hausse de ses actions.

Stairs, leur ambassadeur, n'était qu'un Écossais, mais d'autant plus porté à dépasser les Anglais même par son zèle furieux. Il était né sinistre, et il avait eu une terrible enfance. Il eut le malheur en jouant de tuer son frère. On prétendait (à tort?) qu'au passage du Prétendant (1716), il avait aposté un Douglas pour l'assassiner. Il avait la figure d'un coquin à tout faire, et, ce qui le rendait plus dangereux encore, c'est qu'il l'eût fait en conscience. C'était un coquin patriote.

Il prit occasion des demandes d'argent que le Prétendant avait faites à Law (le 5 août), et du secours que celui-ci lui fit passer. Il jeta feu et flamme, cria que l'alliance était rompue, que Law armait l'ennemi de l'Angleterre. De septembre en décembre, il le poussa de ses menaces. Rien ne dut agir plus sur Law et sur sa femme pour leur faire accepter, désirer à tout prix la protection du duc de Bourbon et de sa bande. C'était bien peu que le Régent.

Protection forcée d'ailleurs et imposée, comme celle des brigands d'Italie, qui ne permettraient pas au voyageur de marchander leur passeport. Les Condé avaient toujours été de ces redoutables mendiants à qui il faut bien prendre garde. Forts de la gloire militaire de Rocroy, de Fribourg, mais non moins forts des souvenirs du grand massacre de Paris, ils demandaient et exigeaient. Leurs sinistres portraits d'éperviers, de vautours, de dogues, ont tous un air d'âpreté famélique. La vie humaine était légère pour eux. On le savait par le père de Monsieur le Duc, ce nain terrible qui, sans cause, par jeu, empoisonna Santeuil. On ne le sut pas moins par son frère Charolais. On l'aurait su peut-être mieux par Monsieur le Duc lui-même, s'il eût trouvé le moindre obstacle. Il n'avait fait nul crime encore, et chacun avait peur de lui. Dans ce temps d'indécision, lui seul ne flottait pas. Dur et borné (bouché, dit Saint-Simon), n'ayant ni scrupule, ni ménagement, ni convenance, il allait devant lui. On le vit au coup d'État d'août 1718, où il dit nettement qu'il serait contre le Régent si on ne lui donnait la dépouille du duc du Maine. On le vit en décembre quand il empoigna sa tante et la garda chez lui; de quoi elle eut si peur qu'à tout prix, en s'humiliant, elle se jeta dans les bonnes mains du Régent, et fut si aise alors qu'elle lui sauta au cou de joie. — On craignit d'autant plus ce borgne à l'œil sanglant, qu'avec les apoplexies du Régent, la vessie de Dubois, il était trop visible qu'il allait avoir le royaume.

Les Condé en 1600 avaient douze mille livres de rente, dix-huit cent mille en 1700. Ajoutez les grosses pensions stipulées en 1718. Profonde pauvreté. Mais, comme elle augmenta en 1719, lorsque Monsieur le Duc, en madame de Prie, épousa la famine, l'impitoyable abîme qui, pour son coup d'essai, avale en un mois vingt millions (Ms. Buvat, 1083).

Que fût-il arrivé si Law, tellement menacé des Anglais, se fût mis en travers du prince agioteur, s'il eût bravé le borgne et sa vipère? Je le laisse à penser. Certes, des hommes plus vaillants que lui auraient fort bien pu avoir peur, se sauver. Il resta pour son déshonneur. Sa femme et sa fortune, ses rêves utopiques le firent rester sous le couteau.

Voilà le spectacle de honte. Les malheureux rentiers, refoulés de la Banque, qui exige leurs reçus, sont en foule au Trésor pour avoir ces reçus. Ils y font la queue jour et nuit. Ils couchent, mangent dans la rue, pour ne pas perdre leur tour. Enfin celui qui l'a, à la longue, ce bienheureux reçu, aura-t-il l'action en échange? Il se précipite à la Banque, même foule. Il se trouve à la queue de la file immense qui suit toute la rue de Richelieu, et des derniers peut-être. Le public non rentier a eu, certes, le temps de passer devant lui, n'ayant à remplir nulle formalité préalable.

C'est l'odieuse vue qui nous frappe, ce qui se passe en pleine rue. Mais si l'on voyait les coulisses; si l'on voyait, la nuit ou le matin, ce misérable serf, Law, chapeau bas, donnant, offrant à ses tyrans les actions qui sont le pain et la vie du rentier, si l'on voyait la meute des vampires et harpies titrées, que ne peuvent éconduire les besoins les plus indécents; — si l'on voyait à l'aube, aux bougies pâlissantes des soupers du Régent, ses malpropres Circés sur lesquelles il roule ivre, le fouiller, le dévaliser, — cet ignoble pillage ferait bondir le cœur, on serait obligé de détourner la vue.

Le 22 septembre pourtant, Law eut horreur de ce qui se passait. Il fit décider par la *Compagnie* (et contre l'arrêt du Conseil) qu'on ne donnerait plus d'actions pour or ni pour billets, mais uniquement en échange des récépissés des rentiers; autrement dit, que les actions rentières, selon son plan, son but, seraient réservées aux créanciers de l'État.

Insistons sur ceci, Forbonnais l'a bien dit : « Il fut arrêté à *la Compagnie* » (non au Conseil). L'excellent historien du Système, M. Levasseur a vérifié aux Archives qu'il n'y eut nul arrêt du Conseil. Donc, la Compagnie seule a l'honneur de cette mesure.

Elle n'aurait jamais hasardé un tel acte contre les arrêts du Conseil sans l'aveu du premier des actionnaires, de son président, le Régent. Ce prince, qui libéralement comblait d'actions les membres du Conseil, Monsieur le Duc, le prince de Conti, etc., ne croyait pas leur nuire en fermant le bureau à la foule des agioteurs. Mais ce qu'il leur donnait de la main à la main n'était rien en comparaison des profits qu'ils faisaient par leurs prête-noms dans les hausses et les baisses, les secousses violentes, habilement calculées, de l'agiotage. Ainsi, les 17 et 18, en pleine hausse, par une manœuvre inattendue et meurtrière, on organisa pour deux jours une baisse subite; l'action qui était à onze cents livres, tomba à neuf cents. Même coup de Bourse au 14 décembre. A chaque fois, de cruels

naufrages, des désespoirs et des suicides (Ms. Buvat).
Voilà le profitable jeu qu'il fallait continuer.

Ajoutons que si les princes, se contentant de voler
seuls, avaient exclu les autres, rejeté dans la rue la
longue file des agioteurs, ils se seraient trop démasqués ; leur épouvantable fortune eût été trop au jour.
Il leur était plus sûr de ne pas gagner seuls, d'avoir
derrière eux pour réserve l'armée de la Bourse,
d'être appuyés du monde des banquiers, courtiers et
joueurs.

Leur chef, Monsieur le Duc, pesait sur le Conseil. Un
arrêt du Conseil, le 25 septembre, rouvre la vente des
actions, interrompue trois jours. Ces actions (le bien
des rentiers), on peut les vendre à tout venant pour
des billets de banque. Dans ce cas, les acheteurs payeront un droit de dix pour cent, que le rentier ne
payerait pas ; avec les bénéfices énormes qu'ils faisaient, cela ne les arrêtait guère.

Donc la vertu de Law avait duré trois jours. Le
rentier, désormais sacrifié à l'agioteur, fut refoulé
dans le désespoir ; tous passaient avant lui. Le Trésor
lui faisait sa liquidation lentement ; lentement on lui
délivrait le reçu nécessaire. Quand il avait passé deux
nuits, trois nuits à camper dans la rue, il était prêt à
jeter tout. Les besoins aussi se faisaient sentir, et
beaucoup ne pouvaient attendre. Là surviennent à
point les gens compatissants pour le conseiller ou
l'aider. Que ne vend-il ses titres ? Il se rend et vend
à vil prix.

C'en est fait. Et l'avenir même dès lors lui est

fermé. On aura beau émettre de nouvelles actions en faveur des rentiers, il n'est plus le rentier. On arrive en son lieu avec les titres qu'il a donnés pour rien. Les grands voleurs, princes, ducs et banquiers, se présentent hardiment comme créanciers de l'État. Va donc, va à la Seine! ou mourir sur la paille!

Successeur du rentier, bien armé d'actions, fort d'un gros portefeuille, le joueur peut se lancer à la Bourse. Les rois de la coulisse qui font les arrêts du Conseil, qui dominent la Compagnie, qui par les nouvelles d'Espagne ou de Londres, machinent tous les jours les variations de demain, enfin qui font le cours et jouent les yeux ouverts, — ces gens d'en haut doivent bien rire des prétendus hasards de la rue Quincampoix. Au fond, c'est l'amusement barbare du quinzième siècle, la farce des tournois d'aveugles dont on régalait Charles VI ou Philippe-le-Bon. On riait à mourir de voir ces vaillants imbéciles, fiers de leurs longs gourdins, n'y voyant goutte, d'autant plus furieux, se cherchant à tâtons, parfois frappant dans le vide, ou assommant la terre, parfois s'assénant d'affreux coups et se tuant à coups de bâton.

Les habiles de toutes provinces et de tout pays de l'Europe, sans compter nos Gascons, Dauphinois, Savoyards, avaient pris poste de bonne heure, avaient loué toutes les boutiques pour y tenir bureau. Le long de l'étroite rue (telle aujourd'hui qu'elle fut), se heurtait, se poussait par le ruisseau la foule des acheteurs, vendeurs, troqueurs, spéculateurs, dupes et fripons. Point de seigneurs, mais force gentilshommes, force robins, des moines, jusqu'à des docteurs de Sorbonne. Nulle pudeur, la fureur à nu ; injures, larmes, blasphèmes, rires violents. Ajoutez les imbroglios. Tel abbé, pour billets de banque donne des billets d'enterrement. Telles dames se jouent elles-mêmes, actions incarnées, et payent en *mères* et *filles*. Quand la cloche du soir ferme la rue, cette effrénée Babel s'engouffre bouillonnante aux cafés, aux traiteurs des ruelles voisines, aux joyeuses maisons où les espiègles demoiselles soulagent le gagnant de son portefeuille.

Sauf le joueur volé ou le blême rentier, Paris était fort gai. Trente mille étrangers qui étaient venus jouer, dépensaient, achetaient et ne marchandaient guère. Les spectacles ne manquaient pas. On épurait Paris en faveur du Mississipi. Les galants cavaliers de la maréchaussée enlevaient poliment les demoiselles, « de moyenne vertu », qui devaient peupler l'Amérique. Des vagabonds, en nombre égal, ramassés dans les rues ou tirés de Bicêtre, devaient partir en même temps. Tout cela exécuté avec une violence, une précipitation légère, des facéties cruelles.

Le Régent n'aimait pas les larmes, et ces scènes de désespoir eussent fait tort au mouvement des affaires. Il voulut que ces demoiselles, ces pauvres diables s'amusassent avant de quitter Paris. Elles furent mariées sommairement. A Saint-Martin-des-Champs, on mit les malheureuses en face de la bande des hommes. Parmi ces inconnus, mendiants ou voleurs, elles durent choisir en deux minutes, sous l'œil paternel de la police, se marier en deux temps, comme on fait l'exercice. Puis soûlés et lâchés dans la vaste abbaye. Dans cet état, les pauvres immolées, avec des rubans jaunes pour couronne de mariage, furent promenées, montrées, pour qu'on vît combien les partants étaient gais. Barbare exhibition. Elles riaient, pleuraient parmi les quolibets, chantaient pouille au passant, la mort au cœur, sentant ce qui les attendait.

Temps joyeux. Les morts mêmes n'étaient pas dispensés d'être de la partie. Au 20 septembre, lorsque, après une baisse de deux jours, reprit la hausse, trois joueurs la fêtèrent toute la nuit à se soûler. Il n'y avait pas moins qu'un parent du Régent, le jeune Horn (Aremberg). Le matin, plus qu'ivres, un peu fous, passant au cloître de Saint-Germain-l'Auxerrois, ils voient un corps exposé sous la garde d'un prêtre que le clergé va venir relever. Ils demandent quel est l'imbécile qui se laisse mourir à la hausse. — « Le procureur Nigon. » — « Attends, attends, Nigon ! Nous allons te tirer de là. Laisse ton corbeau, ta prison et viens boire avec nous. » Chandeliers, bénitier, bière, cadavre, tout est jeté sur le pavé. Le clergé arrivait. Le mort est porté dans l'église. On commence le *De profundis*. Mais au seuil de l'église, Horn chante un arrêt du Conseil. On va chercher la garde. Elle n'ose venir. Le lieutenant de police veut un ordre du Palais-Royal. On y court. La chose racontée au Régent lui parut trop plaisante. Il rit. Nos trois fous en furent quittes pour boire huit jours à la Bastille.

Le Régent, ivre chaque soir, ne veut pas l'être seul. Il supprime la taxe du vin. Law se fait adorer. Il rembourse, bon gré, mal gré, chasse les inspecteurs du pain, du porc, de la marée, du bois et du charbon, etc., qui levaient de gros droits. Vrai Parisien, l'auteur du précieux *Journal de la Régence* s'arrête ici, s'épanouit. Paris nage dans l'abondance des vivres, fait fête au cochon, au poisson.

C'est alors que je vois un des agents de Law, la Chaumont, la grande hôtesse de la Bourse, recevoir chez elle, près de Paris, tout le peuple des agioteurs. Prodigieux festins qui ne purent guère se faire que sous le ciel. « Pour un seul jour, un bœuf, deux veaux et six moutons. » (Ms. Buvat.)

Où est Law pendant ce temps-là ? En suivant ses démarches dans le *Journal de la Régence*, on le trouve partout où il est inutile. Il va, vient, il s'agite. Est-il devenu fou ? Est-il un mannequin qu'on drape à la royale pour s'en servir et s'en moquer ? Il semble qu'il détourne les yeux de la scène de honte, d'effronté filoutage. Il ne voit pas la Bourse, il ne voit pas la Banque. Distrait et ridicule, il semble l'Arlequin de ce grand carnaval.

Où est-il aux jours décisifs où le Système proclamé va s'appliquer, sera une réalité, ou une infâme illusion ? Il s'en va au Jardin des Plantes, à la Salpêtrière, et dit aux directeurs de ce grand hôpital : « Je vous donne un million : cédez, pour le Mississipi, quelques centaines de vos filles ; je me charge de les doter. » (Septembre.)

Chose grotesque. Les tout-puissants voleurs, princes, ducs, etc., l'obligent, de minute en minute, d'acheter des fiefs, des terres titrées, ridicules, inutiles à un homme de sa sorte, et cela à des prix insensés. Les millions lui coulent comme l'eau. Il est duc en Mercœur, il est duc en Mississipi, etc.

Et en même temps, il fait ici le prévôt des marchands, le lieutenant de police. Il a l'esprit aux vivres de Paris, ne songe à autre chose. Son cœur est à la viande, il ne dort pas de ce qu'elle est trop chère. Il convoque chez lui les bouchers, et les gronde. « La viande à quatre sous! dit-il, cela ne sera plus. Je me chargerai, moi, de la vendre à un autre prix! »

Voilà un homme étrange. Si on le pousse un peu, il va se faire boucher. Cela manque à ses titres. Que lui sert d'être partout en France comte, duc et que sais-je? un vrai marquis de Carabas? Pour honorer la Bourse, la réhabiliter et lui gagner le peuple, il faut qu'il soit roi de la halle.

Roi de tout, roi de rien, de vide et de risée.

CHAPITRE XIII

Law veut s'enfuir. On le fait contrôleur général.
(Novembre-décembre 1719.)

Quel était l'intérieur de Law? Si on le savait mieux, bien des choses obscures s'éclairciraient. Ce qu'on en sait, c'est que cet homme, jeune encore, tellement en vue et observé, fut en vain obsédé, poursuivi d'une foule de femmes, vives et jolies, terribles. Il ne vit rien. La belle réputation de galanterie qu'il avait apportée disparut tout à fait. On maudissait ce farouche Hippolyte qui semblait tout entier à la grande chasse des affaires.

En réalité le roman, la tragédie d'amour, cette beauté étrange qu'il avait enlevée, pesaient sur son foyer. Le temps n'y faisait rien. Elle le gouvernait comme un amant, comme un complice. J'ai dit combien elle tenait à la fortune. Elle avait sujet d'être satisfaite. Dans sa position équivoque (non mariée?) elle voyait les princesses et duchesses, bien plus, les vertueuses, lui faire une humble cour.

Son fils dansa avec le roi. Le nonce raffolait de sa fille, la caressait, jouait à la poupée.

Madame Law était dans l'empyrée. De si haut, elle apercevait à peine encore la terre, prenait en pitié les mortels, mais son mari surtout. Le brillant duelliste alors ne se ressemble guère. Aujourd'hui il est effaré. Au fort de son succès (novembre), il pose, inquiet et léger, comme un lièvre au sillon, qui flaire, écoute aux quatre vents. A peu ne tient qu'il ne s'envole.

Instinct miraculeux. Il entend la pensée, tout ce qu'on ne dit pas encore. Sous la terre, rien ne bouge, tout va bouger. Les rats ne sont jamais surpris sous le sol qui doit enfoncer. Vous verrez, en décembre, ces intelligents animaux, prudents *réaliseurs*, laisser tout doucement le Système, déserter le papier, chercher les solides maisons, les bons biens patrimoniaux.

D'autre part, Law attend un terrible assaut des Anglais. Leur guerre (dès qu'ils n'ont plus besoin de nous contre l'Espagne) va tourner contre le Système. Or le Système, qu'est-ce? un homme, on le sait, un homme mortel. Son attrait, trop puissant, intéresse à sa mort. Adoré comme César, il peut finir comme lui. Qu'il eût été béni de la banque étrangère, le hardi patriote qui se serait fait son Brutus! La baisse effroyable et subite qui eût eu lieu, l'énorme pression qu'auraient exercée des milliards de papier arrivant d'un seul coup au remboursement, aurait produit bien plus qu'une banqueroute. Cette Compagnie, qui maintenant levait l'impôt, était l'Administration même, elle eût emporté dans sa ruine le gouvernement, tout ordre public.

L'Angleterre serait restée seule, et, seule, eût fait la paix. Il lui était extrêmement avantageux et agréable, après avoir fait la guerre par la France, de briser celle-ci. Elle avait promis, avec la garantie du Régent, que si l'Espagne subissait la quadruple alliance, elle lui rendrait Gibraltar. Un tel coup frappé sur la France dispensait l'Angleterre de se souvenir de sa promesse.

Voilà ce qui pouvait tenter un violent patriote comme Stairs. Voilà ce qui très justement effrayait Law. Il le voyait armé, entouré de gens dévoués. Il le voyait réunir à sa table jusqu'à cinquante chevaliers de l'ordre anglais de Saint-André. Il eut un instant l'idée de partir, de s'en aller à Rome. Nous le savons par Lemontey, si instruit et qui eut en main des documents aujourd'hui dispersés ou peu accessibles. Rien de plus vraisemblable. Je crois fort aisément qu'il voulait fuir non seulement Stairs et ses ennemis, mais surtout ses amis, ses violents protecteurs, la grande armée des joueurs à la hausse qui le précipitait. Il sentait dans le dos la pression épouvantable, aveugle d'une foule énorme, d'une longue colonne qui poussait furieusement. Les historiens économistes expliquent tout par son entraînement systématique, l'exagération de ses théories. Mais comment ne pas voir aussi cette poussée terrible qui le force d'aller en avant? Que trouvera-t-il au bout? un mur? un poignard? un abîme? Sans voir encore, il sent que cela ne peut bien finir. Donc, à gauche, à droite, il regarde s'il ne peut pas se jeter de côté. Laisser tout, grandeur et fortune, sacrifier son bien, reprendre, libre et pauvre, son métier de joueur à Rome ou à Venise, c'était sa meilleure chance, le plus beau coup qu'il eût joué jamais.

Il aurait fallu pour cela partir seul un matin, n'en donner le moindre soupçon à sa famille même, à sa femme. Elle était la plus forte chaîne qui le rivât ici. Hautaine, ambitieuse, comme elle était, comment dut-elle le traiter, s'il osa parler de départ! Quoi! tout abandonner, se faire d'impératrice mendiante! avoir quitté honneur, devoir, patrie, puis maintenant quitter la France même qui était dans leurs mains, une si prodigieuse fortune, pour aller vivre de hasard dans quelque grenier de Venise!...

Law, toujours jeune d'esprit, pensait bien et pensa toujours que quelque souverain, le czar ou l'empereur, serait trop heureux de l'employer. Mais c'est là que madame Law avait beau jeu pour lui faire honte, s'il rêvait ces châteaux de cartes en désertant ici l'édifice admirable qu'il avait déjà élevé. Il est certain, et il faut l'avouer, qu'il avait obtenu de grands résultats, et allait en obtenir d'autres. Son beau projet d'égalité d'impôt, même après la mort de Renaut, n'était nullement abandonné. Celui d'obliger le clergé à vendre une partie de ses biens ne pouvait que plaire au Régent. Sa Compagnie des Indes montrait une activité inouïe. En mars 1719 elle n'avait que seize vaisseaux, et elle en eut trente en décembre; elle en acheta douze en mars 1720. En juin, son bilan révéla qu'elle possédait ou avait en construction (vrai prodige!) trois cents navires. Elle fondait à la fois, ici le port de Lorient, là-bas la Nouvelle-Orléans. Quelle gloire pour le Système! et comment laisser tout cela? Law, quoi qu'il arrivât, pouvait se consoler, se donner l'épitaphe de ce roi d'Orient : « Qu'importe de mourir!... En un « jour j'ai bâti deux villes. »

Mais le plus beau, dont on parlait le moins, et ce qui plus que tout le reste devait le retenir ici, c'était la France transformée, transfigurée, en quelque sorte. Il avait, à partir d'octobre, réalisé d'un coup les vues de Boisguillebert, devancé Turgot, Necker. Les vieilles barrières des douanes intérieures entre les provinces tombèrent par enchantement, les cent tyrannies ridicules qui tenaient le royaume à l'état de démembrement permanent. La libre circulation du blé, des denrées commença. On ne vit plus le grain pourrir captif dans telle province, tandis qu'il y avait famine dans la province d'à côté. Les hommes aussi librement circulèrent. Le travailleur put travailler partout, sans se soucier des entraves municipales. Un *maître* menuisier de Paris fut *maître* aussi, s'il le voulait, à Lyon. Ainsi le pauvre corps de la France étouffée eut pour la première fois les deux choses sans lesquelles il n'y a point de vie : *circulation, respiration*. On le vit sur-le-champ. Il fallut ouvrir de tous côtés des routes immenses. Admirable spectacle! Comment l'auteur de tout cela eût-il pu le quitter, fuir sa création commencée, par faiblesse et lâcheté! C'eût été le dernier des hommes, le plus méprisé des siens mêmes. Sa femme, j'en réponds, l'accabla.

Et non moins accablé fut-il d'offres et de caresses, de prières, au Palais-Royal. Au premier mot de retraite qu'il hasarda, le prince tomba à la renverse d'étonnement, d'effroi. Quel cataclysme eût fait ce foudroyant départ! On lui dit que non seulement il resterait, mais qu'il aurait la place de Colbert, serait contrôleur général, qu'on ferait tout ce qu'il voudrait. Pour Stairs et ses menaces, on rit. Quoi de plus simple que de le faire gronder par Stanhope, même destituer, remplacer? De Londres on en eut l'espérance.

Les finances, c'était le premier ministère, en ce moment la royauté. Seulement, pour que le nouveau roi entrât en possession, il fallait une petite chose; il fallait que, comme Henri IV, il crût que la France « valait bien une messe, qu'il fît le saut périlleux ». Cela ne pesait guère, selon le Régent et Dubois. Et cela pesa peu pour Law, fort peu Anglais, et bien plus Italien, qui n'aimait que Venise et Rome, qui avait pour amis le Prétendant, le Nonce, pour courtisan, convertisseur, Tencin. Madame Law aussi était sensible aux avances de ces prêtres, à leur facilité pour régulariser sa position.

Tencin n'eut pas grand mal. Law alla avec lui promener à Melun, et fut sur-le-champ converti. De retour, le jour même, il communia lestement à Saint-Roch, le soir donna un bal. L'apôtre en eut deux cent mille francs, et, ce qui valut mieux, fut chargé par Dubois de faire valoir à Rome le service si grand qu'il venait de rendre à l'Église.

En même temps, par tous les moyens, dons, pensions, achats, etc., Law s'assure des protecteurs. C'est comme une sorte de ligue, de confédération, qui se fait entre les seigneurs pour lui, pour le Système. Le grand distributeur est le Régent, *la machine à donner*, « le grand robinet des finances », ouvert, et qui laisse aller tout. Le Palais-Royal en attrape (La Fare, la Parabère), mais autant, mais bien plus les ennemis du Régent (La Feuillade un million, Dangeau demi-million), puis des seigneurs quelconques. Châteauthiers, Rochefort, La Châtre, Tresmes, ont à peu près cinq cent mille francs chacun ; d'autres plus, d'autres moins. Qui refuse est mal vu. Noailles, le ministre économe, est le chien qui défend le dîner de son maître, mais finit par y mordre. Saint-Simon est persécuté ; on tâche de lui faire comprendre qu'il est indécent qu'il refuse. Enfin il se rappelle je ne sais quel argent que doit le roi à sa famille ; il se résigne et palpe aussi.

Mais le général du Système, le roi du grand tripot, souverain protecteur de Law, c'est Monsieur le Duc. Flanqué des Conti, du Conseil, de la Banque, de la Compagnie, d'un monde de seigneurs, d'intéressés de toute sorte, — en outre, énormément compté comme héritier certain (prochain) de ce Régent bouffi qui peut passer demain, il entraîne visiblement tout.

Du reste, il n'est qu'un masque. En regardant derrière son inepte brutalité, on voit ses vrais moteurs, deux femmes infiniment malignes, sa mère et sa maîtresse, la rieuse et l'atroce, madame la Duchesse et madame de Prie. La première, toute Montespan, toute satire et toute ironie, jolie sur un corps indirect, eut l'esprit méchant des bossus. Née singe, sur le tard « elle épousa un singe » (M. de Lassay). Elle excellait à rire, à nuire; intarissable en bouts rimés mordants, polissons et malpropres (Voy. *Recueil* Maurepas). Madame de Prie tenait plutôt du chat, de sa férocité exquise. Sa mère fut la souris. Dès qu'elle fut en force et puissante par Monsieur le Duc, elle la prit dans ses griffes; commença à persécuter ceux qui l'avaient aimée et soutenue (décembre).

Dans leurs vengeances, leurs plaisirs et leurs gains, cette trinité de l'agio, Monsieur le Duc et les deux femmes, jouissaient avec insolence. Monsieur le Duc paya madame de Prie à son mari douze mille livres de pension, et pour bouquet de sa double victoire, d'amour, de bourse, il s'acheta un Saint-Esprit de diamants de cent mille écus (septembre). Du gain de la rue Quincampoix, madame la Duchesse se bâtit sur le quai, au lieu le plus apparent, le délicieux petit palais Bourbon, où son vieil épicuréisme inventa, réunit les recherches voluptueuses, les sensuelles aisances auxquelles ni l'Italie ni la France n'avaient pas songé.

Jouir n'est rien sans outrager. On voulut braver le public, insulter la rue Quincampoix. Lassay, le singe-époux de madame la Duchesse, « pour donner la comédie aux dames », les mena, et Law avec elles.

Ils l'associèrent, bon gré mal gré, à une farce irritante, qui pouvait le rendre odieux. Ils lui firent jeter d'un balcon, sur la foule, de vieilles monnaies anglaises du roi Guillaume, qu'on ne trouvait plus à changer. On se les disputa, on se rua, on se pocha. Et, sur cette mêlée, un autre balcon, chargé de seaux d'eau, lança un froid déluge (cruel au 25 novembre).

Tout allait entraîné dans la férocité rieuse d'un gouvernement de joueurs. Le parti de la hausse, l'ascendant de Monsieur le Duc emportait tout. Pour empêcher la baisse que l'affaire de Bretagne aurait pu amener, on fait de la vigueur, on envoie six bourreaux à Nantes. On y dresse l'échafaud. Pour pousser à la hausse, pour faire croire que l'on colonise, faire monter le *Mississipi*, on fait à grand bruit sur les places l'enlèvement de ceux qui vont peupler *les Iles*. Pourquoi à Paris plus qu'ailleurs? Pour que les étrangers, les trente mille joueurs, spéculateurs, qui de toute l'Europe sont venus ici, voient bien de leurs yeux que l'affaire n'est pas chimérique.

Law, on l'a vu, offrait des dots, des primes aux émigrants. Il donnait trois cents arpents à chaque ménage. S'il eût duré, sa colonie heureuse se serait recrutée par l'émigration volontaire. Mais tout était précipité barbarement pour la montre et la mise en scène, l'effet nécessaire à la Bourse.

Un tableau de Watteau, fort joli, très cruel, donne une idée de cela. Quelque enrichi sans doute, un des heureux du jour, qui trouvait ces choses plaisantes, le commanda, et l'artiste malade, âpre et sec, y a mis un poignant aiguillon. On y voit comme la police prenait au hasard ses victimes. Un argousin, avec des mines et des risées d'atroce galanterie, est en face d'une petite fille. Ce n'est pas une fille publique, c'est une enfant, ou une de ces faibles créatures qui, ayant déjà trop souffert, seront toujours enfants. Elle est bien incapable du terrible voyage ; on sent qu'elle en mourra. Elle recule avec effroi, mais sans cri, sans révolte, et dit qu'on se méprend, supplie. Son doux regard perce le cœur. Sa mère, ou quasi mère plutôt (la pauvrette doit être orpheline) est derrière elle qui pleure à chaudes larmes. Non sans cause. Le seul transport de Paris à la mer était si dur que plusieurs tombaient dans le désespoir. On vit à La Rochelle une bande de filles, trop maltraitées, se soulever. N'ayant que leurs dents et leurs ongles, elles attaquèrent les hommes armés. Elles voulaient qu'on les tuât. Les barbares tirèrent à travers, en blessèrent un grand nombre, en tuèrent six à coups de fusil !

Il est instructif de placer auprès du tableau de Watteau un autre, non moins désolant : c'est le portrait de Law, contrôleur général. Grande gravure, solennelle et lugubre. Que de siècles semblent écoulés depuis le délicieux petit portrait de 1718, si féminin, suave d'amour et d'espérance. Mais celui-ci est tel qu'il ferait croire que, de toutes les victimes du Système, la plus triste, c'est son auteur. Il est plus que défait, il est sinistrement contracté, raccourci ; il semble que cette tête, sous une trop dure pression, à coups de maillet, de massue, ait eu le crâne renfoncé, aplati.

Au moment même où sa nomination le mit si haut, au trône de Colbert! il sentait que la terre lui fuyait sous les pieds. Ses amis, ses fidèles, les vaillants de la hausse, sous une fière affiche d'audace et d'assurance, sourdement en dessous se soulageaient des actions, — non pour l'or, ils n'auraient pas osé, — mais pour des *fantaisies* qu'ils avaient tout à coup, une terre, un hôtel, des bijoux pour madame, un diamant pour une maîtresse.

Il le voyait, ne pouvait l'empêcher, était plein de soucis. Mais, ce qui était plus atroce, c'est que, plus ces traîtres dans leur désertion occulte risquaient de faire la baisse, plus ils insistaient pour la hausse. Ils glorifiaient le papier pour le céder avec plus d'avantage. Tout systématique qu'il fût, Law n'était pas un sot; il sentait à coup sûr cette chose simple et élémentaire que, s'il était de son intérêt de soutenir le cours, il ne faisait, en surhaussant une hausse déjà insensée, qu'augmenter son danger et la profondeur de sa chute. Mais il allait cruellement poussé, comme un tremblant équilibriste qu'on hisse au mât, le poignard dans les reins ; qu'il veuille ou non, il faut qu'il monte, qu'il gravisse éperdu le dernier échelon.

Ses maîtres, les haussiers, qui avaient déjà réalisé des sommes énormes, Bourbon, Conti, etc., donnèrent cet indigne spectacle au 30 décembre. Ils vinrent, le Régent en tête, distribuer le dividende à l'assemblée des actionnaires. Dans ce troupeau crédule, où déjà nombre d'esprits forts risquaient de se produire, on imposa la foi par l'audace, à force d'audace, par l'excès de l'absurdité. Law se déshonora. Le saltimbanque infortuné alla jusqu'à crier : « Je n'ai promis que douze... Je donnerai quarante pour cent ! »

CHAPITRE XIV

La baisse. — L'abolition de l'or. (Janvier-mars 1720.)

Quand Law, nommé contrôleur général, se présenta aux Tuileries, on lui ferma la grille. Sa voiture n'entra pas. Insulte calculée. Ce même jour, le Parlement avait ému et enhardi le peuple par une remontrance sur la cherté des vivres. On espérait que Law, obligé de descendre en pleine foule, serait hué, sifflé (16 janvier 1720).

Même au Palais-Royal et à la table du Régent, en février on l'insulta en face. — Un des roués, Broglio, lui jeta une sinistre plaisanterie : « Monseigneur, dit-il au Régent, vous savez que je suis un bon physionomiste. Eh bien, d'après les règles, je vois que M. Law sera pendu dans six mois... » — Le Régent rit, douta. « Et par ordre de Votre Altesse. »

Celui qui si bravement insultait Law, ne risquait pas grand'chose. Il savait bien qu'il plaisait à Dubois.

Dubois avait un peu flotté, avait été un peu écarté

de sa route par les séductions du Système, les pommes d'or de ce jardin des Hespérides. Mais le volage revenait à son premier amour, l'Église, qui seule pouvait l'établir, selon les vues de toute sa vie. Sa chimère, son roman, couvé soixante années, l'échelle de Jacob qu'il montait dans ses rêves, c'était en trois degrés d'avoir quelque grand siége, puis le chapeau, puis... la tiare peut-être! Qu'un coquin, comme lui, qui n'était ni diacre ni prêtre, n'avait que la tonsure, allât si haut, dans le peu qu'il avait à vivre, ce miracle ne pouvait se faire que par une basse servitude et au clergé, et au roi Georges. C'était surtout dans le prince hérétique qu'il espérait pour gagner Rome, attraper le cardinalat.

Or, en janvier 1720, le clergé, l'Angleterre, étaient également contre Law. Dubois devait l'abandonner.

Malgré l'argent que Law envoya à Rome pour le Prétendant, malgré les caresses du Nonce, en décembre, en janvier, l'on commence à sonner le tocsin contre lui. On prêche contre le Système. Des évêques assemblés condamnent la Banque. Cela se comprend à merveille, quand on voit Law, le nouveau converti, pour son entrée au ministère, occuper le Conseil d'une vente de biens du clergé. Il allait toucher l'Arche sainte. Comment Dubois eût-il osé le soutenir, lui qui précisément alors se faisait prêtre, archevêque de Cambrai? Il avait besoin des évêques pour lui donner les ordres et le sacrer. En un jour, ils le firent sous-diacre, diacre, prêtre. Il fut sacré par Massillon.

Les Anglais désiraient, espéraient la chute de Law. Leur premier ministre Stanhope avait adopté en décembre le plan de Blount, imitateur et concurrent de Law. Blount voulait faire rembourser la Dette anglaise en actions du Sud. Chose improbable : la Compagnie du Sud, fort languissante, avait traîné depuis 1711, devait traîner encore si la nôtre se soutenait. Donc, il fallait qu'elle pérît. Cela allait au politique Stanhope, inquiet de notre marine. Cela allait aux maîtresses allemandes de Georges, à qui l'affaire devait valoir un demi-million. L'héritier présomptif était aussi pour Blount, voulant entrer dans la spéculation.

Stanhope, loin de laisser soupçonner ses projets, se montra favorable à Law, blâma la violence de Stairs contre lui, promit même de le remplacer (18 décembre). De sa personne, il passa le détroit, vint s'arranger avec Dubois pour les affaires d'Espagne, et autre chose aussi sans doute. En mars, le plan de Blount devait être présenté aux Chambres, et son affaire lancée. En mars (on pouvait l'espérer), au jour fatal du dividende, Law, incapable de tenir ses imprudentes promesses, allait être précipité. Sa terrible culbute, un coup d'énorme baisse, faisant fuir tous les capitaux, les renverrait à Londres et ferait la hausse de Blount.

Le premier point était de décréditer le Mississipi, de détruire ce vaste mirage qui avait fait monter si haut les actions. On annonce à Londres à grand bruit que de vives représentations vont être faites aux

Chambres sur ces établissements français « qui empiètent sur les Carolines ». Ici, Dubois écrit et dit qu'on a tort d'attendre des denrées tropicales de la Louisiane, que ce grand pays inondé ne sera jamais qu'une espèce de Hollande, tout au plus bonne à nourrir des bestiaux.

Ce n'étaient point des attaques personnelles, mais d'autant plus efficacement de pareilles confidences minaient le crédit. On savait bien aussi que Law, tout en promettant de ne pas augmenter le nombre des billets de banque, ne pouvait faire face aux besoins qu'en en fabriquant de nouveaux (de février en mai, près de quatorze cents millions!). Dès le 28 janvier, il leur donna un cours forcé, obligea de les recevoir comme monnaie. En même temps, la monnaie métallique était persécutée et par les variations qu'on lui faisait subir, et par le rappel qu'on fit des anciennes monnaies décriées. On en fit des recherches, des poursuites, des confiscations chez les particuliers et dans les couvents même.

Un état si violent ne pouvait durer guère. Peu avant le payement du dividende de mars, on dut prendre un parti. Il s'en présentait deux : on pouvait sauver l'une ou l'autre des deux institutions, ou la Compagnie ou la Banque, soutenir ou l'action ou le billet. « Mais (on l'a très bien dit), la plupart des possesseurs d'actions étaient des gens qui avaient librement spéculé. Les porteurs de billets, au contraire, les avaient reçus forcément, en vertu des édits, comme monnaie obligatoire, sans chance de fortune; leur droit était sacré. Donc on devait plutôt laisser tomber l'action, non le billet, sauver la Banque plutôt que la Compagnie. » — Seulement, en sacrifiant celle-ci, on fermait l'espérance, on sacrifiait la colonisation et le commerce renaissant.

Le 22 février, on associa, on fondit les deux établissements. La Banque devint caissière de la Compagnie, et celle-ci *caution de la Banque*. Ce fut le plus fragile, le plus ruineux des deux établissements qui prétendit soutenir l'autre.

En Angleterre, la Banque, vieille, puissante corporation et fort indépendante, ne voulut nullement s'associer aux périlleuses destinées de la Compagnie du Sud. Celle-ci même ne le désira pas, sentant que la pesante sagesse de la Banque alourdirait ses ailes dans le vol hardi qu'elle méditait. Ces deux puissances financières restèrent donc séparées, et la ruine de la Compagnie n'entraîna pas la Banque.

Ici, la Compagnie des Indes, ayant l'honneur d'avoir des princes pour gouverneurs et hauts actionnaires, sans difficulté associa à son péril la Banque plus solide. Leurs destinées, leurs fonds se mêlèrent fraternellement. Mesure agréable aux voleurs.

Pour décorer ce mariage par un grand air d'austérité, il est dit *qu'on ne fera plus de billets*, sinon avec beaucoup de formes, sur proposition de la Compagnie, et par arrêt du Conseil. Il est dit que le roi renonce à ce qu'il a d'actions (il arrête le cours de ses largesses illimitées), *qu'il ne tirera rien de la caisse* qu'en proportion des fonds qu'il y dépose, comme tout autre actionnaire.

Une chose frappe : à la grande assemblée des actionnaires où tout cela passa, et où le Régent, les banquiers, courtiers, agents de change et tout le peuple financier siégea, vota, signa, les deux princes qui devaient le plus profiter de l'arrangement, Bourbon, Conti, ne parurent pas (22 février).

On poussait âprement la persécution de l'argent. Tout ce qu'on essayait d'exporter était confisqué. On pinça ainsi Duverney, qui tâchait de sauver sept millions en Lorraine. On pinça un Anglais, dit-on, pour vingt-quatre millions. Le 27 février, défense d'avoir chez soi plus de cinq cents livres. Rigoureuses saisies. Nulle sûreté. Le dénonciateur avait moitié de la confiscation. Un fils trahit son père. Nombre de gens timides aiment mieux sortir d'inquiétudes, et viennent docilement changer leurs espèces en billets. L'or, l'argent, ces maudits, sont serrés de si près, qu'ils ne savent plus où se cacher ; ils n'ont d'abri sûr que dans les caves de la Banque.

Mais l'arrêt du 22 qui l'unit à la Compagnie en a donné la clef à celle-ci, et lui ouvre l'encaisse. Avant la fin du mois, son gros actionnaire, Conti, arrive avec trois fourgons dans la cour. Il veut réaliser en espèces ses actions. Effroyable imprudence ! de venir enlever l'or que ses légitimes possesseurs apportent avec tant de regret et pour obéir à la loi ! Vouloir que Law, publiquement, viole cette loi qu'il a faite hier !... Rien n'y servit. Il fallut le payer, remplir ses trois voitures. En plein jour, au milieu de la foule ébahie, il emporte quatorze millions.

Le Régent en fut indigné, mais beaucoup plus Monsieur le Duc, qui regrettait de n'en pas faire autant. Le 2 mars, il prend son parti, et lui aussi fond sur la Banque. Lui, protecteur de Law, il vient le sécher, le tarir, rafler tout et faire place nette. Lui qui a pu réaliser huit millions en septembre, vingt millions, dit-on, en octobre, il présente à la caisse, le bourreau, pour vingt-cinq millions de papier qu'on doit, sur l'heure changer en or. Coup féroce du chef de la hausse, qui vient outrageusement donner le signal de la baisse. Law se voila la tête. Le Régent se fâcha. On fit même semblant de rechercher cet or et de courir après. Il cheminait paisible sur la route du Nord, tendrement attendu de la reine de Chantilly.

Law, indomptablement, répondit à ce coup par un autre, désespéré, le plus audacieux du Système. Il alla jusqu'au bout, atteignant les voleurs et détruisant leur vol. *Il abolit l'or et l'argent*, leur ôta cours et défendit qu'on s'en servît

« Les louis d'or en mars vaudront encore quarante-deux livres, trente-six en avril. Et en mai? pas un sou. — L'argent a un répit. Il vivra un peu plus que l'or, jusqu'en décembre, sera enterré en janvier. »

Mesure étrange, hardie, mais d'exécution difficile, qu'on ne pouvait maintenir. Mais, quoi qu'il en pût être de l'avenir, elle eut pour le moment un effet violent pour les *réaliseurs*, les rendit furieux. Leur or ne pouvait ni sortir de France (on l'avait vu par Duverney), ni s'employer aisément en achats, sinon avec grande perte; on hésitait à recevoir ces métaux dangereux qui bientôt ne serviraient plus. Les riches du Système, gorgés par lui, en devinrent les plus cruels ennemis, ardents apôtres de la baisse, outrageux insulteurs de Law et du papier. Dans leurs orgies, ne pouvant brûler l'homme, ils brûlaient des billets, pour bien convaincre le public que ce n'étaient que des chiffons.

Leur espoir le plus doux, c'était que le Parlement, qui, dès août 1718, eût voulu déjà pendre Law, effectuerait enfin ce vœu, prendrait son temps et, par un jour d'émeute, ferait brusquement son procès. Ces magistrats haïssaient Law, et pour le mal et pour le bien. Il était le monde nouveau qui les sortait de toutes leurs idées. Aux plus dévots d'entre eux, il semblait l'Antéchrist. Tous trouvaient fort mauvais que le grand novateur touchât à la vénalité des charges, qu'il parlât de supprimer cette justice patrimoniale, où le droit souverain de vie, de mort, la robe rouge, passait par héritage, échange, achat, legs, dot. Petit fonds, de fort revenu pour qui savait, de certaine manière, le rendre fructueux.

L'austérité de quelques-uns n'empêchait pas le corps d'être détestable, d'orgueil borné et d'inepte routine, bas pour les grands, cruel aux petits, très obstiné pour la torture, pour toute vieille barbarie. Le fisc, le règne de l'argent à son début sous Henri IV, avait consacré ce bel ordre. Ici l'homme d'argent,

Law, eût voulu le supprimer. De là duel à mort, où l'on croyait que Law serait fortement appuyé par l'ennemi personnel du Parlement, Monsieur le Duc, qui avait tant aidé à le briser en 1718. En mars 1720, Monsieur le Duc, Conti, ont sur cela changé d'opinion. L'abolition de l'or les blesse trop. Ils se vengent de Law en défendant le Parlement (Ms. Buvat, t. XI, 221). S'étant garni les mains, ils s'en détachent, flattent le public à ses dépens. On se dit que cet homme, abandonné des princes, ne peut durer, qu'actions et billets, tout cela va tomber. Ce qui fait justement que d'autant plus ils tombent. La baisse se précipite.

C'est le moment où Blount, à Londres, a présenté son plan aux Chambres. Heureuse chance pour lui. Il leur montre Paris en baisse, la ruine imminente de Law. L'enthousiasme des Communes, l'approbation des Lords accueillent le bill présenté, qu'on votera le 3 avril. Déjà on prépare tout dans l'*Alley-Change* C'est son tour. La fortune riante lui montre le visage, le dos à la rue Quincampoix.

Souvent, aux funérailles antiques, on décorait les morts de couronnes de fleurs. C'est ce que le Régent fait pour Law. Il lui donne le titre de Surintendant des finances que n'a pas eu Colbert. Titre funèbre; c'est celui de Fouquet.

La rue Quincampoix, de plus en plus tragique, ne montrait plus que des visages pâles. Plus d'un désespéré, sous le coup du matin, rêvait le suicide du soir. La Seine ne roulait que noyés.

Mais tous ne se résignaient pas. Les gens de qualité cherchaient des querelles d'Allemand aux joueurs plus heureux, et faisaient appel à l'épée. On était averti qu'ils avaient formé un complot pour faire d'ensemble une grande charge sur la foule, enlever tous les portefeuilles. On décida la fermeture prochaine de la rue Quincampoix, désormais d'ailleurs odieuse, n'étant plus que le champ des spéculations de la baisse.

A l'avant-dernier jour, le jeune Horn (si emporté, qu'on a vu faire la guerre aux morts), ayant eu connaissance sans doute de cet arrêt de fermeture qui allait être publié, veut jouer de son reste, refaire de l'argent à tout prix. Avec deux scélérats, il raccroche un agioteur, l'attire au cabaret avec son portefeuille et le poignarde. Arrêté, il sourit. Il prétend qu'on l'a attiré, attaqué, qu'il s'est défendu. Il croyait fermement qu'on ne pousserait pas la chose; que, parent de Madame et par conséquent du Régent, il n'avait rien à craindre. En effet, le lieutenant criminel alla prendre l'ordre du Régent. Déjà il était entouré des plus vives supplications des seigneurs, des princes étrangers. Mais il y avait grand danger à faiblir. Vingt ou trente mille étrangers étaient ici, beaucoup ruinés, désespérés et prêts à tout, beaucoup suspects et mal connus, rôdeurs sinistres qui viennent toujours flairer autour des grandes foules. Nombre de crimes se faisaient avec une exécrable audace. Et cette police, si terrible pour les enlèvements, n'empêchait nul assassinat. Le matin, on trouvait aux bornes des bras et des jambes, étalés sans cérémonie. En une fois, vingt-sept corps d'assassinés (hommes, femmes, pêle-mêle) se pêchent aux filets de Saint-Cloud. Hors de Paris, de même. Quatre officiers, braves, armés jusqu'aux dents, sont, dans la forêt d'Orléans, attaqués, entourés, et, après combat, définitivement massacrés. La nuit même qui suivit le jugement de Horn, on trouva, près du Temple, un carrosse versé, sans chevaux, et dedans une pauvre dame qu'on avait à loisir coupée, détaillée en morceaux.

Le Régent était si peu rassuré, qu'en février déjà il avait augmenté de cinquante hommes chaque compagnie du régiment des gardes. Il fut sévère pour Horn, plus qu'on ne l'eût pensé. On eut beau lui représenter que le coupable lui tenait à lui-même, tenait à l'Empereur, à je ne sais combien de princes d'Empire, qu'on devait épargner cette tache à tant d'illustres familles, à toute la noblesse européenne, qui en souffrirait tellement dans son honneur et dans ses privilèges. On donna de l'argent, on pria, on menaça presque. On eût voulu du moins obtenir la décapitation secrète dans une cour de la Bastille, l'échafaud de Biron. Le Régent, tellement pressé, trouva un mot, qui reste : « C'est le crime qui fait la honte, non l'échafaud. » Puis il se sauva à Saint-Cloud.

Horn, pris le 22 mars, fut, le 26, exécuté, rompu, et en pleine Grève, à la stupéfaction de tous. Grave, très grave événement qu'on n'eût jamais vu sous

Louis XIV. Remarquable victoire de la moralité moderne, de la loi inflexible contre le privilège et l'injustice antique, contre les élus impeccables, « prolongement de la divinité ». Tous responsables et jugés par leurs faits. Pour tous, l'égalité du glaive.

CHAPITRE XV

Law écrasé. — Victoire de Blount à Londres. (Mai 1720.)

Duverney exilé, Argenson aplati (se maintenant à peine au ministère), pouvaient espérer en Dubois, désormais opposé à Law.

Dubois avait cela d'original, d'être le meilleur Anglais de l'Angleterre, et le meilleur Romain de Rome. Le 3 avril, dans un repas immense, il triompha et fêta sa victoire, son archevêché de Cambrai, sa guerre d'Espagne, l'acceptation de l'*Unigenitus* par nos évêques opposants. Ce 3 avril, c'est le jour même où le plan de Blount devient loi, le jour d'où la hausse de Londres va précipiter notre baisse. C'est la veille de l'exécution de Nantes, où l'on coupe le cou aux insurgés bretons (4 avril 1720).

Il faut avouer que Dubois avait bien préparé son succès ecclésiastique. D'abord il avait su ignorer, ne rien voir du renouvellement de la persécution des protestants dans le Midi. Les curés reprirent dans toute sa force leur atroce police des nouveaux convertis. Certains revinrent aux dragonnades. Près de Mende, un curé, Mignot *dragonna* une fille obstinée dans sa foi. Il appela des soldats à son aide, leur fit couper des branches d'aune pliante, cruels fouets de bois vert dont ces braves travaillèrent si bien qu'elle en mourut huit jours après.

Qui songeait à ces bagatelles dans l'entraînement du Système, au milieu de tant d'aventures? Dubois employa admirablement pour sa grandeur, pour Rome, l'absence de l'âme de la France, l'affaissement, l'ivresse effarée du Régent. Celui-ci est le valet de Dubois. Le 13 mars, il a fait venir en son Palais-Royal le faible archevêque de Paris. Là, Dubois avait réuni cinq cardinaux, six archevêques, trente évêques. Noailles, vaincu, signe enfin sa soumission, tant attendue de Rome. En échange, Dubois eut à l'instant les bulles de l'archevêché de Cambrai.

Seulement le nouveau prélat, ne sachant un mot de la messe, eut assez de peine à s'y faire. Il s'exerçait. Il en faisait, au Palais-Royal, de bouffonnes répétitions, où son étourderie, ses *lapsus*, ses fureurs, ses jurons parmi les prières, amusaient le Régent. L'assistance riait à mourir.

Avec un tel apôtre, Rome triomphe. On fait promettre à Law de donner des missionnaires, des Jésuites à sa colonie. On le mène à Saint-Roch communier et faire ses pâques. Il croyait répondre par là aux bruits semés dans le sot peuple qu'il restait huguenot, qu'il était un esprit fort, ne croyait pas en Dieu, etc.

Ses ennemis, par différents moyens, jouaient un jeu à le faire mettre en pièces. D'une part, le Parlement, aux jours de cherté où bouillonnaient les halles, semblait le désigner comme affameur du peuple, disant qu'il avait fait plus de mal en six mois que toute la guerre en vingt années. D'autre part, la police continuait, aggravait les enlèvements, malgré Law, contre son avis et son opposition formelle. D'Argenson, qui semblait avoir quitté la police, la gardait réellement et la faisait agir.

Law n'avait jamais compté que les paresseux flâneurs de Paris seraient de bons cultivateurs. A la Salpêtrière, il ne demanda que des filles, et en répondant de les doter. Sa compagnie, en mars, engagea, envoya (avec outils, vivres, dépenses de la première année) d'excellents émigrants, des Suisses, des Allemands laborieux. Elle acheta même des nègres, ouvriers supérieurs pour ce climat (mai); mais elle refusa nos vagabonds (Ms. Buvat, II, 245). Or, juste à ce moment, la police s'obstine à ignorer cela. Elle crée des enleveurs patentés, en costume éclatant (*bandouillers du Mississipi*). Pour faire plus de scandale, outre leur paye, ils ont dix francs de prime pour chaque enlevé. Cela les anime si bien qu'ils capturent au hasard cinq mille personnes! des servantes qui viennent s'engager à Paris, des petites filles de dix ans, des gens établis, de notables bourgeois. Ils en font tant que, dans certains quartiers, on assomme ces bandouillers. Cependant une commission du Parlement court les prisons, délivre les pauvres enlevés, s'apitoie sur leur sort, déplore la tyrannie de Law.

Persécution étrange ! il a beau refuser. Tout le long de mai, jusqu'en juin on enlève pour lui, pour lui on fait passer aux ports, on embarque des troupeaux humains !

Quel poids que la haine d'un peuple ! Law ne pouvait la supporter. Il voulait à tout prix refaire sa popularité. L'horreur de sa situation n'avait fait qu'exalter ses puissances inventives. Battu sur tant de points, il s'élance dans un nouveau rêve, — celui-ci vraiment analogue à ceux de nos socialistes. La Compagnie sera le grand industriel de France, fabriquera, vendra elle-même. Supprimant les nombreux intermédiaires oisifs et parasites qui tous gagnent sur le travailleur, elle livrera directement la marchandise à très bas prix. Déjà il avait fait un premier essai à Versailles dans sa belle colonie de neuf cents horlogers appelés d'Angleterre. Il en fit un nouveau dans son château de Tancarville pour la fabrique des étoffes et la confection des habits. Il avait fait venir de Flandre un habile homme, Van Robais, qui aurait habillé le peuple presque pour rien. Law voulait le nourrir lui-même. Il achète des bœufs à Poissy. Il tue, détaille, vend la viande au rabais, fait taxer les bouchers, les oblige de vendre de même.

Soins perdus. Et en même temps, il perdait le

temps à dicter, faire écrire par l'abbé Terrasson une longue apologie en quatre *Lettres* qu'on mit dans *le Mercure*. Mais les oreilles étaient bouchées par les grandes et terribles préoccupations de la ruine. Les ennemis de Law sentirent que tout cela ne lui servait à rien, qu'il était mûr, et qu'on pouvait frapper. La dernière *Lettre* est du 18. Le 21, ils saisirent le moment, et lui portèrent le coup mortel.

Il y avait vacance au Conseil et au Parlement. Chacun allait un moment respirer, Monsieur le Duc, Villars, Saint-Simon, etc., sont dans leurs terres. Il ne reste près du Régent, avec Law, que son ennemi d'Argenson, et Dubois, non moins ennemi, voué à l'Angleterre. Saint-Simon est bien étourdi, quand il dit que Dubois « fut dupe ». Il fut fripon, comme toujours. Jamais, sans son concours, d'Argenson, si prudent, heureux qu'on l'oubliât, n'aurait eu cette audace de lancer contre le Système la machine qui le mit à terre. A qui sert-elle, cette machine? A Blount et à Stanhope. Elle est mise en branle de Londres, montrée par d'Argenson, mais poussée victorieusement par l'excellent anglais Dubois. (La Hode, II, 84).

« La baisse allant toujours (dit d'Argenson), sans qu'on pût l'arrêter, ne valait-il pas mieux la dominer, la régler et la mesurer, par une réduction progressive des actions et des billets qui baisseraient de mois en mois jusqu'en décembre, où ils seraient réduits à peu près de moitié? »

Il est certain que beaucoup abusaient de la situation, forçaient leurs créanciers de prendre en payement de mille livres ce qui bientôt ne vaudrait que cinq cents. Le Roi même avait fait ainsi. Mais, s'il en fait l'aveu, s'il le proclame effrontément, combien il va la précipiter, cette baisse, hâter le naufrage de tant de gens qui, en faisant moins de bruit, eussent liquidé tout doucement? Ce n'était plus la baisse qu'on aurait, mais la chute subite et complète.

Quelque claire qu'elle fût, cette baisse, plusieurs ne voulaient pas la voir, disant qu'on remonterait. Il y avait des croyants obstinés, espérant contre l'espérance. Quelle fureur sera-ce et quel cri quand le Roi les démentira, détruira toute illusion, dira : « N'espérez plus. »

Law trouva le Régent bien stylé, préparé. D'Argenson proposait et Dubois appuyait. Donc Law était seul contre trois. Qu'avait-il à faire? Rien, que de se retirer. Il les eût foudroyés de honte, accablés, en leur laissant tout. Mais sans doute les deux fins renards lui firent entendre qu'en restant il ferait encore un grand bien, ralentirait la baisse, que jamais, tant qu'on le verrait au timon des affaires, on ne perdrait cœur tout à fait. Du reste, qui avait amené cette triste nécessité? N'était-ce pas lui? Il fallait qu'il aidât à adoucir des maux dont il n'était pas innocent. L'édit, fort insidieusement, commençait par un hymme à la gloire du Système; bon moyen pour faire croire que Law était auteur, rédacteur de cette pièce. Ce fut exactement comme aux enlèvements pour le Mississipi. On s'arrangea pour lui faire imputer ce qu'il refusait, ce qui le perdait.

Signerait-il? Le Régent pria, ordonna; l'homme qui, dès longtemps ne s'appartenait plus et se sentait perdu, signa son acte mortuaire.

L'effet fut effrayant. Tous ces gens se virent ruinés. Ils crurent que l'édit produisait ce qu'il constatait seulement. Ce ne fut qu'un cri contre Law. A peu ne tint qu'on ne le mît en pièces. Le 25 mai, émeute; on casse ses vitres à coups de pierres. Le Régent eut pitié de lui; il le prit, et, pour faire voir qu'il l'avouait de tout, il se montra le soir avec lui à l'Opéra, en même loge.

Cependant Monsieur le Duc arrivait indigné de Chantilly. Il avait encore les mains pleines d'actions. Il fit au Régent une scène terrible et ne quitta pas le Palais-Royal qu'on n'eût amendé le tort qu'on lui faisait (dit-il); on lui promit quatre millions.

A ce prix, on dut croire qu'il couvrirait la Banque, défendrait Law au Parlement. Il alla y siéger, mais se garda de s'embourber en justifiant l'innocent. Le Parlement discutait sa question favorite, celle de pendre Law et les chefs de la Compagnie. Le Régent fut si alarmé, que non seulement il révoqua l'édit, mais demanda au Parlement une commission qui s'entendrait avec lui sur les affaires publiques. Il lâcha Law décidément, le destitua, lui donna une garde, pour le tenir prisonnier (29 mai 1720).

L'effet était produit, la confiance perdue sans retour, notre Bourse enfoncée. L'édit du 21 devait valoir à Dubois les vifs remerciements de l'Angleterre, une couronne civique de la Bourse de Londres.

Toute la spéculation s'embarque, passe le détroit. L'action de Blount monte, en mai, de cent trente à trois cents! En août, jusqu'à mille! A lui maintenant le tréteau. Il crie plus fort que Law. Law promettait quarante; Blount promet cinquante pour cent! (Mahon.)

Il croyait dans sa Compagnie concentrer tout. Mais sur ce gras terrain les champignons, j'entends les Compagnies nouvelles, poussent effrontément chaque nuit. Et chacune a ses dupes. Ce peuple taciturne est, dans certains moments, âprement imaginatif. Des Compagnies se forment pour le mouvement perpétuel; d'autres pour engraisser les chiens, trafiquer des cheveux, tirer l'argent du plomb, repêcher les naufrages, dessaler l'Océan, etc. Tout n'est pas vain dans ces affaires. L'héritier présomptif se met dans les mines de Galles; sa Compagnie perd tout, mais il gagne un million.

« Tous jouent. Le Duc joue, triche, pour un petit écu. Ministres et *patriotes* oublient le Parlement; leur lutte est à la Bourse. Le Lord juge agiote. Le pasteur (loup-cervier) mord au sang son troupeau. A la caisse, on voit (doux accord) la grande dame, duchesse et pairesse, qui fraternellement touche avec son laquais. » (Pope.)

L'originalité de Blount, le spéculateur puritain, c'est qu'avec lui on joue selon la Bible. Il est le bon pasteur Jacob, patte pelue, délivrant le païen Laban de ses idoles d'or. Les *Saints des derniers jours* ne peuvent agioter qu'en langage sacré. La hausse est en David, la baisse en Jérémie. Stanhope aurait voulu qu'il donnât à la Banque quelque part au gâteau. Il répondit, comme la bonne mère à la mauvaise dans le jugement de Salomon : « Oh! ne coupons pas notre enfant! »

CHAPITRE XVI

La ruine. — La peste. — La Bulle. (Juin-décembre 1720.)

La Bourse de Paris, languissante et malade, est établie en juin à la sompteuse place Vendôme. Ses grands hôtels, celui du Chancelier, les fiers palais des Fermiers généraux, ont le misérable spectacle de la déroute financière. C'est le champ de la baisse. Sous de méchantes toiles qui défendent un peu du soleil, l'agiotage agonisant s'agite encore. Ces tentes misérables qui donnent à la place un faux air militaire, la font dire le *Camp de Condé*. Juste hommage au grand capitaine, immortel à la Bourse, qui y fit tant d'exploits, « y put compter tant d'*actions*. » Qu'était-ce au prix de son aïeul, qui, disait-on, n'en eut que trois ou quatre. Mais c'était Fribourg et Rocroy.

Ce camp ne peut jeûner. Près des tentes s'ajoutent les mal odorantes logettes où s'abritent les petits traiteurs. Puis de légères échoppes de toutes marchandises où vous pouvez, à grosse perte, employer ce mauvais papier. De plus en plus le brocantage absorbera l'agiotage. Pour un billet qui ne vaut guère, le fripier vous fait prendre l'habit qui ne vaut rien du tout. La fine marchande à la toilette reconnaît à la mine l'homme entamé où l'on peut profiter. Pour son portefeuille aplati, elle lui donne un diamant faux, une dentelle éraillée, et qui sait? une belle pour souper, rire avant de se noyer. Mais se noie-t-on après? De jolies curieuses affluent à la place Vendôme. Elles égayent ce champ de ruines. Un des désespérés voit passer une dame de grand air, élégante. Il ne dit que ces mots : « Cent louis! ma voiture! » Elle le regarda, s'attendrit et sourit, dit : « Pourquoi pas? » Elle monte lestement. Il est consolé. (Du Hautchamp.)

Cela rappelle tout à fait Machiavel, son sinistre récit de la peste de Florence, où la mort est l'entremetteuse; où l'étranger, la veuve, tous deux en deuil, s'entendent au premier mot. Parfaite ressemblance. La France a la peste à Marseille, ici la ruine. Entre deux morts, on joue, on s'efforce de rire, entre le fléau de Provence et les étouffés de Paris.

Aux portes de la Banque, dit un témoin, « c'était une tuerie ». On se pressait, on se foulait aux pieds les uns les autres pour arriver à toucher un petit billet de dix francs. Dans cette furie de misère, on s'occupait bien peu de ce qui se passait au Midi. L'herbe poussait sur les quais de Toulon et dans son arsenal; on vendait pour le bois les vaisseaux de Louis XIV. Sous Colbert et sous Seignelay, il y avait eu là un mouvement immense. Un argent énorme y passait. Tout cela tarit. En même temps, notre marine marchande, notre commerce du Levant, si naturel à ces contrées, et qui, à travers tout événement, durait depuis le Moyen-âge, fut assommé d'un coup. En vain Marseille fut déclarée port franc. Partout, à Smyrne, à Constantinople, en Égypte, nos adversaires nous avaient remplacés, fournissant à bas prix ce que ne donnaient plus nos fabriques ruinées par la Révocation.

Mal durable et définitif. Marseille, énormément grossie et encombrée, plus qu'une ville, un peuple tout entier, resta là dans sa cuve et dans son port fétides, sans plus savoir que faire, macérée de famine, de misère, de la malpropreté croissante qu'engendrent l'inertie, l'abandon. De là un foyer permanent de maladies. On y était habitué. Le long de 1719, disent les médecins de Montpellier, la peste régnait à Marseille et personne n'y songeait. On mourait fort tranquillement. Plus fatalistes que les Turcs, nul n'essayait, comme eux, de prévenir le mal par des cautères ou des sétons. En juin 1720, l'état sanitaire empira du surcroît de misère que produisit sur cette place la débâcle financière de Paris. C'est alors qu'un navire marchand qui arrivait de Smyrne, aurait, dit-on, apporté la contagion.

Le Nord est tout entier à sa peste morale, à la misère, aux soucis, à la peur. Dès deux ou trois heures de nuit, les pauvres gens arrivent à la porte du jardin de la Banque (du côté de la rue Vivienne), attendant leur payement, leur pain. Foule énorme. Dès le 2 juin, il y eut là des gens étouffés ; le 3 encore, deux hommes et deux femmes étouffés. Le 5, on enfonçait les portes, si la troupe n'eût chargé. Pour payement, on donna du fer aux affamés.

La Compagnie était-elle ruinée ? Avait-elle mal géré ? Nullement. Le 3, Law, au fond de cet hôtel si menacé, dresse un bilan, et comme un testament. Il prouve que la Compagnie est très riche, a des ressources immenses ; mais ses trésors de marchandises dispersées, mais ses terrains à vendre, mais ses trois cents navires, ne mettent pas dans la caisse de quoi apaiser cette foule.

Le 5, devant ces scènes affreuses, cette espèce de siège que soutenait la Banque, il regarda sa femme comme veuve, et pour elle obtint du Régent, non faveur, mais restitution, le titre d'une rente exactement proportionné au capital qu'il avait apporté en France, « rente qui ne pourrait être saisie pour aucune cause » (Lettre de madame Law, 5 avril 1727). Ainsi, nul bénéfice, nul avantage stipulé. Pour cet immense effort de cinq anneés, il ne réclamait rien.

L'honneur de Law était relevé, sinon sa caisse. Le Régent voyait trop les fruits du beau conseil de d'Argenson. Dubois sacrifia celui-ci, se lava de complicité en se chargeant de le punir. Lui-même il alla lui ôter les sceaux. Law, réhabilité, eut l'honorable charge d'aller (le 7) à Fresnes chercher, rappeler le bon chancelier d'Aguesseau, dont le nom, synonyme d'honnêteté, donnerait espoir au public, plairait au

Parlement, ferait bien au crédit. Ce que l'on pouvait craindre, c'est que le digne janséniste hésitât pour venir orner le triomphe des ultramontains, la chute de l'Église gallicane, la farce impie du sacre de Dubois. Law fut persuasif et d'Aguesseau faiblit. Comme Law, il était père de famille, et sa famille s'ennuyait de l'exil. Il revint juste à point pour voir les noces de Gamache que Dubois fit pour célébrer son sacre (9 juin). Des miracles s'y virent, de dépense et de mangerie. Une poire coûtait trente livres. Toute la cour et tout le clergé mangeait, buvait, riait. L'humanité frémit. L'effrontée bacchanale qui eut lieu au Palais-Royal s'entendait au jardin funèbre, dans cette Banque à sec où l'on s'étouffait à deux pas.

Juillet fut un mois de terreur. Barbier et Buvat font frémir. Buvat, comme employé de la Bibliothèque du roi, vit de bien près les choses, entrant tous les jours par cette terrible porte. Le jardin menait d'une part à la Bibliothèque, de l'autre à la galerie basse où étaient les bureaux, la caisse de la Banque. Pour aller à la caisse on passait par une enfilade de sept ou huit toises entre le mur et une barricade de bois. Les ouvriers robustes, pour prendre un rang meilleur, se mettaient sur la barricade, et de là se lançaient à corps perdu sur les épaules de la foule; les faibles tombaient, étaient foulés, étouffés, écrasés. D'autres filaient sur le mur du jardin, par les branches des marronniers, par des décombres. Buvat se trouva une fois, au passage, pris comme à un étau de fer. Une autre fois, un cocher fut tué à côté de lui d'un coup de feu.

Dans la nuit du 16 au 17, il y avait quinze mille personnes. On était poussé, on poussait. Au jour, on vit avec horreur qu'on poussait des cadavres. Ils allaient, mais ils étaient morts. On en retire douze à quinze; on les promène devant l'hôtel de Law, dont on casse les vitres. On porte un corps de femme au Louvre, au petit Louis XV. Villeroy effrayé descend, paye l'enterrement. Trois corps vont au Palais-Royal. Il était six heures du matin. Le Régent, « blanc comme sa cravate », s'habille en hâte. Deux ministres descendent, haranguent, amusent ce peuple, au fond crédule et débonnaire. Cependant des soldats déguisés avaient filé dans le Palais. A neuf heures, le Régent, assez fort, fit ouvrir la grille; le torrent s'y jeta; et, la grille se refermant, il fut coupé. On en eut bon marché.

Law osa sortir à dix heures. Reconnu, arrêté, il descendit de voiture, montra le poing, et dit : « Canaille ! » On recula. Lui entré au Palais-Royal, son carrosse fut brisé, le cocher blessé. Law n'osa plus sortir, coucha chez le Régent.

Le Parlement, loin d'apaiser les choses, repousse durement les expédients de Law, ses essais misérables pour ramener un peu de vie, de confiance. Le 20 juillet, on exila ce corps au très doux exil de Pontoise, vraie faveur qu'il méritait peu et qui le posait glorieusement devant le public. Le Régent donna de l'argent pour faciliter le petit voyage, en donna au président pour tenir table ouverte et régaler les magistrats. En arrivant, pour poser leur justice, leur inaliénable droit, ils dressèrent leur gibet, jugèrent, firent pendre un chat. Facétie déplacée dans ce moment tragique.

Une autre, ce fut le spectacle du grand patriote Conti, qui vint mettre le poing sous le nez au Régent. Le héros de la rue Quincampoix, illustre par ses trois fourgons, grotesque par sa galante femme et par sa figure ridicule, tout à coup se pose en Caton. Lui seul peut réformer l'État. Il va se mettre à la tête des troupes, et prendre la Régence. On rit.

Ce fou n'est pas le seul. Il arrive en ce temps ce qu'on voit aux époques infiniment malades, c'est que tout esprit s'obscurcit. Law, le Régent, quand on les suit de près, sans être tout à fait en démence, sont manifestement effarés, incertains; ils perdent le sens du réel et toute présence d'esprit. Ni l'un ni l'autre n'étaient nés pour endurer froidement la haine publique, et ils en étaient éperdus.

L'anathème, la malédiction des grandes foules a un magnétisme terrible, pour frapper d'impuissance, d'aveuglement, d'hébétement. Ils essayent coup sur coup je ne sais combien de choses vaines, puériles, font édits sur édits, et plus sots les uns que les autres. Par exemple, Law imagine d'inviter les négociants à faire des dépôts à la Banque, à faire leurs comptes en Banque, à la manière de la Hollande; on recevra et l'on payera pour eux. La belle imitation! comme il est vraisemblable, dans un tel discrédit, que cette misérable caisse va attirer l'argent comme l'antique, la vénérable, la solide caisse d'Amsterdam !

Autre essai ridicule. On s'avise un peu tard de séparer la Compagnie de la Banque; on se figure qu'après avoir cruellement ruiné la seconde, on pourra isoler, faire fleurir à part la première, comme pure Compagnie de commerce. Qui ne voit que ces deux noyés, quoi qu'on fasse, fortement liés, ont même pierre au cou qui les emporte au fond de l'eau?

On avait balayé la place Vendôme. Agiotage et brocantage, toutes les ordures à la fois furent transportées chez le prince de Carignan, dans les baraques que ce spéculateur avait faites et louait à cinq cents francs par mois dans son jardin de l'hôtel de Soissons (Halle-au-Blé). Mais là encore le brocantage, la friperie, prima la Bourse. Il fallut fermer cet égout.

Aucun payement depuis le 21 juillet. Souffrances intolérables. Les petits billets de dix francs n'étant plus même payés, et ne s'échangeant pas, on meurt de faim. De là ces fureurs, ces menaces de mort contre Law et le Régent. Le peuple parisien sort de son caractère, jusqu'à insulter, poursuivre les femmes. Aux Champs-Élysées, on reconnaît la livrée de Law; on jette des pierres à son carrosse, qui promenait sa fille : une pierre atteint, blesse l'enfant.

On fit à Londres la gageure, et de forts paris même, que le Régent « ne passerait pas le 25 septembre »: Cela arriva en un sens. Cet homme, jadis de tant d'esprit, aujourd'hui lourd, apoplectique, est déjà mort en tous ses dons charmants. Plus d'amabilité, de politesse même. Les *quatre métiers* de Paris, le haut commerce, venant se plaindre à lui, il s'emporte, il adresse à ce corps respectable les injures du coin de la rue. La seule voix qu'il entend, c'est celle de son Dubois, impétueux, impérieux, qui le fait obéir, le traîne hébété dans sa voie, comme instrument de sa fortune. Le Parlement, qui s'ennuie à Pontoise, pour revenir, s'arrange avec Dubois, enregistre l'*Unigenitus*. Le Grand Conseil l'imite, sur l'intimation du Régent et des princes, qui viennent tout exprès y siéger.

L'athée Dubois, Rohan (la femme évêque), l'intrigant Bissy et deux autres forment maintenant le Conseil de conscience, qui nommera aux bénéfices, selon les volontés papales. Le Régent ne s'en mêle plus, « ayant désormais la tête trop fatiguée ». Triste finale de nos longues luttes religieuses. Ignoble enterrement de la vieille Église de France.

Si bas est tombé le Régent qu'il semble n'avoir rien gardé de ce qu'on aurait cru en lui indestructible, le courage. La foule sait trop bien le chemin du Palais-Royal; le 24 septembre il va coucher au Louvre sous la protection du petit roi. Et ses craintes sont telles qu'il faut qu'on lui pratique un escalier secret par lequel à toute heure il peut descendre au lieu inattaquable, la chambre à coucher de l'enfant.

Law cependant osait rester encore. Monsieur le Duc y avait intérêt et d'autres; ils le couvraient. Cependant les Pâris, ses violents ennemis, étaient revenus de l'exil. Leur faction fit supprimer la Banque (10 octobre). Ils avaient obtenu le 30 une défense générale de sortir du royaume sans passeport, annonce claire des mesures violentes dont on frapperait les enrichis, des spoliations, des procès, d'un *visa* nouveau et peut-être d'une nouvelle Chambre de justice. Qui le premier y eût été traîné? Law sans nul doute. Et qu'eût-il dit? Eût-il pu se défendre sans accuser les princes, et les profusions du Régent, et les brigandages de Monsieur le Duc? Celui-ci réfléchit, arrangea le départ de Law. Dans une belle voiture de promenade à six chevaux, il monta avec le chancelier de la maison d'Orléans, et une dame, jeune et jolie, hardie, fort intéressée à coup sûr à ce qu'il échappât. C'était la marquise de Prie.

Hors de Paris attendait une autre voiture, du duc de Bourbon, une rapide voiture de voyage pour le mener à la plus proche frontière. Un fils de d'Argenson, intendant sur cette frontière du Nord, l'arrêta à Maubeuge, demanda à Paris ce qu'il fallait en faire. Réponse : « Le laisser passer, mais lui retenir sa cassette, » une cassette des bijoux de sa femme, dernière ressource du proscrit.

CHAPITRE XVII

La Peste. (1720-1721.)

Un Anglais écrit à Dubois (le 15 janvier 1721) : « Lord Stanhope a été tenté d'aller vous féliciter du coup de maître par lequel vous avez fini l'année en vous défaisant d'un concurrent si dangereux, pour vous et pour nous. » Dubois se donnait le mérite d'avoir rendu ce service essentiel à l'Angleterre. De septembre en décembre, la baisse s'était faite à la Bourse de Londres, et elle aurait été bien autrement rapide, si la ruine, la fuite de Law, n'avaient décidément tourné les capitaux vers Londres.

Notre amie l'Angleterre consolait son orgueil de ses folies récentes en regardant avec complaisance la situation de la France, en ce moment si misérable, courbée sous trois fléaux, frappée de trois Terreurs :

La Terreur financière. — Pâris rentre implacable, juge ses ennemis et tout le monde, épluche toutes les fortunes.

La Terreur des Jésuites. — Dubois est leur Tellier, qui fourre à la Bastille tout ce qui n'est pas serf de Rome.

La Terreur de la peste. — On établit partout des cordons sanitaires. De la Provence, elle s'avance au nord et marche à grands pas vers la Loire.

Nous avons laissé en arrière la peste de Marseille, qui sévissait dès juin-juillet 1720. Il faut y revenir.

Marseille avait-elle besoin d'emprunter la peste au Levant? J'en doute fort. Elle avait d'elle-même toutes les conditions qui la font en Égypte.

1° L'infection des fanges, des profonds détritus, accumulés et fermentant dans la cuve immonde du port, la décomposition de tant de choses mortes qui pourrissent là à plaisir; 2° la misère, l'épuisement des petites gens mal nourris, la saleté proverbiale et de la ville et des ménages. Ces ardentes populations, vives et bruyantes, toujours en mouvement, n'en sont pas moins, en même temps, extraordinairement négligentes. Naguère encore il en était ainsi. Des noires ruelles où l'avalanche toujours redoutée des fenêtres faisait doubler le pas, si l'on entrait aux petites cours, on les trouvait pleines d'ordures. C'était bien pis à monter l'escalier. Sans souci d'odorat, dans sa chambrette obscure, la jolie femme, au teint jaune et malsain, nourrie de crudités, d'oignons ou de poisson gâté, d'oranges aigres, parfois de mauvais bonbons italiens, dédaignait toute précaution, se moquait de la propreté.

C'est d'abord sur les femmes, les enfants, les plus

indigents, les faibles en général, que le fléau mordit.

En juillet, on tâchait encore d'en étouffer le bruit. Les échevins eux-mêmes allaient la nuit faire emporter les morts, enlever les malades, murer la porte des maisons infectées. Mystère sinistre que ces portes murées révélaient trop éloquemment.

Il y avait en cette année beaucoup d'orages, mais il y en eut un terrible à Marseille le 21 juillet. Partout tombait la foudre. Nombre d'églises furent frappées. Dès lors forte mortalité. L'aigre vent, le mistral, qui succède, empêche l'éruption naturelle des bubons de la peste. La terreur est au comble. Plus de pudeur, on fuit. Le marchand part pour la foire de Beaucaire. Le juge part, plus de justice. Les riches partent, plus de ressources (il n'y avait que mille francs dans la caisse de la ville). Il n'est pas jusqu'aux sages-femmes qui n'abandonnent à leur sort les femmes qui vont accoucher. Tout fuit la ville condamnée.

Quel est le désespoir, l'accablement de la grande masse qui reste, lorsque le 31 juillet le Parlement de Provence ferme Marseille et sa banlieue d'un cordon de troupes, des plus sévères défenses et sous peine de mort. Le fléau concentré dans ce foyer morbide, dans un grand peuple accumulé, s'irrite et sévit d'autant plus.

Nos médecins de l'armée d'Égypte, qui ont observé la peste de près, disent qu'elle prend de préférence les épuisés, les effrayés. Un petit nègre, dit Savaresi, qui le soir, dans un escalier du Caire, avait eu peur d'une ombre, frappé de cet ébranlement, eut la peste le lendemain. Ces observations font juger à quel point, dans l'épidémie de 1720, la masse de Marseille était prête à prendre la peste, ayant justement au plus haut degré l'épuisement des misères, la peur (dans toute la violence de l'imagination méridionale), l'effroi surtout de se voir enfermée.

Le célèbre Chirac, médecin du Régent, consulté, répondit « qu'il fallait surtout être gai ». C'était aussi l'avis des médecins de Montpellier, qui niaient la contagion. En réalité, ceux qui avaient le moral très haut, la vie forte et tendue, avec une bonne nourriture, risquaient moins que les autres. La femme d'un médecin allemand, jeune, intrépide, vivait juste au fond de la peste, à l'hôpital, et touchait les malades. Les magistrats municipaux, qui affrontaient partout la maladie, ne furent point attaqués.

Mais la grande masse était très abattue, par la disette d'abord, à laquelle on ne remédia qu'un peu tard. Elle l'était par l'abandon. L'arsenal et le lazaret, la garnison n'aidèrent en rien la ville. Les riches bénédictins de Saint-Victor s'isolèrent, s'enfermèrent. Ayant de grandes provisions, ils murèrent eux-mêmes leur porte, ne se souciant plus de savoir si l'on vivait, si l'on mourait dehors.

Rien de plus lugubre que l'aspect de cette ville où d'abord chacun se renfermait. Sur les places désertes, des bûchers par lesquels on croyait purifier l'air, l'incendiaient, aggravaient les lourdes chaleurs d'août, jetant au loin de sinistres lueurs. Par les rues circulaient des ombres ridicules et lugubres, les médecins, dans le costume étrange qu'ils avaient inventé, et qui n'exprimait que trop l'excès de leur peur. Montés sur des patins de bois, couvrant leur bouche et leurs narines, serrés dans une toile cirée, comme des momies égyptiennes, ils étaient effrayants à voir. Ces précautions leur servaient peu; car, de quarante qu'on envoya de Paris, trente moururent, et l'on n'en renvoya qu'en les chargeant d'argent, avec promesse de pension pour ceux qui survivraient.

Dans la fuite générale des fonctionnaires, rien de plus glorieux que la conduite de l'évêque Belzunce et des échevins, deux surtout, Estelle et Moustier. Ces fermes magistrats eux-mêmes, l'épée à la main, menaient les enterreurs dans les maisons des morts et les forçaient de travailler. L'évêque, bon, vaillant, généreux, se multiplia, fut partout pour encourager, soutenir, et avec lui nombre de religieux qui s'immolèrent, vrais martyrs de la charité. Belzunce, malheureusement, avait plus de courage que de tête. Dans son imitation fidèle de Charles Borromée à la fameuse peste de Milan, il multipliait trop les prédications effrayantes, les lugubres processions. De figure imposante, de taille colossale, ce bon géant, dans le fléau public, suivit trop l'instinct théâtral, ici fort dangereux, des populations du Midi.

Après ceux qui firent leur devoir, mais bien au-dessus d'eux, nommons *les volontaires*, ceux que rien n'obligeait d'agir.

Les oratoriens, ennemis de la Bulle *Unigenitus*, étaient interdits par l'évêque que menaient les

Jésuites. Non seulement on ne les obligeait pas de confesser les mourants, mais on le leur défendait. Dans leur humilité héroïque, ils se firent tout au moins gardes-malades; ils embrassèrent la mort.

Un autre volontaire immortel, dont le nom ira d'âge en âge, c'est le chevalier Roze, intrépide, inventif, et homme aussi d'exécution. Il donna sa fortune, donna mille fois sa vie à des dangers terribles, où tous périrent. Il en revint.

L'évêque comptait sauver la ville en la dédiant au Sacré-Cœur. Le 16 août, il fit avec tout le clergé une procession terrible, à grand spectacle d'expiation, de pénitence. Prêchant que le fléau était un châtiment céleste, il frappa les esprits, brisa les cœurs brisés, montra, derrière la mort, les supplices éternels. Il accablait les simples, les pauvres gens crédules, les faibles femmes craintives, déjà éperdues de remords. Les frayeurs aggravèrent la peste. Tels qui mouraient chez eux tout doucement ne se résignèrent plus. On en vit qui, désespérés, furieux, se crurent damnés d'avance et se jetèrent par les fenêtres. Beaucoup de pauvres créatures délaissées eurent tellement peur dans leurs maisons, où tout était mort, qu'elles sortirent, vinrent criant, pleurant sur les places, dans leurs lambeaux, dans leurs linceuls.

Cette chose effroyable éclata le 20 août. Tout se remplit de spectres ambulants. Nouveau malheur. Ces abandonnés qui ne rentraient plus dans leurs maisons pleines de morts, restaient la nuit exposés aux froides rosées, aux intempéries violentes du brutal climat de Provence. L'éruption ne se faisait plus. La mort était certaine. Ils demandaient d'être reçus la nuit, par charité, dans les églises qui les eussent abrités du vent. Mais le clergé, l'évêque, eurent scrupule de les profaner en y recevant ces malades qui bientôt devenaient des morts. Donc, nul abri que l'auvent fortuit de certaines boutiques, le dessous de quelques balcons. Mais les propriétaires ne leur accordaient pas même cette faible hospitalité. Même le banc devant la porte, sans abri, on l'interdisait (honteuse barbarie) en l'enduisant d'ordures! Repoussés ils restaient donc au milieu des places, couchés sur le pavé dans les froides nuits, les mourants près des morts, à côté de cadavres demi-dissous, difformes. Parfois on rencontrait appuyée contre un mur une figure immobile, un corps pris par la mort dans cette attitude même, qui semblait méditer sur son triste abandon.

L'autorité municipale était inégale à sa tâche. Marseille avait le droit de se gouverner elle-même. On respecta ce droit, et beaucoup trop, en agissant fort peu pour elle. Sauf les médecins, envoyés le 12 août, avec une somme d'argent à laquelle Law avait contribué, le gouvernement s'abstint. Il n'agit fortement qu'à mesure que la peste s'étendit vers le Nord, et lorsqu'il craignit pour lui-même.

Son premier soin, dès l'origine, devait être de créer, non par les ressources locales, mais par celles de l'État, nombre de petits hôpitaux, de pavillons bien isolés, où la foule se fût divisée. Il les fallait surtout abrités du vent aigre qui tuait sans rémission. Les tentes que la ville dressa d'abord hors de ses murs, dans une exposition très froide, livraient précisément les malades à son influence. Ils aimaient mieux rentrer, mourir au centre de la contagion. Un nouvel hôpital qu'on bâtit dans la ville par le travail des Turcs, ne fut achevé qu'en octobre. Donc, en août, en septembre, la masse vint se concentrer dans l'unique et étroit asile, dans l'ancien hôpital. On se battait aux portes pour y entrer. Nul n'en sortait vivant. Ceux qui y soignaient les malades, les voyant mourir tous, se firent peu de scrupule (pour avoir plus tôt les dépouilles) d'accélérer cette mort inévitable. L'infirmier devint assassin.

Un vaste assassinat se fit. On avait entassé trois mille enfants abandonnés à l'hospice des Enfants-Trouvés. Là, comme à l'hôpital, la féroce spéculation s'établit sur la mort. Les trois mille y moururent de faim !

L'égoïsme commun espérait cerner, limiter ce foyer d'horreur, donner à la peste une ville, sauver le reste en lui faisant sa part. Mais elle ne s'en contenta pas. Elle vola par-dessus les cordons sanitaires; dès août elle passa à Aix, dans l'automne à Toulon. Le Parlement, qui défendait si durement aux Marseillais d'émigrer, se hâta de le faire lui-même. Autant en fit le commandant de la province, dont la présence était si nécessaire.

Sur ces nouveaux théâtres de la contagion, on essaya de différents systèmes. On croyait que Marseille n'avait été si violemment frappée que par les communications libres qu'elle laissait aux malades. A Aix, dès qu'un signe léger apparaissait, l'homme enlevé était sur l'heure jeté aux hôpitaux, et dans ce grand entassement il ne manquait pas de mourir. De huit mille, cinq cents survécurent. A Toulon, on essaye une autre méthode d'isolement. Tout ce qui n'entre pas aux hôpitaux est consigné chez soi, tous, les sains, les malades, et sous peine de mort. Le premier des consuls, M. d'Antrechaus, avait, du premier jour, interdit l'émigration, empêché les riches de fuir. Tout mourut, riches et pauvres. Ce consul (un héros plutôt qu'un habile homme) soutient sept grands mois cette gageure de tenir enfermés et de nourrir à domicile une population de vingt-six mille âmes. Captivité cruelle. On meurt encore plus qu'à Marseille.

Dans l'automne à Marseille et l'hiver à Toulon, la mort allait si vite et il y avait tant de corps à enterrer qu'on songeait à peine aux vivants. La sépulture était la grande affaire publique. Les confréries de pénitents, qui dans tout le Midi se chargent de ce soin pieux, manquèrent apparemment. Car les échevins durent faire *la presse* dans les hommes forts du petit peuple, et bon gré mal gré, leur faire enlever les corps. La foule avait horreur de ces hommes utiles, les maudissait comme la mort elle-même, injuriait ces *corbeaux*. Ils désertaient. Il fallut implorer l'assistance des galériens. N'ayant nulle force militaire (car la garnison s'enfermait), ne pouvant surveiller, fermement contenir ces hommes dangereux, Marseille acceptait un fléau plus terrible peut-être que la peste elle-même. Corrompus et féroces, de plus, dans l'échappée sauvage d'une liberté imprévue, deux mois durant, ils donnèrent un spectacle effrayant, *le règne des forçats.*

Ces nouveaux venus apportèrent dans la calamité quelque chose de pis, une hilarité diabolique. Bons amis de la mort et cousins de la peste, ils la fêtaient, bien loin d'en avoir peur. Elle avait des égards pour eux, touchait peu ces hommes si gais. A Toulon, ils allaient en habits magnifiques. Plus de fers, plus de nerf de bœuf. Et la ville à discrétion. Le droit d'entrer partout. Ils enlevaient, pêle-mêle avec les corps, ce qui leur convenait. Les abandonnés qui restaient avaient peur de la peste moins que des gaietés du forçat. Il prenait ces retardataires pour des gens qui manquaient à l'appel. Un mourant réclamait, priait d'attendre un peu : « Bah! dit le galérien, si on les écoutait, il n'y en aurait pas un de mort. »

A Marseille, on tirait les corps avec des crocs de fer. A Toulon, on les jetait par la fenêtre du quatrième étage, la tête en bas au tombereau. Une mère venait de perdre sa fille, jeune enfant. Elle eut horreur de voir ce pauvre petit corps précipité ainsi, et, à force d'argent, elle obtint qu'on la descendît. Dans le trajet, l'enfant revient, se ranime. On la remonte; elle survit. Si bien qu'elle fut l'aïeule de notre savant M. Brun, auteur de l'excellente histoire du port.

A Marseille, messieurs les forçats permirent très peu le tombereau. Ils trouvaient qu'il faisait tort à leur industrie. Ils coupèrent les harnais, et pas un ouvrier n'osait les réparer. Le peuple lui-même, d'ailleurs, déplorait le malheur de ne pas être enterré un à un. Il avait horreur des charrettes où les corps, sans honneur, dépouillés, tombaient l'un sur l'autre. Il appelait *infâme* cette promiscuité de sépulture, ces mariages de la mort. Tous mêlés par la mort, en une masse molle, mutuellement putréfiés!

Qui le croirait? Ces choses épouvantables qui révoltaient les sens, loin d'éteindre l'imagination, l'exaltèrent étrangement. Si l'amour, comme dit le Cantique, est fort comme la mort, on peut le dire de l'art aussi. Le vaillant peintre Serres, au lieu de craindre, regarda tout cela en face, chercha ce qu'on fuyait, admira, copia. Ce qu'on trouvait horrible, il le trouva merveilleux, parfois sublime, toujours attendrissant. Il était élève du Puget qui a tant sculpté la douleur, la misère, l'esclavage (ces préliminaires du fléau). Serres vit dans celui-ci la suite naturelle de l'œuvre de son maître, comme la fin du monde que son art douloureux avait prophétisée.

Il est certain qu'un tel bouleversement de toute chose, qui met tout en dehors si cruellement, a des révélations inattendues, profondes. Les éminents artistes, et Boccace, et Machiavel, l'ont bien senti. De même les peintres vénitiens, le Tintoret et autres, qui, dans divers tableaux qu'on croirait de piété, ont jeté hardiment tout ce qu'ils avaient vu à la peste de 1576. Dans l'un (le crucifiement?) qui me reste comme une vision, vous trouvez force femmes, filles, enfants du peuple, race pauvre, mal nourrie, qui donne tous les aspects de la misère et de la peste. Des groupes entiers d'amies, de sœurs, qui se tiennent et se serrent, dans l'obscurité indistincte, dans un chaos de ténèbres livides, anticipent déjà la communauté du sépulcre. Tout est fuyant, s'émousse et se dissout. Et cependant telles de ces pauvres petites figures ont des grâces étranges, déjà de l'autre monde, des langueurs, des mollesses, des morbidesses fantastiques. Certaines, en décomposition, sont effroyablement jolies.

Tableaux malsains de sensualité funèbre. C'est l'âme même de la peste. A Florence, Venise ou Marseille, telle elle fut, âprement amoureuse. La mort fit la furie de vivre. Les veuves marseillaises profitaient du fléau et convolaient de mois en mois. Les filles ne marchandaient guère. Ce fut comme à Florence, où les nonnes, aux maisons galantes, se vengeaient de leur chasteté. Ceux même qui avaient constamment la mort sous les yeux et la plus rebutante, les chirurgiens sûrs de mourir, prennent, avec le poison, un vertige effréné et se payent de leur fin prochaine. Les *carabins* furent terribles à Toulon. Dans l'enfermement général dont ils étaient seuls exceptés, trouvant partout des isolées, rien ne les arrêtait. Le danger, le dégoût, la douceâtre odeur de la peste, la malpropreté naturelle où ces abandonnées gisaient, ne gardaient pas le lit fétide. Nulle pitié des mourantes. La mort même peu en sûreté.

A Marseille, le 2 septembre, un grand coup de

mistral frappa, et tout ce qui languissait dans les rues fut terrassé, ne se releva pas. Dès lors, on meurt en masse, à mille par jour. Les enterreurs sont débordés, perdent la tête. Il faut prendre un violent parti, abréger. On force les églises. On crève les caveaux, on les comble de corps mêlés de chaux. Puis scellés hermétiquement. Tout le reste aux fosses communes. Mais elles furent bientôt pleines et gorgées. Elles se mirent à fermenter, et, chose effroyable, elles vomissaient. Les fossoyeurs s'enfuirent. Il fallut qu'un des consuls même, le vaillant Moustier, prît la pioche; avec quelques soldats qui eurent honte de reculer, il avança sur ce charnier mouvant, le mit à la raison, l'enfouit de nouveau dans la terre.

Le danger le plus grand était un tas de deux mille corps qu'on avait abandonnés sur une esplanade, qui se dissolvaient depuis trois semaines, et s'étaient résolus en une mer de pourriture. Que faire? comment détruire cela? comment aborder seulement cette horrible fluidité? Par bonheur le chevalier Roze savait qu'en dessous les vieux bastions étaient creux jusqu'au niveau du flot. Il fit percer la voûte. Puis, à la tête de soldats intrépides, et d'une bande de cent forçats, il poussa en trente minutes la masse hideuse au gouffre. Tous ceux qui mirent la main à cette œuvre de délivrance le payèrent de leur vie, moins Roze et deux ou trois qui survécurent.

La peste recula dès ce jour. On commença à prendre le dessus. On balaya les fanges profondes qui encombraient les rues. Un commandant, envoyé de Paris, M. de Langeron, concentra les pouvoirs et put employer pour la ville les ressources de l'arsenal et de la garnison. Il remit un peu d'ordre, somma les juges, les employés de revenir.

Les vivres abondaient. Le blé était venu de tous côtés, au point qu'on voulait refuser celui que le pape envoya. La vendange arriva, et avec elle les effets salutaires de la fermentation vineuse, d'une détente physique et morale. Elle alla trop loin même. Repas, orgies, fêtes, mariages, les gaietés effrénées du deuil. Nombre de filles en noir brusquement se marient. Telle qui ne l'eût jamais été, tout à coup seule et délivrée des siens, héritière, remercie la peste.

Belzunce, l'héroïque imbécile, aimait les grandes scènes où il apparaissait imposant, plein d'effet sur cette masse si émue. Au plus haut de l'église des Accoules, au clocher, au panorama qui embrasse la côte, les collines, la Méditerranée, et cette pauvre Marseille, on lui fit faire une cérémonie bizarre et fort troublante pour des esprits malades, l'*anathème à la peste*, son exorcisme solennel, l'excommunication et la déclaration de guerre qui la proscrivait à jamais, lui interdisait le pays.

Cela piqua la peste. Elle revint, mais par moments, capricieuse. Les fêtes et les réjouissances qui se faisaient pour son départ la provoquaient à revenir.

Toulon, l'hiver et le printemps, lui donna riche pâture. De vingt-cinq mille personnes elle en laissa cinq mille. L'été, pendant que les gens d'Aix, enfin sauvés, se réjouissent et font des repas dans les rues, la voyageuse meurtrière s'est établie en terre papale; elle est dans Avignon (octobre). Le légat, éperdu, s'enferme dans le palais des papes. En mai-juin 1722, elle a assez d'Avignon, la dédaigne; elle marche vers le Nord. D'inutiles cordons sanitaires, des régiments qu'on envoie, s'établissent ridiculement en Poitou pour tirer sur la peste, si elle se permet d'avancer.

Mais n'était-elle pas derrière eux? On eût pu le penser. Une panique eut lieu à Paris (mai 1722). Une caisse de soie ayant été ouverte chez un marchand, voilà des morts subites, et dans la maison même, et des deux côtés de la rue. Toute maladie courante était imputée à la peste. On ne fut tout à fait rassuré qu'en janvier 1723.

Donc, elle avait régné deux ans et demi en France. On sut ce qu'elle avait dévoré dans deux ou trois villes, Marseille, Aix, Toulon ; mais ses exploits cruels dans l'épaisseur du centre de la France, on s'est gardé de les savoir. Car la peste, sous plus d'un rapport, était un fléau politique, la fille des misères envieillies, des ruines récentes, un reliquat morbide de l'accumulation des souffrances et des désespoirs. Trois générations successives, celle de la Révocation, celle de la Banqueroute du grand roi, celle enfin des avortements de la Régence, de père en fils, en petits-fils, par trois cercles d'enfer, peu à peu descendues, cherchèrent dans la terre un repos.

Le pays, fort près de Paris, était quasi désert.

Certain abbé, prédicateur du roi, qui voyageait dans la voiture publique, s'étant écarté un moment, fut happé par les chiens. On retrouva ses os.

Une femme qui, fuyant la contagion, tenta le périlleux voyage de Provence à Paris, fit un récit terrible de ce qu'elle avait vu. Pour échapper aux cordons sanitaires, elle évitait les villes, marchait par les campagnes. Aux montagnes du Gévaudan, aux vallées de l'Auvergne, du Limousin, dans plus de vingt villages, pas une âme vivante. Partout des morts non inhumés. Ne rencontrant personne pour l'héberger, elle entrait dans les maisons vides, et parfois y trouvait du pain. Un presbytère, ouvert, abandonné, lui offrit un spectacle étrange. Le curé, habillé, était là, mais pourri ; la servante sur un autre lit, en décomposition. Dans l'armoire, cinq cents livres en or abandonnées. (Ms. Buvat., 24 sept. 1721.)

CHAPITRE XVIII

Le Visa. (1721.)

En attendant la peste, Paris subissait un fléau aussi cruel peut-être, l'incertitude effrayante qui planait sur toute fortune, sur l'existence de chacun. Le violent Pâris-Duverney commençait l'opération chirurgicale d'amputer de nouveau la France. Il allait revoir tous les titres bien acquis, mal acquis, en juger l'origine, la qualité, le droit, annuler l'un et rogner l'autre, réduire les milliards à néant. Dictature étonnante! si délicate à exercer! Il y prit pour adjoints les hommes infiniment suspects qui avaient fait la guerre à Law, les vieux financiers de Louis XIV, le très rusé Crozat et Samuel Bernard, le vénérable banqueroutier.

Les seigneurs qui avaient rétabli leurs fortunes, qui gardaient les mains pleines, n'étaient pas sans inquiétude. Leur bienfaiteur prodigue, le Régent, qui si sottement s'était laissé piller, qui, comme un enfant ou un fou, avait éreinté le Système, paya de honte pour tous. Au Conseil du 1ᵉʳ janvier 1721, il avoua tête basse qu'il avait fait de grandes fautes. Si triste fut son attitude, que le coupable des coupables, Monsieur le Duc, contre qui on aurait dû faire une enquête, s'enhardit et tomba sur lui, le poussa sur le départ de Law (que lui-même, Monsieur le Duc, avait sauvé dans sa voiture!). Dans son état demi-apoplectique, le pauvre gros homme, interdit, ne trouva guère à dire. Comme un écolier pris en faute accuse son camarade, il se rejeta sur Law absent. Pitoyable séance où des deux premiers hommes du royaume, l'un parut idiot, et l'autre un effronté coquin.

Le parti du Système, la Compagnie des Indes, n'avait d'espoir que dans Monsieur le Duc, qui y avait encore un intérêt considérable et y avait gagné tant de millions. Et, en effet, d'abord il la défendit quelque peu, montra les dents à la réaction, pour l'obliger sans doute de composer avec lui et les siens, pour en tirer des garanties. Duverney n'eût osé toucher au prince que la mort si probable du Régent allait faire régent. Sa meilleure chance était, en respectant les vols de l'agiotage princier, de devenir ce qu'il fut en effet sous la seconde Régence, l'homme d'affaires de Monsieur le Duc et de sa madame de Prie. Les hauts agioteurs (Monsieur le Duc, Conti, d'Antin, etc.) comprirent parfaitement qu'on songerait moins à eux si tout le monde craignait pour soi, qu'on s'informerait moins de leurs trésors acquis s'ils livraient généreusement leurs compagnons de Bourse, agioteurs, accapareurs. Ce fut le secret du Visa, la poursuite des sous-voleurs. Gloire aux brigands, mort aux filous!

Rien de meilleur dans les grandes détresses publiques, où tout le monde est furieux, que d'ouvrir une chasse qui détourne, occupe les haines. On fait lever un lièvre, quelque gibier ignoble et ridicule. Tout court après. Un accapareur de denrées est très propre à cela; nul animal plus détesté du peuple. On n'avait que le choix des grands noms, d'Estrées, Guiche, La Force, etc. On se contenta d'un, et on lui attacha les chaudrons à la queue. J'entends les chansons du Pont-Neuf, la satire, la caricature. Ce fut le duc de La Force. Le malpropre seigneur s'était fait épicier, trafiquait surtout dans les suifs. Les chandelliers allaient la nuit, en bonne fortune, acheter chez lui à bas prix les graisses et les savons. Il en avait comblé des couvents, des églises, entre autres les Grands-Augustins, où Bossuet fit la fameuse assemblée de 1682. Toute l'année se passa à manier, remanier cette cause huileuse. Chacun y mit la main. Superbe occasion pour Bourbon, pour Conti, d'Antin, de montrer leur délicatesse, de s'indigner contre un seigneur, un duc et pair qui faisait de telles choses. D'Antin, pendant ce temps, en avait fait une autre bien autrement hardie. Il avait enlevé sans façon la prodigieuse masse de tous les plombs de Versailles, en mettant à la place de très mauvais tuyaux de fer. Tout tomba sur La Force. On régala le Parlement de ce procès. Lui-même se flétrit bien plus encore qu'on ne voulait, en accusant son intendant, que l'on envoya aux galères.

Le 26 janvier, Duverney lance à la fois ses deux brûlots qui incendient tout :

1° La Compagnie des Indes est déclarée comptable, responsable des billets de la Banque. — Billets qu'on fit *sans elle*. Billets qu'on augmentait secrètement, contre son règlement, *contre l'engagement qui fut pris avec elle de n'en faire qu'avec l'aveu de l'assemblée de ses actionnaires*. Cela ne la sauve pas. L'argument du loup à l'agneau (dans la fable de La Fontaine) prévaut ici. Elle est croquée, c'est-à-dire saisie, sous scellé, livrée à ses ennemis.

2° On organise au Louvre une commission souveraine, vaste inquisition financière, avec une armée de commis. Tout cela dans les bas appartements, les salles royales d'Henri IV et d'Anne d'Autriche. Cette administration doit examiner et viser tout titre, tout papier (actions, billets, contrats, quittances, etc.), distinguer les bons des mauvais, en faire le *Jugement dernier*. Pour cela, il faut en connaître, en apprécier les origines. Travail épouvantable. Où trouvera-t-on des employés si exercés, si habiles, des têtes si fortes, pour démêler d'un coup tant de choses embrouillées? On prend ceux que l'on trouve, des jeunes gens sans place, des gaillards qui ne faisant rien, ne sachant rien, sont propres à tout, batteurs de pavé qui promènent la petite tonsure ou l'inutile épée. L'effrayant, c'est que des novices doivent *en deux mois* finir cette œuvre révolutionnaire, la Saint-Barthélemy du papier.

Si la plume y succombe, l'épée y subviendra contre les mal appris qui se plaindraient trop haut. On ne prétend pas faire une banqueroute timide, détournée, par derrière. On veut la soutenir fièrement.

Tout est prêt, les portes ouvertes, mais peu de gens y viennent. Nul n'est pressé d'aller se mettre sous la dent. Quelques-uns, et les plus véreux, croient prudent d'aller déclarer une petite partie de leur fortune, de donner aux bureaux certaine pâture, pour qu'on s'informe moins du reste. Le temps passe, s'allonge. On ajoute aux deux mois.

On frappe coup sur coup. On déclare annulé tout papier non visé. On déclare confisquée l'acquisition non avouée. Enfin, on s'adresse aux notaires. Ces hommes de confiance, discrets confesseurs des fortunes, qui reçoivent dans l'oreille tant de choses qui doivent y mourir, les notaires sont forcés de trahir leurs clients, d'apporter des extraits des contrats et de tous les actes. Mesure inattendue, cruelle, qui mettait à jour les fortunes, marquait les aveux incomplets, permettait au pouvoir des punitions lucratives. Pour pincer mieux, Duverney, le grand maître, fit de sa main d'ingénieux règlements, pièges certains, infaillibles filets où les plus fins se trouvaient pris. Il se fiait à la passion : les juges des nouveaux enrichis étaient leurs ennemis, des robins restés maigres. Il se fiait à l'intérêt. Les commis savaient bien que la sévérité ferait leur avancement. Ils étaient stimulés par de gros appointements. Et, si l'âpreté leur manquait, ils en prenaient des suppléments à la vaste buvette établie exprès dans le Louvre.

En moins de rien on jugea la fortune d'un million d'hommes (cinq cent mille à Paris; cinq cent mille en province). Nulle telle opération depuis l'origine du monde.

On remarqua le soin, la précision arithmétique, avec lesquels Duverney procéda, autant qu'il se pouvait. Il avait pris pour chef de ses calculateurs l'infaillible Barême, dont le nom est proverbial. Mais cette exactitude dans ce qu'on faisait ne couvrait point assez ce qu'on ne faisait point, je veux dire les ménagements avec lesquels on détourna l'enquête des illustres voleurs. Ce qu'on pouvait reprocher le plus à cette Terreur, ce n'était pas d'être terrible, mais de l'être inégalement, d'être ici clairvoyante, aveugle là. Elle poussa à mort la Compagnie des Indes, les Mississipiens isolés. Mais elle ne voulut rien savoir de tous les grands seigneurs qui avaient refait leurs fortunes, avaient payé leurs dettes, pour rentrer dans leurs biens saisis. Cette persécution si partiale, qui frappa les riches nouveaux et ménagea les autres, eut l'effet détestable d'une réaction nobiliaire. Ces nouveaux, la plupart, étaient au moins des hommes intelligents. Les anciens, les seigneurs refaits, étaient ces races incurablement fainéantes que le roi, que la cour, l'intrigue et la prostitution avaient tant de fois relevées dans le dix-septième siècle, mais toujours inutilement.

On avait une liste de gens à rançonner, liste énorme

de trente-cinq mille. Liste comminatoire, pour amener à composition.

On s'arrangea. Ce grand appareil d'implacable justice eut un effet contraire au but. La plupart se jetèrent dans les bras de la Grâce, je veux dire s'adressèrent à la faveur. C'est ce qui rendait toujours vaines les opérations de ce genre. Les commissaires de Duverney, ses employés ne furent point insensibles, falsifièrent des pièces, arrangèrent des affaires. Trois ou quatre, pris pour l'exemple, condamnés, devaient être pendus, mais on les épargna. Que de gens il eût fallu pendre! C'était à qui sauverait les riches victimes du Visa. La sensibilité des dames brilla là, comme toujours. Elles coururent, assiégèrent les puissants. Telle s'entremit pour un diamant ou quelque autre cadeau. Telle fit plus; elle couvrit l'opulent malheureux en l'épousant. Force seigneurs daignèrent donner aux Mississipiens des *filles de protection*. Ce fut le terme consacré. S'ils n'avaient pas de filles, l'agioteur disait avec simplicité : « On m'en veut pour cette terre, cet hôtel... Eh bien! prenez-les. »

Ainsi les enrichis s'arrangeant avec les vieux riches, la finance nouvelle avec l'ancienne, l'agiotage épousant la noblesse, une certaine société bâtarde va commencer où l'élément jeune et actif des gens d'affaires ne rajeunira pas les vieux oisifs, mais participera à leur vieillesse, à leur paresse. De ce beau mariage sort la race des frelons qui vont stériliser tout le règne de Louis XV.

C'est en bas sur les grandes masses, sur la partie

active de la population (*un million de familles*, dont cinq millions d'individus?) que tomba lourdement d'aplomb l'écrasement du Visa. Ceux qui n'avaient ni rentes ni actions, ceux qui spéculaient le moins, avaient reçu malgré eux en payement et de mille manières, des papiers de toute sorte, spécialement les papiers-monnaie qui avaient cours forcé. Au Visa, tout fondit. Ils se trouvèrent n'avoir presque rien dans les mains. Mais ce peu, mais ce rien, ils croyaient au moins le toucher. Point du tout. Ce débris de débris, ils ne l'auront pas même. Ils pourraient le manger. L'État est soucieux de le leur conserver; il ne leur en fait que la rente. Une rente minime à un taux misérable. Une rente peu sûre après tant de réductions, que nul ne voudrait acheter. Après tant de rudes coups, c'en est fait de la foi publique.

Rude aussi et terrible l'effet de tout cela sur la moralité, et, ce qui est plus fort, sur la raison, sur le bon sens. Les têtes sont fortement ébranlées par la grandeur d'un tel naufrage. Il en résulte un effet singulier qu'on croirait un trait de folie. Moins on a, et plus on dépense. C'est qu'on ne compte plus, on ne songe plus à rien équilibrer. Chacun joue de son reste. Et ce n'est plus, ce semble, au plaisir que l'on court (comme dans les premières années de la Régence), c'est à l'étourdissement, à l'oubli, au suicide. Ce qui reste, force, vie, fortune, on a hâte de l'exterminer. En Provence, on l'a vu, la peste fut galante et luxurieusement effrénée. Même effet à Paris pour l'autre peste, la débâcle des fortunes. Les survivants d'un jour semblent se faire scrupule de garder rien de leurs débris. On va de fête en fête, de bal en bal. Surtout les bals masqués, champ d'aventures furtives, folles loteries de femmes, de plaisirs d'un instant.

Il y avait de l'entrain, mais fort peu de gaieté, plutôt des farces ou obscènes ou tragiques. A certain bal arrivent quatre masques apportant un cinquième qui semblait faire le mort. Les quatre disparaissent, mais le cinquième non. Car c'était un mort en effet.

Deux morts gouvernent le royaume, pour mieux dire, font semblant. Le Régent et Dubois, toujours entre deux crises, pourraient à chaque instant passer demain. Dubois avec les apparences d'une activité furieuse, stimulé, endiablé de l'urètre et de la vessie, reste inaccessible et s'enferme. Pour les choses pressées, nul moyen d'arriver à lui. Sauf son affaire (d'acheter le chapeau) et les mariages espagnols, l'affaire des Orléans, dont nous parlerons tout à l'heure, il ne fait presque rien. Combien moins le Régent dans sa torpeur apoplectique!

De plus en plus, celui-ci est grotesque. Pour faire croire qu'il existe encore, il fait obstinément l'Henri IV et le vert galant. Il ne tient pas à lui qu'on ne le croie un joyeux libertin. De son mieux il simule l'enivrement des vices, lorsqu'il n'en a plus que l'ennui.

Quelle est à cette époque la figure de ce galant prince? Si changée que personne n'ose le peindre. Dans la célèbre estampe du Triomphe de la Banque (1720), entre l'Industrie, l'Abondance, le Temps offre un petit portrait du Régent au culte des agioteurs. Mais ce joli portrait est pris sur ceux de la jeunesse. Fausse et menteuse image, toile légère et pauvre chiffon, que le vent va plier, crever, rouler, on ne sait où.

Après sa mort, un burin véridique (de la belle galerie de Restout) donne la triste réalité. Là il fait peine. Il est fort sombre, fort lourdement bouffi, avec de gros yeux injectés, saillants et pleins de sang, qui vous disent : « Je mourrai bientôt. »

C'est justement cela, je crois, c'est ce besoin de faire dépit à la nature, de démentir la mort prochaine, qui lui fait faire le galant, l'amoureux. Ainsi, au moment même où il est pauvre au point de ne plus payer les domestiques de sa mère, il bâtit à Auteuil une *petite maison*. Et pour qui? pour une maîtresse qu'il a depuis longtemps, dont il a assez, plus qu'assez, son habituée, la Parabère, qui a souvent la sinécure de passer la nuit avec lui.

Il se pouvait fort bien qu'il mourût dans ses bras. La peur qu'elle eut, en voyant un de ses domestiques mourir subitement, la décida. Elle déclara vouloir se convertir, se retirer. Le même mois, il en achète une autre, une jeune femme que le mari lui vend. Sans voir, sans aimer, il achète. C'était une petite noiraude, déjà fanée, les seins pendants, mais moqueuse, rieuse, impudente. Pour un si digne objet, on ne peut faire trop de folies. Sur la Seine, devant Saint-Cloud, c'est-à-dire par devant madame d'Orléans, il fait pour la coquine des illuminations et des feux d'artifice. Tout Paris y va, indigné, mais curieux, voulant voir « si le tonnerre de Dieu y tombera ». Curiosité fatale aux paysans ; la foule marche dans leurs blés, dans leurs vignes.

Avec tout ce bruit, cette dépense, il est si peu épris qu'au moment même il a un autre objet en tête. Un grand seigneur, joueur, panier percé, voudrait bien lui vendre sa nièce. C'était l'écuyer du roi, Sainte-Maure, cousin des Montespan, du duc d'Antin. « Que ne me parliez-vous? dit-il. Je vous aurais donné l'amour même. — Pourquoi pas? — Impossible. Maintenant elle est religieuse. D'ailleurs, dit-il, en vrai marchand, elle est de grande condition. C'est ma nièce... » Cela toucha juste. Le couvent était loin, du côté de Rodez. On lance une lettre de cachet pour en tirer la fille et la remettre à M. le curé de l'endroit, qui veut bien se charger de la conduire à Paris chez son oncle aux Écuries du Roi. Comme une mule ou un cheval d'Espagne, de ce fond du Midi à travers toute la France, elle est amenée par l'obligeant pasteur. Entre lui et son oncle, la pauvre nonne, intimidée, d'autant plus belle, est longuement lorgnée par le myope. Pour rien heureusement. Soit qu'il eût pitié d'elle, soit qu'il se sentît froid, indigne d'un si jeune amour, il laissa aller l'innocente.

Il n'était pas méchant, et même à cette époque où il était tombé si bas, tellement matérialisé et incapable de tout bien, il n'eût pas goûté un plaisir cruel, n'eût pas fait pleurer une fille. En cela il ne fut nullement du temps qui finit la Régence, temps âprement corrompu et cruel qui appartient déjà à l'époque de Monsieur le Duc. Il aurait voulu être aimé. Il l'espéra deux fois, dans la réforme de Noailles et dans l'utopie du Système. Deux fois il retomba.

Mais, quelque indifférent qu'il parût être à tout, faisant la sourde oreille à la haine publique, il se jugeait fort bien. Une fois, à table avec Dubois, comme on lui donne un papier à signer « F.... royaume ! s'écrie-t-il. Il est bien gouverné ! par un ivrogne et un maquereau ! »

CHAPITRE XIX

Manon Lescaut. — Mort de Watteau. (1721.)

Nous ne pouvons passer sans dire un mot d'un petit roman d'importance, de popularité immense, *Manon Lescaut*. Le siècle de Louis XIV n'a pas de tels livres populaires. Il ne faut pas croire que la masse inférieure lut les tragédies de Racine. Dans les livres de dévotion, pas un n'a le succès de se faire lire de tous. Les sottes éjaculations de Marie Alacoque se répandent, mais dans les couvents.

Voici un livre populaire. Grand, très grand événement. Il ne paraît qu'en 1727, mais il est certainement écrit, ou du moins commencé, vers le temps qu'il raconte, vers les cruelles années des enlèvements pour le Mississipi, quand la douloureuse aventure était toute brûlante encore. C'est bien moins un roman qu'une histoire, une confession.

Il n'y a jamais eu un tel succès de larmes. Nulle critique; on n'y voyait plus. Les hommes même pleuraient. Les femmes lisaient et relisaient. Les filles dévoraient en cachette. Pourquoi la janséniste, la petite marchande s'enfonce-t-elle derrière son comptoir? Pourquoi la jeune femme de chambre n'entend-elle plus sonner sa dame? La voilà comme folle. Elle pleure sans pouvoir s'arrêter. « Qu'as-tu ? — Rien. » Mais la dame, sous son fichu, lui trouve sa *Manon*, qu'elle a dérobée.

Ce livre tout petit s'adresse à un grand peuple (bien nombreux, car c'est tout le monde), celui des amoureux. Il est seul sans partage, jusqu'à la *Julie* de Rousseau, donc pendant plus de trente années. La *Julie*, à son tour, qui régnera autant, ne pâlit qu'en présence de *Paul et Virginie*. Chacun de ces trois livres est une ère nouvelle, une révolution dans les mœurs.

L'amour est grand au dix-huitième siècle. A travers le caprice désordonné et la mobilité, il subsiste adoré, et surtout admiré. Il n'a pas la fadeur des Astrées, des Cyrus. Il est fort et réel, et il semble une religion, accrue des ruines de l'ancienne. La corruption même croit « qu'il est une vertu ». Le plus gâté est fier s'il a la bonne fortune d'avoir cette belle maladie : de tomber amoureux.

Est-ce pour rire ? non, on se dévoue. Aux épidémies meurtrières, surtout quand le fléau du temps, la petite vérole, saisit la dame, l'amant ne cède la place à personne, donne congé au mari, s'enferme seul avec la malade pour vivre ou pour mourir. Dévouement dont la femme montre encore plus d'exemples. La plus légère est fidèle à la mort; elle se remet à aimer son mari et s'enferme avec lui *quand même.*

Il y a de tout cela dans *Manon*, mais il y a autre chose. Est-ce bien l'âme de la Régence qu'elle exprime, comme on le croit communément? Dans ce torrent de passion, trouble de larmes (hélas! aussi de boue), trouve-t-on pour se relever par moments le vif élan d'esprit, l'essor vers l'avenir, qui caractérise l'époque dans les *Lettres persanes?* Non, nul amour de la lumière. Cette désolée *Manon* regarde moins l'aurore que le couchant. Elle appartient surtout à la fin de Louis XIV. C'est un livre amoureux, libertin, catholique. Son chevalier, s'il pouvait autre chose qu'être amoureux, serait, comme maint autre héros de son auteur (l'abbé Prévost), homme de la cour de Saint-Germain, un aventurier jacobite.

C'est la chose essentielle et capitale qu'on n'a pas dite. Le petit chevalier Desgrieux et Manon, les deux enfants qui arrivent de leur pays, lui à dix-sept ans, elle à quinze, et qui se trouvent si vite au niveau de la corruption de Paris, ne peuvent lui devoir leur précocité pour le vice. Débarqués après la mort du Roi, ce n'est pas la Régence, ce n'est pas le Système qui les font si gâtés déjà. Ils sortent uniquement de l'éducation de province. Ils ont été élevés en maisons nobles. Lui, fils d'un gentilhomme assez considérable, puisqu'il a des gentilshommes pour serviteurs. Elle, malgré son petit nom Manon, elle est sœur d'un garde -du corps, donc de bonne famille et très certainement *demoiselle.*

Ils sont tout à l'image du bon Prévost. Malgré tous leurs désordres, ils ont un fonds religieux qui revient bien fort à la fin, puisque, dans leur établissement en Amérique, ils ont absolument besoin du Sacrement. Mais ce fonds religieux n'a pas eu grand effet moral sur leurs débuts. A quinze ans, la petite est déjà « expérimentée ». Et cette expérience lui fait suivre sans hésitation (après deux mots de compliments) un garçon inconnu. Lui, plus passionné, moins naturellement corrompu, comme il passe vite cependant du séminaire au tripot, à l'escroquerie! « Mais c'est qu'il aime, dit-on, et il va à l'aveugle. » D'accord, mais l'amour même serait plus fortement marqué si l'honneur, la religion luttaient un peu, du moins afin d'être vaincus. Mais ces principes sont si morts, parlent si peu, que l'amour n'a pas même à vaincre.

L'auteur et le héros, c'est le même homme, au jugement de la critique sérieuse. Le livre n'a rien d'une fiction. Cela ne s'invente pas. Prévost, auteur lâche et diffus, ici, sous l'aiguillon d'un sentiment très personnel, a trouvé une force et une simplicité terribles. Ce n'est pas du génie. C'est bien plus, c'est nature, douleur, honte, amour, volupté amère, désespoir... Le cœur est percé.

Il n'a pas fait comme Rousseau. Il ne s'est pas nommé dans sa confession. Et je crois qu'il en a souffert. Tel qu'il fut, il aurait trouvé un sensuel bonheur à signer son histoire d'amour, à écrire que c'était bien lui qui avait eu Manon. Il eût fort aisément endossé des misères qui alors faisaient peu de tort à *l'homme de qualité*. Mais il ne le pouvait. Il était prêtre. Il avait été moine. C'est sa robe qu'il a respectée.

Prévost est à peu près de l'âge de son chevalier. Un peu avant le siècle, il naît sur la lisière d'Artois, de Picardie, et pas bien loin des lieux où naît Watteau. L'un d'Hesdin, l'autre de Valenciennes. Deux grands peintres, qui, d'un art different, feront tous deux Manon Lescaut.

Prévost naquit en plein roman, dans ce pays où les séminaires irlandais élevaient tant de têtes chimériques, d'apôtres intrigants, pour les aventures d'Angleterre. Esprit charmant, facile, faconde intarissable, tête chaude et quasi irlandaise. Tout imagination. Il en fut dupe toute sa vie. Ses maîtres, les Jésuites, qu'il aimait fort et qu'il aima toujours, auraient bien voulu le tenir. Il était trop léger. Il se croyait bon gentilhomme (étant le fils d'un procureur du roi). Il servit. Il aima. Tout jeune (1721), l'année même où son chevalier est converti par la mort de Manon, nous voyons Prévost converti de même chez les Bénédictins. Il y reste encapuchonné (non sans regret) quelques années, compilant tristement la *Gallia christiana*. Mais, près du gros volume, il en écrit un autre bien petit (devinez lequel). Brûlant secret qu'on ne peut garder guère. Ce rêve, et bien d'autres encore, de vie folle et mondaine, il les contait indiscrètement. Le soir, il ramassait des moines dans certain petit coin. Il les tenait là fascinés. Il contait, il contait, sans pouvoir s'arrêter, et cela durait jusqu'au jour.

Sa fuite du couvent, en 1727, le divorça d'avec le fatal manuscrit. Quand l'oiseau envolé plana aux vertes plaines de la libre Angleterre, il ne put plus tenir cette *Manon*. Elle aussi s'envola, publiée comme un épisode d'un long roman. Elle emporta, ce semble, une bien grande partie de lui-même. Car depuis il resta un écrivain facile, agréable, diffus, délayant, et bref, peu de chose.

Il a du papier, une plume, mais nul plan devant lui. Telle sa vie, tels ses livres. Il n'a jamais prévu. Il va, flotte; c'est le cours de l'eau. D'homme d'épée, moine et défroqué, romancier et prédicateur, traducteur et compilateur, journaliste, auteur à gages, par tous pays et tous métiers, il va et ne peut s'arrêter. Souvent amoureux, souvent converti, à l'église, au cloître, au grenier, ermite ou presque marié avec une belle Hollandaise qui l'enlève un matin. Ce qu'il a de plus fixe, c'est un certain attachement à ses bons Pères, à ses bons moines, à tant de bons abbés. Tout le clergé est bon. Son imagination douce et charmante ne lui laisse voir partout que l'excellent Tiberge du roman, ce héros de vertu, d'amitié. Il est si prévenu, qu'il donne les mêmes traits au chef de la rude maison où jouait tant le nerf, au supérieur de Saint-Lazare. (Voir plus haut mon *Louis XIV*.)

Son chevalier est-il tout à fait sans principes? Non. Qu'il s'en rende compte ou non, il en a deux. L'un: qu'un homme *né*, élevé chrétiennement, peut toujours revenir de ses échappées de jeunesse, qu'il peut aller fort loin sans danger du salut. L'autre, le principe galant : « Que l'amour excuse tout, qu'un *véritable amant* a le droit de tout faire. » Avec ces deux idées, rien n'embarrasse Prévost. Il court bride abattue, va des deux pieds dans le ruisseau.

Nous ne sommes plus de cette force. Nous ne supportons plus l'aisance avec laquelle le chevalier, sans s'étonner, entre dans une bande d'escrocs. Nous ne digérons plus « ses longues manchettes », propres à filer la carte. Encore moins sa résignation à faire « le petit frère de Manon », le naïf et le niais, devant l'entreteneur qu'on veut plumer. Je ne dis rien de l'homme tué, petit assassinat sans conséquence, fait si vite qu'on n'y songe plus. Il est vrai, ce n'est qu'un portier.

Les critiques ont été, disons-le, étonnamment faibles, j'allais dire lâches, pour Manon. Cent ans après, elle corrompt encore, et les hommes contre elle ne gardent pas leur jugement. Un d'eux nous dit qu'après que bien des livres auront passé, elle reparaîtra « dans sa *fraîcheur* ». C'est justement là ce qui manque. Prévost qui la montre adorée, et veut la rendre séduisante, lui fait maladroitement dire, écrire des choses basses qui la fanent trop. On sent ici les mœurs, les habitudes du prêtre. Il n'a pas connu les nuances, n'a pas vu les dames de près. Cette irrésistible Manon n'est qu'une fille, pas même le moderne *camellia*. Elle parle lourdement des besoins de la vie, des pièges qu'elle va tendre, « de ses filets ». Elle badine désagréablement sur les méprises de la faim : « Je rendrai quelque jour le dernier soupir en croyant en pousser un d'amour », etc. Ce positif cynique fait froid. Mais sa facilité à enfoncer des pointes dans le cœur saignant fait horreur. Quand cela va jusqu'à lui envoyer une fille « pour le désennuyer », tenir sa place au lit!... la fureur de l'infortune, l'explosion de son désespoir, dépassent les effets que l'auteur a voulu produire. On est dégoûté, indigné, mais plus irrévocablement que le héros. Manon est sans retour flétrie ; elle s'est jugée elle-même.

Les critiques ont remarqué avec raison, comme grande originalité du livre, la parfaite *sécurité* de Manon à chaque chute. Mais ils ont tort de l'appeler « une fille *incompréhensible* ». Cela ne se comprend que trop. Elle connaît son amant. Elle n'ignore pas, l'*innocente*, que le péché lui va, qu'elle en est plus jolie, aimée, désirée davantage. C'est le mot immoral de tel poète à son infidèle : « Tu sais que je t'en aimai mieux. »

L'amour certainement y est aveugle et violent. Mais dessous on démêle aussi quelque chose de bien gâté, de dépravé. Avec l'odeur de séminaire, de tripot, d'hôpital, il y en a une autre encore. « Expérimentée » dès quinze ans, et formée spécialement par certaine éducation (qu'on comprend moins en pays protestant), Manon n'est pas tant ignorante. D'instinct au moins, elle connaît « les grâces de la chute », combien une jeune Madeleine est embellie « de son indignité », attendrissante de faiblesse et de honte.

Le chevalier abbé, la fleur de Saint-Sulpice, qui y a passé de si belles thèses, n'a pas perdu son temps. Il connaît ces fins fonds mystiques, tout ce que la théologie peut prêter à l'amour. Quand Manon le tire du séminaire, il se sent, dit-il, emporté d'une *délectation victorieuse*. Mais la *délectation* semble augmenter à mesure que Manon, plus souillée, devrait inspirer répugnance. Cet attrait de corruption, cette amère volupté, mêlée de désir et de jalousie, comme une eau-forte, va creusant dans une âme malade et malsaine. Le progrès est marqué de pardon en pardon. Elle avoue, se confesse. Elle pleure, demande grâce. Et toujours le vertige augmente. A la troisième fois (coupable, jusqu'à cet outrage de lui envoyer une fille!) à genoux, à discrétion, « elle a peur, mais reste à genoux, attend son châtiment ». D'où il résulte que c'est lui qui défaille, qui n'en peut plus, et tombe. Elle a vaincu! Elle est si touchante, abaissée dans cette attitude d'esclave, et elle dépend tellement!

La passion est au comble? Non. Car elle augmente encore quand il la suit en sa dernière misère, enchaînée par le corps aux filles sales et dans la même ordure. Là, mise à leur niveau, flétrie des corrections de l'Hôpital, éteinte et fanée, l'œil fermé, n'osant regarder même, par la honte elle enfonce le dernier dard d'amour.

On pleure. Et on est furieux de pleurer. Ce qui dépite, choque, et plus que la dépravation, c'est le singulier amour-propre qui subsiste avec tout cela. Il fait très bien entendre que Manon a été (comme toute fille perdue) *corrigée* à la Salpêtrière, et il a soin de dire que lui, il ne l'a pas été à Saint-Lazare. Sa *naissance* l'en a dispensé.

Cette *naissance* lui fait tenir un étrange propos. De sa mortification même à Saint-Lazare, il tire occasion pour se relever, se croire « au-dessus du commun des hommes », se ranger dans l'élite des caractères plus nobles « dont les idées, les sensations passent les bornes de la nature. Ces personnes ont le sentiment d'une grandeur qui les élève au-dessus du vulgaire, etc. » Quoi de plus pitoyable ? On sent combien la sotte éducation du petit gentilhomme de séminaire l'a mis hors du bon sens, de toute idée du vrai, et l'a sans retour perverti.

Une chose plus habile, dans Prévost, fort adroite, c'est de n'avoir pas fait le portrait de Manon, d'avoir laissé flotter vaguement son image, de sorte que chacun fait la sienne. A certains traits pourtant, « ces yeux fins, languissants », on n'a pas de peine à se rappeler qu'on l'a vue dans Watteau. Ce grand peintre, qui meurt justement cette même année (1721), n'a pas pu lire *Manon*, mais à chaque instant il l'a vue dans la vie, ne s'est pas lassé de la peindre.

On a dit trop légèrement que son modèle est l'Italienne. Presque toujours c'est la Française. L'Italienne est tout autre de deux façons, ou par la beauté pleine, régulière, harmonique, ou par l'agitation excessive et gesticulante. La fille que Watteau nous donne, beaucoup plus gracieuse, n'est que doux mouvement; elle ondule, comme l'air et l'eau, se meut sans se mouvoir. Fine ou d'esprit ou de misère (mal nourrie dans l'enfance, et maltraitée plus tard?) elle pique, mais elle touche. On voudrait bien la rendre heureuse. Hélas! il n'y a pas beaucoup de prise. Elle aime peu. Sa jolie tête est tout. Du cœur, du corps peu de nouvelles.

Est-ce Manon? oui, le plus souvent. Mais Watteau qui a sa noblesse, qui est toujours exquis, dans une délicatesse que Prévost n'a connue jamais, Watteau l'a donnée moins flétrie. — Chose curieuse, l'abbé qui ne parle que de grand monde, qui se croit *homme de qualité*, tombe volontiers dans le vulgaire, par le bavardage étourdi, la sentimentalité triviale. Watteau, le fier rapin, sans vanité que de son art, est toujours noble, quoi qu'il fasse, par la finesse singulière, la pointe aiguë de son génie.

Nul avant lui, nul après lui, n'a pu représenter un mystère singulier de grâce et de mouvement : « Comment le Français marche. » Dès son premier tableau, où vous voyez sous la pluie, dans la boue (lestement, comme au bal), marcher un bataillon de nos maigres soldats, on sentit que lui seul, le plus nerveux des peintres, avait surpris, saisi les adresses invisibles, les rythmes variables de cette chose inconnue : « le pas ».

Dans le plus grossier même, il est exquis encore. Ses mendiants sournois, observateurs, obliquement loustics, plus dangereux peut-être que les brigands de Salvator, on le sent bien, joueraient cent rôles, depuis le vol de poules jusqu'à l'assassinat. Rien du peuple. Au besoin, ce seront messieurs les escrocs.

Cette puissance de peindre l'esprit, et l'invisible

même, plaisir délicat, mais si vif, doit user, mordre à fond. Il rend son homme indifférent à tout le reste et dégoûté. Il en fait un mélancolique, dédaigneux des joies de nature. Watteau, fort sensuel d'idées, ne l'est guère en peinture. Il fuit l'obscénité. Elle alourdirait son pinceau. Aux sujets charnels il élude. Dans son *Voyage de Cythère* que ses gentilles pèlerines, si jeunes, font pour la première fois, il reste au départ même. Il n'en peint que l'espoir, le rêve. Il va les embarquer, et il ne quitte pas le rivage. — Autre ne fut sa vie, un incessant départ, un vouloir, un commencement.

Il atteint l'innocence quelquefois, à force d'esprit, le tragique souvent, une fois même aussi le sublime. Exemple : le bouffe italien, qu'il peint à tous ses âges, *le Grand Gilles*. Au dernier triomphe, écrasé de succès, de cris et de fleurs, revenu devant le public, humble et la tête basse, le pauvre Pierrot un moment a oublié la salle ; en pleine foule, il rêve (combien de choses ! la vie dans un éclair), il rêve, il est comme abîmé... *Morituri te salutant.* Salut, peuple, je vais mourir.

Watteau meurt pauvre. On l'eût étouffé d'or, s'il avait plié son génie. Protégé (même aimé) des rois de la finance, qui voulaient le loger chez eux, il voulut être seul, libre et triste à son aise.

Triste de quoi? De l'art d'abord. Il croyait ne pas le savoir, ne sachant pas l'anatomie, — ignorant le dessous qui permet de mouvoir, de transformer en tous sens le dessus.

Je le crois triste aussi de ce qu'il sent la vie du

temps. Quel misérable peuple ! Il n'a presque jamais que des maigreurs à peindre. Ces femmes si jolies, ce sont (comme disait un roi matériel de madame Henriette), ce sont de jolis « petits os ».

Le Système, la fièvre d'argent le dégoûtait, et il s'était enfui en Angleterre. Il y gagna le spleen. Puis la débâcle l'assomma. Le monde lui parut une impasse. Voilà ce que nous avons, à chaque instant, le tort de croire. S'il avait vécu quelques mois, il eût lu les *Lettres persanes*, eût senti la nouvelle aurore, trouvé les ouvertures, les perspectives qu'il cherchait, en un mot : *causa vivendi*.

Il meurt à trente-sept ans. Le très noble chagrin du génie arrêté qui n'a pas rempli son destin, est superbement indiqué dans son portrait unique, dans la belle gravure du bocage où on le voit debout, les pinceaux à la main, près de l'intime ami qui est assis. Ils ne se disent rien. L'ami intelligent sait que toute parole, sur un cœur si malade, pourrait blesser, aigrir. Mais pour fondre cette sécheresse douloureuse, il fait de la musique, lui fait vibrer, chanter, pleurer le violoncelle. Plein de cœur et d'élan, de foi dans le génie, ce doux consolateur lui joue son immortalité.

CHAPITRE XX

Rome et les sacrilèges. — Mariages espagnols. (1721.)

Un sujet admirable pour l'épopée badine, la muse du *Lutrin*, de la *Secchia rapita*, ce serait la conquête du chapeau de Dubois, qui coûta tant d'années d'intrigues et de millions, vrai poème qui eut son merveilleux, ses héros, ses péripéties.

Il n'y a pas souvenir d'une poursuite si persévérante, si passionnée. Il se mourait pour ce chapeau. Prières, larmes, soupirs, insinuations délicates, menaces, cris de fureur, prodigalité effrénée, présents de tout à tous, rien n'y manque. C'est là que l'on voit ce que peut faire un cœur vraiment épris. Rien de plus éloquent que sa correspondance, de plus comiquement pathétique. A ces moindres agents (pour les encourager), au fripon Lafitau, au lâche et bas Tencin, il écrit des flatteries incroyables. Rohan, le sot cardinal-femme, dont il fait son ambassadeur, il l'appelle « un grand homme », lui prédit qu'il fera une école en diplomatie, comme Richelieu et Mazarin.

Toute la politique de la France en Europe est désormais subordonnée à cette grande affaire. Avec un talent véritable, Dubois parvient à faire agir d'ensemble, pour ce but, les éléments les plus contraires, les ennemis les plus acharnés. Nul miracle impossible à une grande passion. Rien de difficile à l'amour. Mais aussi il faut avouer que jamais il n'y eut un homme si large, si généreux, jamais un si grand cœur. « Vous voulez dix mille livres? Vous ne les aurez pas. Vous en aurez cent mille! » Notez que chaque envoi était un tour de force, dans la cruelle détresse où se trouvait l'État. On ne pouvait même payer les troupes. Et cependant on trouva huit millions pour payer le chapeau! Dubois parfois ne sait comment faire, pousse des cris : « Pour envoyer dix mille pistoles, il faut en trouver ici trente mille. Rien à espérer du Trésor. Je voudrais pouvoir me vendre moi-même, fussé-je acheté pour les galères! »

L'exact et malin Lemontey a retrouvé, suivi aux Affaires étrangères le minutieux détail des ventes et des achats, du marchandage infini qui se fit. Dubois, tout terminé, conclut avec mélancolie (comme il en vient toujours après la passion satisfaite) qu'il eût pu s'en tirer à moindre prix. Ces besoigneux auraient accepté tout. Les agents de Dubois jetèrent l'argent. Ils cherchèrent, ils trouvèrent toute sorte de petites influences qui servaient peu ou point, d'obligeantes inutilités. Ils ne dédaignaient rien, ils fouillaient au plus bas. Point de passage ignoble, de porte de derrière qu'ils ne tentassent pour aller vite au but. Toute la canaille intime de chaque palais, valets de confiance, favoris et petits abbés, fainéants piliers d'antichambre, tout ce monde râpé put se refaire des chausses. Il n'y eut pas jusqu'à une ex-courtisane, vieux meuble du Sacré-Collège, la grande Mariana (ou Marinaccia, comme on l'appelait dans le peuple), qui ne se fit payer, qui ne rentrât en guerre pour Dubois au nouveau conclave. Elle avait influence, au moins de souvenir, près du vieillard ventru sur qui tomba le Saint-Esprit (Conti, Innocent XIII).

Il est honteux, ridicule, incroyable, et pourtant très certain que cette belle affaire de coiffer de rouge un coquin domina souverainement toutes les grandes affaires de l'Europe pendant l'année 1721. Il est certain que cette ordure romaine, par les canaux, fentes et fissures que fit partout sous terre une main astucieuse, filtra, souilla, infecta toute la politique du temps.

Il y a, pour ce comble de honte, deux fortes raisons qui l'expliquent :

Premièrement, une défaillance générale. Depuis 1715, chacun avait voulu, espéré, tenté quelque chose. Et chacun était retombé. La France, après Law, aplatie. L'Espagne, après son Parmesan, sous sa Parmesane, aplatie. L'Angleterre même, après Blount et sa duperie grossière, mortifiée. Tout le monde avait mal au cœur.

Secondement, ce vieux fripon de Dubois, bien au

contraire, avec l'âge et la maladie, était endiablé de passion, jeune de vice. Si longtemps retardé, il délirait d'impatience. A sa fortune d'un moment, il mettait à la fois deux choses qui ne vont guère ensemble, avec la rage du mourant, une ardeur de vie, de folie, qu'on n'a guère qu'au premier amour.

Vu de près, cela faisait peur. Il était tellement à sa passion, à son emportement pour le chapeau, pour la patente de cardinal-ministre, qui sait? pour la tiare, qui sait? pour la Régence (sa fureur alla à ce point), qu'il n'y avait plus moyen de lui parler d'affaires courantes. Tout restait là. Mais on n'osait rien faire sans lui. Pour l'absolue nécessité, on hasardait d'entre-bâiller la porte, et il entrait alors dans des accès quasi épileptiques. Sacrant, jurant, il se précipitait, courait, comme un chat-tigre, tout autour de sa chambre en sautant par-dessus les chaises. On refermait, craignant d'être mordu.

Voilà l'homme qui, aux grands jours, maniait l'hostie, faisait Dieu. Bouffon, brouillon, rieur et furieux, il massacrait la messe en blasphémant, grinçant... Vraie figure de damné.

Il était le vivant enseignement du sacrilège. Un Dieu si résigné, sous la main de Dubois, on fut curieux de voir ce qu'on pouvait lui faire impunément. On vit un frénétique, à l'église du Marché-Neuf (où l'on expose aujourd'hui les noyés), en plein jour, ôter ses culottes, sauter sur l'autel, le salir, barbouiller la Vierge et Jésus (Buvat, 164). A Saint-Thomas du Louvre, tout se trouve un matin déshonoré de fiente humaine (Buvat, 172). Au fond du faubourg Saint-Antoine, on prend des fous qui, indignés de la patience du Christ, le font rôtir entre deux maquereaux, châtiment symbolique, entre Dubois et le Régent (Buvat.!,171.)

L'affaire du Marché-Neuf fit grand bruit. On purifia solennellement l'église, et on eut soin que le fou mourût à la première torture qu'on donna. On pouvait dire pourtant qu'à ce moment Dubois avait fait davantage. Il avait barbouillé de sa malpropre intrigue l'Église universelle. Il avait fait qu'en cette année chacun démentît son principe, salît sa conscience, outrageât son Dieu intérieur.

Voyons dans le détail cette opération dégoûtante :

France. — 1° Ce que le Régent avait eu, dans sa vie si souillée, c'était d'être après tout un homme d'esprit, avec un goût naturel, généreux, pour les libertés de l'esprit. Ce qu'il avait de pire (et de pire que les vices même), ce que Dubois cultiva à merveille, c'était un instinct bas, animal, d'adorer ses petits *quand même*. On a vu son étrange amour pour son aînée. Elle morte, pour les autres (plus innocemment) il resta un faible et plat père de famille, voulant pour elles de royaux mariages. Avec cela, Dubois le mena par le nez.

Il n'y avait rien à faire en Angleterre. Les mariages étaient en Espagne. De là de grands ménagements pour cette cour. De là, servitude pour Rome, servitude aux Jésuites. On fait la révérence à la Bulle *Unigenitus*. On l'inflige au Parlement même (novembre 1720). Cascade inouïe de bêtises. Le Régent fait le sot et ne trompe personne. Et cela au moment éclatant des *Lettres persanes*, entre Voltaire et Montesquieu.

2° Pour Dubois et le Régent, si dépendants de l'Angleterre, la grosse question est de savoir comment elle prendra les mariages espagnols qui vont relier les Bourbons? Que pensera-t-elle de Dubois qui, pour se concilier Rome, pensionne le Prétendant, l'appelle Majesté?

Il a vu l'Angleterre de près et il la sait par cœur. Tant fière, grognante et grommelante qu'elle soit, il sait qu'il y a tel morceau qui va la désarmer. Ce n'est plus l'Angleterre de Cromwell, d'idée haute, de foi violente, d'âpre et violent combat. Celle-ci, l'Angleterre de Blount et de Walpole, est insigne surtout pour la gloutonnerie. Soûlons-la, endormons-la. Qu'elle-même dise ce qu'elle veut, qu'elle fasse la carte du festin. Dubois fait faire à Londres notre traité avec l'Espagne. Deux articles en tout, pas un pour nous, tous deux pour l'Angleterre : 1° seule elle aura l'*assiento*, la vente des nègres ; 2° seule elle aura la porte de la fraude, de la contrebande dans le Nouveau-Monde. Un tout petit vaisseau, chargé de marchandises à la côte de l'Amérique. Vaisseau miraculeux, toujours vidé et toujours comble, que de grandes flottes viendront renouveler. Commerce ignoble, et qui devint barbare. La fraude se faisait hardiment, au nez des agents espagnols, et, au besoin, à main armée. Tout cela dirigé, commandité de Londres, justement au début de la réforme pieuse de Wesley. La constriction de décence, de petite pratique, de petit esprit, se dédommage et se lâche au dehors par les fureurs cupides, les trafics illicites, spécialement de la chair humaine.

3° L'Espagne, ainsi livrée à la brutalité anglaise, l'Espagne, vendue par Dubois, va être apparemment l'implacable ennemie de la France? Qu'espérer désormais de cette cour aigrie, ulcérée?

Ce fut tout le contraire. Étonnante lâcheté. Battue, elle devint bonne et douce, jeta tout sur Alberoni. Le roi, la reine, le chargèrent à l'envi, s'excusant bassement comme des écoliers. Ils dirent aux Anglais, aux Français, qu'il les avait séduits, leur avait fait faire *trois péchés* : l'emploi de la sainte *cruzada* contre des princes catholiques, l'Empereur attaqué pendant sa guerre des Turcs, et enfin la défense de demander au pape des bulles pour la nomination aux bénéfices.

Ce qui irrita beaucoup plus Alberoni que ces sottises, c'est qu'ils lui reprochaient leurs fautes, comme l'obstination de la reine aheurtée à son Italie, à sa Sicile, où elle noya la marine espagnole, contre l'avis d'Alberoni, qui subordonnait tout à la grande affaire d'Angleterre.

Autre point, un peu ridicule. On sut qu'aux *trois péchés* il s'en joignait un quatrième. On sut ce que cachait ce royal sanctuaire de dévotion, cette chambre renfermée et obscure, si bien gardée par la nourrice. L'odeur en est dans Saint-Simon, qui tire par respect le rideau. La vie que les princes italiens, les Médicis et les Farnèse, étalaient si naïvement, la Farnésine de Madrid, avec plus de décence, en faisait un moyen de gouvernement intime. On a vu qu'à la guerre de 1719 elle prit l'habit leste de petit officier. Gracieuse, mais déjà amaigrie, n'ayant plus l'embonpoint qui la fit épouser, et de plus, marquée, couturée, le visage perdu, elle suppléa sans scrupule par l'excès de la complaisance.

Alberoni avait ces burlesques secrets. Il avait su, et vu peut-être. La cour d'Espagne eût bien voulu le retenir; elle n'osa arrêter un cardinal. D'autre part, elle frémissait de le voir passer en France. Le Régent dont elle avait tant attaqué, conspué les mœurs, ne prendrait-il pas sa revanche? Ayant en main ce dangereux témoin, n'amuserait-il pas ses roués, tout Paris, aux dépens de Leurs Majestés? On le craignait horriblement. On se crut tout permis pour sauver l'honneur monarchique, cette suprême religion, la royauté. Avant qu'Alberoni eût atteint la frontière, une bande (selon lui, envoyée de Madrid) lui barra le chemin pour le tuer. Mais il avait du monde, il fut brave, chassa ces coquins. Sauvé en France, il remercia Dieu de se trouver enfin « dans un pays chrétien ». Un envoyé du Régent, le chevalier de Marcien, le reçut et le conduisit avec égards et politesse. Le proscrit déchargea son cœur. Il dit ce qu'il savait de ce plaisant contraste, une si sombre cour de vie si relâchée.

Cette cour, désolée d'apprendre qu'il n'était pas

tué, demandait qu'il lui fût livré. Le Régent refusa. Autant en fit la république de Gênes. En Suisse, à Lugano, nouvelle tentative d'enlèvement ou d'assassinat. Les rois ont les bras longs. Il se le tint pour dit. Pendant plusieurs années, sous la protection de l'Empereur, il se tint si caché qu'on ne put plus le découvrir.

Le roi, la reine, pour arranger ensemble le fantasque plaisir et le santissimo, avaient besoin d'un excellent Jésuite. Leur confesseur, le bon Père d'Aubenton, était un vieillard grassouillet qui semblait avoir engraissé de toutes ces petites ordures qu'en sa longue carrière il avait enterrées d'indulgence et d'oubli. C'était un sot, mais non pas sans adresse à son métier de confesseur, pour garder dans sa connivence quelque attitude décente. La Trinité pour lui avait quatre personnes ; la quatrième, pour qui il eût fait bon marché des autres, était sa Société. Dès 1719, Dubois l'acheta par la promesse qu'à la première occasion il rendrait aux Jésuites le confessionnal du roi, leur livrerait le petit Louis XV. L'occasion future, alors bien peu probable, était que la cour de Madrid, si ennemie du Palais-Royal, se laisserait gagner elle-même par l'espoir de donner à la France une reine espagnole, une nouvelle Anne d'Autriche, l'espoir d'être appuyée dans son grand rêve d'Italie, en épousant, subissant (chose dure) deux filles de ce Régent, « l'impie et le roué, le parricide empoisonneur ».

En 1719 et encore en 1720, la reine accueillait, caressait tous les ennemis du Régent. Elle avait près d'elle à Madrid l'horrible pamphlétaire, le calomniateur Lagrange-Chancel, dont les furieuses *Philippiques* appelaient sur le Palais-Royal l'horreur du monde, le poignard et la foudre.

Comment, en 1721, tout va-t-il brusquement changer? Comment la cour de Madrid pourra-t-elle se démentir, s'allier tout à coup, et si étroitement, avec celui qu'elle croit le maudit, l'ennemi de Dieu?

J'ai dit tout le danger d'une reine espagnole pour la France. Mais l'Espagne ne devait pas moins craindre les deux princesses françaises. Les filles du Régent, à vrai dire, étaient effrayantes. Toutes jolies, mais folles à lier, et propres à rendre fou. L'aînée, on l'a vu, délirait d'impiété; la seconde, l'abbesse de Chelles, d'emportement fantasque. La jeune duchesse de Modène, dès l'enfance joueuse effrénée. En allant se marier, elle emporte son tapis vert, joue à mort chaque nuit.

La future reine d'Espagne, laissée à la servilité ignoble des nourrices, n'ayant ni tenue, ni décence, va étonner dans ce pays si grave, sera presque un objet d'horreur.

Mais expliquons le pacte, la façon brusque, impudente, dont Dubois corrompit la reine par l'intérêt de ses enfants.

On connaît la forte scène de Shakespeare où l'affreux bossu Richard III, rencontrant la belle jeune veuve, devant le mort qu'on porte, devant la cendre chaude de tant de princes assassinés, arrête la faible femme, la force de l'entendre, est écouté, d'abord avec horreur, — n'importe, est écouté, parle si bien, le traître, qu'elle se laisse enfin passer l'anneau!...

Avec moins de façon, moins d'éloquence, presque aussi peu de temps, le vieux furet à la perruque rousse brusqua l'affaire avec la reine. L'Italienne, élevée dans un grenier de Parme, et qui se sentait toujours un peu de sa condition, quand on lui offrit à la fois ces choses énormes, de faire reine de France son bébé de quatre ans, et son petit Carlos un grand prince italien (roi d'Italie peut-être), elle ne se sentit aucune force de résistance. Cette damnée pomme d'or qu'elle rêvait toujours, l'Italie! fit tout à coup de l'orgueilleuse une Ève, tristement mise à nu dans la honte de sa friandise.

Avec d'Aubenton et la reine, Dubois tenait la chose. Il se gênait fort peu. A ce moment où il eût été naturel qu'il prît certains ménagements de décence catholique, il ne perdait nulle occasion publique de cracher sur les choses saintes.

Le Sultan envoyant ici une solennelle ambassade, tout ce monde venu à Marseille fut établi par lui dans une église pour faire sa quarantaine. Grande surprise pour les Turcs eux-mêmes que l'iman souverain qui gouvernait la France leur fit polluer sa mosquée. Les curieux remarquaient que cette ambassade nombreuse n'avait pas amené de femmes, autant qu'on pouvait supposer sur les costumes un peu équivoques des Orientaux. Mais quatorze jolis enfants, galamment parés de rubans, laissaient un peu douter si c'étaient des pages ou des filles. Dubois fait coucher tout cela dans une église chrétienne.

Dans l'audience publique qu'il dut donner au Turc, le cérémonial exigeant qu'on le parfumât à l'orientale, Dubois en fit une scène à la Molière, encensa son mamamouchi avec des encensoirs bénis du pape, que Tencin lui avait envoyés de Rome. Ils s'écrivirent des lazzi sur cela, en firent des gorges chaudes.

Voilà l'homme avec qui Philippe V et sa reine vont pactiser. Cette cour, cruellement, effroyablement catholique, qui immole à sa foi tant de victimes humaines, va marcher sur sa foi ! Comment le roi qui sait si bien la puissance de la femme, ne sent-il pas que ces deux petites Françaises, élevées au Palais-Royal, toutes-puissantes sur leurs jeunes maris, vont les gâter, qui sait? gâter l'Espagne de la contagion de leur libertinage impie.

Mais voici le plus fort pour l'ex-Français, le gentilhomme. Il avait été accablé de la cruelle mort des Bretons, les martyrs de sa cause, que Dubois venait de faire exécuter à Nantes. Il en restait mélancolique. Leur sang tout chaud, leurs têtes coupées se dressaient entre lui et le Régent. Le cœur, l'honneur s'opposaient au traité. On ne l'en vit pas moins s'y prêter, le solliciter, faire les premières démarches officielles, contre tous les usages, offrir sa fille (sept. 1721), sans attendre qu'on la demandât.

CHAPITRE XXI

Louis XV. — Les Méchants. — Cartouche. (1721.)

Louis XV, à onze ans, ne pensait guère au mariage. Il prit fort mal la chose. Quand on lui en parla, qu'on lui dit qu'il allait avoir une petite femme, il se mit à pleurer, ne sachant bien ce que c'était, mais craignant d'être dérangé, craignant qu'on ne le fît parler, ou que cette petite camarade ne le troublât dans son ménage d'enfant.

Il n'était pas né gai, n'aimait personne. Tout son bonheur, quand il avait été forcé de figurer, c'était de s'enfermer le soir pour faire sa soupe. Au parc de la Muette, dont le Régent lui fit cadeau, son joujou favori était une vache naine et de faire le laitier. Il s'amusait aussi avec une pioche et des petits terriers. Ces chiens, par un instinct analogue à celui du porc, excellaient à fouiller et déterrer les truffes.

Avec ces goûts obscurs, il était dans les mains de

deux personnes au contraire fastueuses, qui l'auraient volontiers mis sur les planches, élevé en acteur. Son gouverneur, le vieux fat Villeroy, tête frivole et tout à l'évent, sa gouvernante, l'antique amante de Villeroy, madame de Ventadour, et sa sœur, la marraine du roi, madame de La Ferté, une folle, travaillaient tous à l'envers de sa nature. Il resta sec et dur, muet. Nul moyen d'en tirer un mot.

Croira-t-on bien qu'à l'âge de six ans, tout juste à son avènement, ils eurent l'idée barbare de le régaler d'un massacre? Dans une vaste salle remplie d'un millier d'oiseaux, on lâchait des oiseaux de la fauconnerie, et l'enfant jouissait des cris, de l'effroi des victimes, de la confusion des plumes au vent et de la pluie de sang. Une autre indignité : comme pour lui enseigner déjà le mépris de l'espèce humaine, la vieille bête, La Ferté, imagina de lui donner un ballet par des enfants vêtus en chiens.

S'il eût profité de cette éducation, il serait devenu un monstre; mais rien n'agit ni en bien ni en mal. Si stérile était sa nature que longtemps on put croire qu'il n'y aurait pas de prise même pour le vice. On verra tout le mal que se donna la cour pour l'y amener. Le fonds en lui était l'insensibilité, l'ennui, le *rien*. La représentation le mettait de mauvaise humeur. Il haïssait le bal, fuyait la comédie, bâillait à l'opéra. La seule personne dont il s'accommodât (tout au moins d'habitude) était celle qui ne parlait guère, ne faisait et ne voulait rien (pas même l'amuser), son précepteur Fleury. Vieux prêtre complaisant, homme du monde, fort ignorant, qui n'essaya pas de l'instruire, mais qui, comme une nourrice, s'arrangeait des puérilités taciturnes où il passait sa vie. Il lui souffla la religion toute faite, comme une petite chose à apprendre par cœur. Pure pratique. Nulle idée morale. Il lui épargnait même la peine de la confession. Il la lui dictait, et, écrite, il la lui corrigeait. L'enfant la récitait au confesseur, qui, bien appris, s'en tenait à quelque mot vague et le renvoyait sans oser lui faire la moindre question.

Rare *fruit sec*. Parfaite arabie. A dix ans, il eut l'air d'annoncer une passion; il apprit certains jeux de cartes et joua vivement. On crut qu'il serait un joueur. Mais point. Il retomba dans son immuable inertie.

La merveille, c'est que ce muet est fils de la vive et parlante, de la sémillante duchesse de Bourgogne. Cet insensible est fils de l'élève, si passionné, de Fénelon.

La royauté dévore; et il semble, en ce temps surtout, que les maisons royales à chaque instant tarissent (Espagne, Lorraine, Farnèse, Médicis, Autriche, Russie, etc.), ou, si elles se continuent, c'est par des figures discordantes, d'opposition tranchée, comique; Henri IV fut bien étonné de se voir naître, en Louis XIII, je ne sais quoi de sec et de noir, un vieux prince italien. Louis XIII, à son tour, dans l'enfant du miracle que lui donna la Sainte-Vierge, ne put retrouver rien de lui. Louis XV, à son tour, avec son père, sa mère, fait un contraste violent. Le duc de Bourgogne, né si ému (de l'amoureuse Bavaroise), le tendre, le dévot, le subtil et l'ardent bossu, qui avait tant de cœur, n'a rien à voir en cet enfant.

Et il ne tient guère non plus de la gentille Savoyarde, si amusante avec ses petites farces, tous ses patois grotesquement mêlés. Elle fut la comédie vivante. L'enfant, c'est le contraire; il est comme la salle après la représentation, morne, vide, tout est parti et l'on a soufflé les quinquets.

La duchesse de Bourgogne eut, comme on sait, toujours de petites galanteries : Maulévrier, Nogent, l'abbé de Polignac, plus ou moins avancés, à des titres divers, tinrent la place à peu près jusqu'en 1706. Comme elle était très bonne, avec toute sa légèreté, elle eut un vif retour pour son mari quand elle le vit humilié par sa triste campagne de 1708. Elle prit son parti, le soutint, j'allais dire le protégea. Jusqu'à la mort du grand Dauphin, son père, sa position fut déplorable. Une cabale active travaillait contre lui. Les malins, les *méchants* (le mot n'est pas créé alors, mais bien la chose) auraient été heureux de le rendre encore ridicule du côté de sa femme. Chose qui semblait peu difficile. Elle ne se faisait guère respecter, on l'a vu par Maulévrier, et elle était trop douce pour se venger jamais. Elle pleurait, riait, c'était tout.

C'était un temps de grande méchanceté. L'abominable école des fats cruels (Vardes, Lauzun, La Feuillade) durait, et chaque jour inventait quelque tour.

Ils avaient d'infernales machines, surtout contre les femmes qui voulaient se garder. Dans les bals, par exemple, sous un masque ordinaire, on en portait un autre, de cire, très habilement peint, à la parfaite ressemblance de la dame qu'on voulait perdre. Ce second masque, montré perfidement au demi-jour par échappée, lui faisait imputer tout ce qu'on hasardait d'infâme. Trahison et surprise, violence même, tout leur semblait de bonne guerre.

Madame de Bourgogne, en mai 1709, après l'horrible hiver, lorsqu'elle devint enceinte de Louis XV, vivait presque toujours chez madame de Maintenon et n'avait là d'amusement « qu'une poupée », comme elle disait elle-même, un enfant de treize ans. Les deux vieilles personnes, si ennuyées, au lieu de petits chats ou de jeunes chiens, avaient volontiers quelque enfant joueur. Madame de Bourgogne avait été l'enfant ; puis la Jeannette Pingré dont j'ai parlé. Alors, c'était le tour du petit Vignerod (Richelieu), neveu de la grande dévote Anne Poussard (madame de Richelieu), qui avait jadis protégé madame de Maintenon. Elle s'en souvenait, et l'appelait : « Mon fils. » Ayant un père remarié, une belle-mère assez dure qui l'habillait fort mal, il semblait orphelin. Cela alla au cœur de la bonne duchesse, qui lui fit fête et en fit son joujou. Il faisait le timide, moyen de se faire enhardir. Né faible, tout nerveux, mais d'autant plus précoce, il osait, et l'on en riait.

Ce qui est singulier dans un enfant et ce qui montre un naturel pervers, c'est qu'à peine ayant quatorze ans, dès qu'il fut *présenté* et alla à Marly, il exploita la petite faiblesse que l'on avait pour lui, ne cherchant que le bruit, la gloriole, tout ce qui pouvait nuire à la charmante femme. Il s'arrangea pour être pris en tête-à-tête. Il attrapa une miniature, la cacha si bien qu'on la vit. Son père, fort sottement, aida à cette indignité. Il alla furieux demander pardon au roi, le prier d'enfermer ce polisson à la Bastille, jura qu'il allait le marier. Admirable moyen d'ébruiter et d'exagérer le peu qu'il y avait peut-être. Le drôle, dès ce jour à la mode, imita les méchants, La Feuillade surtout. Avec quelques petits duels, il se fit un héros. Ce qui le porta haut fut surtout son indifférence, sa malice égoïste à se jouer des folles qui couraient après lui. Pitoyable caprice. Plus il fut froid, cruel, plus il fut à la mode. Il faisait des bassesses. Mais rien ne l'avilit. Il vendait ses faveurs à trois cents francs par rendez-vous.

Nul n'influa plus et plus mal sur le règne de Louis XV, sur le roi indirectement, dont la sécheresse semble un reflet de ce désolant caractère. Sans exagérer sa faveur auprès de la princesse, il semblerait qu'enceinte elle ait pris du petit favori comme un regard, un mauvais sort, qui agit sur son triste enfant.

Louis XV n'avait que onze ans quand sa nature eut occasion de se montrer. Le 31 juillet 1721, il tomba très malade. Paris, la France témoignèrent combien l'espérance commune s'était attachée à cette tête frêle, combien on craignait de la perdre, en proportion du dégoût, de la haine que l'on avait alors pour la Régence. Les ennemis du Régent qui entouraient l'enfant ne manquèrent pas de croire, de dire les choses les plus atroces. La duchesse de La Ferté criait : « Il est empoisonné. » Ces bruits, répandus dans le peuple, pouvaient faire un effet terrible, du moins un grand désordre, dont les brigands, alors fort nombreux, auraient profité. Le gouvernement se sentait si faible que le Régent enleva l'argent des caisses publiques, redoutant le pillage s'il arrivait un malheur. Les médecins étaient consternés, n'osaient rien faire. Un seul, le jeune Helvétius, osa le traiter sans façon, comme s'il n'eût été qu'un homme mortel. Il lui donna l'émétique, dont l'explosion le sauva.

Immense fut la joie populaire, touchante et ridicule. Ces pauvres gens se crurent sauvés aussi. Il y eut pendant plusieurs jours des réjouissances spontanées, des danses au Carrousel, des députations empressées de tous les corps de métiers; des charbonniers, des dames de la Halle; tendresses pour le Roi, injures pour le Régent et son papier-monnaie.

A la Saint-Louis, une foule énorme se porta aux Tuileries pour voir le Roi. Vif élan de nature, d'espoir, mais surtout de bonté. Tout cela mal reçu. Il en fut excédé. A grand'peine il se laissait traîner au balcon. Dès qu'on l'entrevoyait, des cris frénétiques éclataient. Il se cachait, se tenait de côté. Le vieux Villeroy lui criait : « Voyez, mon maître, voyez ce peuple... Tout cela est à vous, vous appartient! » Il n'en tira rien d'agréable, nulle bonne grâce, nul signe du cœur. Les courtisans eux-mêmes furent étonnés. D'Antin écrit : « Il ne sentira rien. »

Il portait l'empreinte évidente de deux époques déplorables, l'année 1709, où il fut conçu, au milieu des désolations de la France, et le temps de sa puberté, marqué de trois fléaux, la ruine, la peste interminable, et le pire des fléaux, l'aigreur qu'ils produisent à la longue.

De 1722 surtout à 1726, c'est un temps de mœurs violentes. Cela commence sous Dubois, et sous Monsieur le Duc continue ou augmente. Dubois ne fait attention qu'à la police politique. Il divise la France à huit argus, bien posés, grands seigneurs, qui dénoncent les jansénistes, les malcontents uniquement. Aux voleurs, liberté parfaite. Les grandes routes du Roi n'ont de roi qu'eux. En nombre même, en diligence, on court d'extrêmes dangers.

Dans la société qui semble près de se décomposer, une autre se forme, celle du vol, une armée bien conduite, tout à l'heure une monarchie. Les bandes principales se rattachent à Cartouche. Son vrai nom était Bourguignon. Il était né à Bar-le-Duc. Il entreprenait fort en grand. Quand la fille du Régent alla en Espagne, Cartouche ne manqua pas de la faire accompagner. Trente des siens entrèrent avec elle à Madrid.

Ces bandes, en faisant leurs affaires, faisaient obligeamment celles des autres. Pour un salaire honnête et modéré, ils vous tuaient votre ennemi. Certain marquis de Lyon, embarrassé d'une promesse de mariage qu'il avait faite à une demoiselle de qualité, et qu'elle voulait faire valoir, s'arrangea avec les Cartouche. A tel jour elle devait passer dans une voiture publique. Dès qu'ils se présentèrent, elle devina, et rassurant les autres voyageurs, elle dit : « Cela ne regarde que moi. » Elle descendit, et les suivit.

Paris, avec sa grande police, était pour les brigands un lieu de parfaite sécurité, un refuge, un asile. La ville, énormément grossie, avait huit cent mille âmes (dont cent cinquante mille âmes de laquais). La police, myope et fantasque, un jour était féroce pour la foule, et l'autre jour sensible, indulgente (aux voleurs). On allait jusqu'à dire que ceux-ci, au lieu de disputer, s'étaient arrangés à forfait, prenaient abonnement de certains magistrats.

On ne parlait que de Cartouche. Il devenait une légende, un être mystérieux. Tels disaient qu'il n'existait pas. Ses actes le révélaient assez. Il allait jusqu'à exercer entre les siens haute et basse justice, faire des exécutions solennelles et presque publiques.

Cela piqua. On prit un des siens, un Du Châtelet, bon gentilhomme de la maison du Roi, qui dit où il était. On se garda d'avertir la police. Ce fut le ministre de la guerre, Leblanc, qui arrangea la chose en grand secret. Il choisit de sa main quarante braves soldats du régiment aux Gardes. Cartouche ne s'attendait pas à une attaque militaire. Il était dans son lit, à la Courtille, quand il reçut cette visite. Il raccommodait ses culottes.

Il est arrêté le 15 octobre (1721). Et le 20 déjà, Arlequin joue *Cartouche*, une farce de Riccoboni, au petit théâtre Italien. Le 21, aux Français, autre *Cartouche* du comédien Legrand. Le vrai Cartouche fut curieux; se moquant de ses fers, un jour, il brise tout; sans un hasard, il eût été se voir jouer.

Le dégoûtant fut la légèreté des magistrats qui faisaient son procès. Dînant au Palais même, ils reçoivent l'auteur et l'acteur, et la serviette sur le bras, les mènent voir le héros du jour, le font jaser, lui font dire son argot, de quoi faire rire après sa mort.

Cartouche, bien traité, bien nourri, et même recevant sa maîtresse, eut la galanterie de ne nommer personne. La torture (ménagée peut-être) ne le fit pas parler. Mais, quand il fut en Grève, et qu'il ne vit qu'une roue au lieu de cinq, il crut qu'on sauvait ses complices et se fâcha. Il déclara qu'il allait tout dire; il parla vingt-quatre heures de suite. Ces aveux et tous ceux des gens qu'on roua après lui taillèrent de la besogne aux juges pour plus d'un an. On arrêtait de tous côtés, souvent fort au hasard. En juillet 1722, il y avait encore cinq cents complices de Cartouche au Châtelet, des gens de toutes classes, plusieurs superbement vêtus.

Mais combien de crimes secrets, privilégiés, que l'on n'osait poursuivre! Plusieurs éclataient par hasard. Les puissants, ou les hommes abrités par un corps puissant, se passaient d'odieuses fantaisies, qui les menaient souvent au meurtre. Un conseiller du Parlement attire, garde, enferme chez lui une infortunée demoiselle, l'accable de traitements barbares, honteux. Elle échappe, fort heureusement; car la satiété, la crainte, lui auraient fait pousser les choses à mort. Il tua son cocher, qui sans doute était son complice; puis se sentant perdu, il se fit justice à lui-même.

L'exemple part de haut. Le jeune frère du duc de Bourbon, Charolais, préludait à l'amour par les coups, n'aimait les femmes que sanglantes. Il était demi-fou. Monsieur le Duc lui-même, le futur maître du royaume, donnait (comme avaient fait ses pères) maints signes d'un esprit dérangé (Barbier), d'une mauvaise bête sauvage.

Les amusements de ces princes frisaient de près l'assassinat. On a vu la façon dont leur père, ce nain singulier, *s'amusa* du pauvre Santeuil. Les occasions ne leur en manquaient pas. Il tomba dans leurs mains, chez madame de Prie, que tout le monde alors recherchait comme le soleil levant, une dame étourdie, imprudente, madame de Saint-S... (Barbier, Marais). Elle était jolie, encore jeune, d'une bonne famille de robe. Veuve d'un homme d'affaires, elle avait des enfants, et sans doute, dans ce moment, sous la Terreur du Visa, elle avait grand besoin d'une haute protection pour couvrir le résidu de leur fortune. Elle ne songea point que la vipère, pour amuser les princes, pouvait se divertir à ses dépens cruellement.

Cette bonne madame de Prie l'invite en effet à souper. Nulle défiance. Elle s'y rend. On l'amadoue,

on la caresse, on la fait boire. On s'en fait un jouet.
Cela arriva par deux fois. La première, on la dépouilla,
et Charolais la roula dans une serviette. Une telle
honte devait tout finir. Mais la pauvre mère, n'ayant
sans doute rien obtenu encore, croyant qu'une femme,
après tout, aurait quelque pitié de sa triste aventure et
voudrait réparer, osa y retourner sur une invitation
nouvelle de madame de Prie. Cette fois, Monsieur
le Duc eut la cruelle idée de la flamber comme un
poulet. Brûlée (et dehors, et dedans!) la pauvre fut
près d'en mourir, et n'en revint qu'après plusieurs
années.

CHAPITRE XXII

Dubois abandonne toute réforme. — Approche de la majorité. (1722.)

Monsieur le Duc paraît à l'horizon. Deux ans entiers il approche, il avance, comme une comète sinistre. On va regretter le Régent, que dis-je? regretter Dubois même. Le baroque et barbare gouvernement du borgne, la sauvage administration qui veut *marquer* les pauvres, qui codifie les dragonnades, par la comparaison canonise le fripon Dubois.

A la mort de Dubois, Paris ne se réjouit point. Qui le croirait? les gens du Parlement, qu'il écrasa, le barreau, l'avocat Barbier, commencent à trouver que ce drôle eut du bon. Il avait de l'esprit. Il n'a pas fait de grands établissements aux siens. « S'il eût vécu, il eût voulu punir les coquins *de tout état.* »

De tout état. Aux seigneurs tout honneur. Au premier rang les princes, et le premier Monsieur le Duc.

Si Dubois eût eu la vue nette, si, averti par l'âge, par ses vilaines maladies, par les apoplexies avortées du Régent, il se fut avisé d'avoir une pensée pour ce pauvre royaume qui (après tout) lui échappait; s'il eût, en s'en allant, fermé la porte au Duc, il aurait fait un coup de maître, eût terriblement remonté; il eût embarrassé l'histoire. La France, faible et bonne, lui eût gardé un souvenir.

Il ne fallait pas être lâche, ne pas laisser brûler les papiers du Système et les documents du Visa, ne pas permettre cette cage de fer qui, dans la cour de la Banque, dévora, effaça le passé, rendit toute enquête impossible, brûla la justice et l'histoire.

Il ne fallait pas être lâche, mais éclaircir, imprimer, publier. Ce qu'on savait déjà devait faire désirer de savoir davantage. Sur un de ces registres qu'on brûla si soigneusement, on avait lu qu'un seul commis avait directement délivré en or à Monsieur le Duc dix-sept cent mille louis. Mais, indirectement et par ses prête-noms, les agents de l'agiotage, qui, jour par jour, instruits des futurs arrêts du Conseil, travaillaient à coup sûr, combien purent-ils réaliser, lui, madame de Prie, madame la Duchesse et Lassay, son mari, les entours de cette maison? c'est ce qu'on ne peut plus calculer.

Il ne fallait pas se laisser marcher sur les pieds, comme firent Dubois et le Régent, n'avoir pas peur des gros souliers de Duverney, ni des plumets du *Camp de Condé;* mettre à jour tous ces braves, crottés de la rue Quincampoix. Il fallait dominer la réaction et s'en servir, subalterniser Duverney, ne pas permettre que sa Terreur du Visa fût une farce, la rendre sérieuse, atteindre au plus haut même, — et, ce qui était capital pour l'avenir : *déshonorer Monsieur le Duc.*

Dubois, je le sais bien, n'était pas net, ni le Régent. Le Régent avait gaspillé. Dubois avait reçu ou pris. Mais ni l'un ni l'autre n'était le patron solennel, le général des deux armées du vol, — du Système, de l'Anti-Système, de la Bourse et de la Maltôte. Ce rôle étrange faisait la force de Monsieur le Duc. D'une part, il plaidait pour les amis de Law, la défunte Compagnie des Indes. D'autre part, il se rattachait les vieilles dynasties financières, le triumvirat du Visa, la féodalité des Fermiers généraux. Tout en condamnant le Visa, il s'arrange avec Duverney, dont il va faire son factotum. Double rôle, assez compliqué, dont le jeune brutal eût été incapable. Mais les deux araignées, madame la Duchesse et madame de Prie, des gens habiles, adroits, clients anciens de cette maison, arrangeaient tout et filaient le réseau.

Dubois, avec tout son esprit, ses rires, ses airs d'audace, était au fond un plat petit coquin. S'il n'eût tremblé, vivoté, craignant tout, n'osant disputer rien à cette ligue, il nous aurait sauvé un précieux héritage : tout le meilleur des réformes de Law, nombre de choses excellentes, nullement chimériques, qui étaient faites ou commencées.

Law se passait de la haute finance, qui revend à l'État le crédit que l'État lui donne. Law se passait de Fermiers généraux et de gros Receveurs, si fort payés, tripotant de l'argent des caisses. Il réduisait l'énorme armée bureaucratique. Il poursuivait l'idée de Renaut et des sages esprits du Languedoc, qui, voyant dans cette province les effets excellents de la taille *réelle*, assise sur les biens, sur un cadastre sérieux, l'essayaient, préparaient l'égalité d'impôt.

Mais Dubois lâche tout. Tout au clergé; on va le voir. Tout aux nobles; il défend de continuer les essais de la taille territoriale (juin 1721). Tout à la finance. Il retourne aux plus misérables expédients de Louis XIV, la double usure : Samuel Bernard prête aux Fermiers généraux ce qu'ils vont prêter à Dubois.

Sa maladresse fut telle, que le Parlement même (que Monsieur le Duc et Conti avaient tant aidé à briser en 1718), se lie à eux. Sur quelques mots polis, les juges font fête à ces honorables voleurs. Au lieu d'être épluchés et jugés par le Parlement, ils y siègent, ils y trônent. Ils font les délicats, les scrupuleux, dans l'affaire de La Force, leur camarade en tripotage.

Dubois eût dû, contre Monsieur le Duc, chercher appui au moins dans un fort Conseil de régence, purgé, refait et réorganisé. Les hommes ne manquaient pas autant qu'on dit. Avec Noailles et d'Aguesseau, il fallait appeler ceux qui, au début de la Régence, avaient marqué dans les Conseils, des hommes jeunes et de mérite. Plusieurs des roués même, malgré leurs mœurs, étaient des gens d'infiniment d'esprit et fort capables. Par un tel Conseil de régence on eût jugé les juges du Visa; on les aurait fait marcher droit, et forcés de parler français sur les malpropretés de ceux qu'il fallait démasquer et rendre à jamais impossibles.

Dubois fit le contraire. Il brise, pour une question de vanité, ce cadre si utile qu'il aurait rempli à son gré. Il exige pour les cardinaux la préséance, et la plupart des membres s'en vont. Le Conseil est désert.

Ainsi, de plus en plus, n'ayant ni Parlement ni Conseil de régence, en se donnant toutes les places et pourtant restant seul et n'étant qu'un individu, il se voit juste en face du mufle de Monsieur le Duc, qui compte l'avaler à la majorité. Monsieur le Duc a la surintendance de l'éducation royale, comme l'a eue le duc du Maine. Ce qui le sépare encore de la personne royale, ce qui fait que l'enfant n'est pas en son pouvoir, c'est que le gouverneur, Villeroy, le tient de très près. Villeroy, l'ami du feu roi, gardien, *sauveur* du petit roi, l'acteur emphatique et grotesque qui fait pleurer les Dames de la Halle sur la frêle vie du cher enfant, Villeroy, avec sa sottise, ses défiances affectées du Régent, n'en est pas moins utile au Régent, à Dubois, étant réellement le mur qui sépare le Roi de Monsieur le Duc. Supprimer un tel mur, c'est servir celui-ci et le rapprocher de l'enfant.

Villeroy ayant, de tout temps, été serviteur des Jésuites, et très bon espagnol, il ne semblait pas que le mariage espagnol, le confesseur Jésuite, pussent le blesser. Ce fut là cependant la cause ou le prétexte de sa mauvaise humeur. Il donna la main sans scrupule à l'athée Canillac et au janséniste Noailles. L'archevêque refusa les pouvoirs au Jésuite pour confesser dans son diocèse. La première communion du Roi approchait. Ce fut le terrain du combat.

Chose grave. Vers le 1ᵉʳ avril, quand on annonça le choix du Jésuite, le petit Roi montra une extrême mauvaise humeur. On lui avait soufflé certainement qu'à la veille du sacre, de la majorité, c'était une insolence de disposer ainsi de sa conscience, de nommer un homme si important de sa maison, son officier, son domestique, comme on disait.

Comme il ne parlait pas, son irritation enfantine éclata par un acte, un caprice cruel et sauvage, où il était bien sûr de choquer tout le monde. Il voulut montrer durement qu'il était désormais le maître, ne se souciait de personne, agirait à sa fantaisie. Il élevait une biche blanche qui ne mangeait que dans sa main. Il la fait mener à la Muette, la fait mettre à distance, la tire, la blesse. La pauvre bête revient à lui et le caresse. Il l'éloigne encore, et la tue. (Barbier, avril, I, 212.)

Voilà un grand changement. Cet enfant de douze ans, dont on ne tirait rien, ni acte, ni parole, il agit, et il parle, ordonne. Il signifie à son grand aumônier, cardinal de Rohan, qu'il ne veut se confesser, pour la première communion, qu'au curé de sa paroisse, la paroisse du Louvre, Saint-Germain-l'Auxerrois. Le grand aumônier, en effet, qui devait le faire communier, avait droit de le faire confesser par qui il voulait. Mais Rohan, si intime avec Dubois pour l'*Unigenitus*, pour l'affaire du chapeau, et son agent à Rome, Rohan, à qui Dubois vient de donner la préséance au Conseil de régence, Rohan va-t-il agir contre Dubois?

Un courtisan ne voit point le passé, mais le seul avenir. Rohan pensa qu'à la majorité (si prochaine), Dubois très probablement tomberait, que Villeroy, Fleury, qui tenaient l'enfant, régneraient. — Fleury s'était déclaré (en juillet). Dubois, recevant alors la calotte, voulut lui donner sa croix d'archevêque en diamants, pour le brouiller avec Villeroy. Il évita le piège, ne porta pas ce bijou sale, le vendit pour donner aux pauvres. Insulte réelle à Dubois. — Rohan s'en souvenait. Il fit comme Fleury, tourna contre Dubois, et fit le curé confesseur. (Buvat.)

Qu'un homme aussi timide que Rohan eût osé cela, qu'un homme aussi prudent que Fleury (seul responsable, au fond, des paroles du Roi) l'eût fait parler et ordonner, c'étaient des signes effrayants de ce qu'à la majorité pouvaient attendre Dubois et le Régent. Nul doute qu'à ce moment la cabale ne fît agir contre eux la petite machine royale, l'automate qu'elle savait faire parler par instants (comme le canard de Vaucanson). Quel remède? Différer de quatre ans la majorité, la reculer de treize ans à dix-sept? Chose naturelle et raisonnable à laquelle on pensa, dit-on, mais malheureusement impossible. La demander aux États généraux? quel péril! L'implorer du Parlement, qu'on écrasait hier? quelle pitié! La faire décréter par un Conseil de régence, brisé, détruit? quelle risée! Qui l'aurait prise au sérieux?

Le Régent cependant en jasa fort imprudemment avec ce qui restait de ce triste Conseil. Plus sottement encore, il fit venir le président de Mesmes (si fort dans les Scapins au théâtre de Sceaux), de Mesmes, son grâcié, qui naguère, pris sur le fait, lui avait léché les souliers, s'était fait son mouchard. C'est à ce digne magistrat qu'il se confia. Autre temps. Le faquin se dresse, fait de la dignité. — « Mais si l'on vous exile ? — Nous resterons et ne bougerons pas. » (15 avril, Buvat, 149.) Dubois, exaspéré, dit aux Parlementaires une chose qui les fit reculer : Qu'ils ne seraient plus qu'un bailliage, qu'on mettrait leurs épices à sec. Ils ne soufflèrent, mais disaient en dessous que le Régent voulait tondre le Roi, être Maire du palais, se faire un Pépin ou un Guise. (Buvat.)

Dubois et le Régent songèrent que, s'il leur était impossible d'ajourner la majorité, il serait très possible, avec un peu d'adresse, de s'emparer du roi majeur. Deux hommes d'esprit, comme ils l'étaient, contre l'ennuyeux Villeroy, radoteur, presque octogénaire, avaient beaucoup de chances. Comme il n'était qu'orgueil d'ailleurs, Dubois ne désespérait pas, par l'excès de la déférence, les respects, les soumissions, de le capter, de l'étourdir, ainsi que, dans la fable, le renard agile, à force de voltes et de courbettes, étourdit le dindon sur l'arbre. Il espérait diviser la cabale, chasser Noailles et Canillac, ramener, gagner Villeroy.

A ce dernier effet, il était fort utile de mettre le

Roi à Versailles, d'éloigner Villeroy de Paris, son théâtre, où il jouait, pour l'admiration des poissardes, son rôle d'ange gardien. A Versailles, plus isolé et un peu dégrisé, il écouterait davantage et deviendrait moins sot peut-être. Enfin, s'il fallait le briser, c'était plus aisé qu'à Paris.

CHAPITRE XXIII

Le Roi ramené à Versailles. — Enlèvement de Villeroy. (1722.)

Au bout de six ans d'abandon, Versailles était déjà d'un délabrement singulier. Ce bâtiment, comme tous ceux de Louis XIV, était né vieux. L'artificiel, l'effort, donnent peu la durée. Les faux toits italiens, à peu près plats, protègent assez mal un palais, et le voleur d'Antin avait enlevé tous les plombs. L'appartement royal surtout était dans un état effrayant et funèbre. Les tentures, à la mort du Roi, furent indignement enlevées, en vertu d'un prétendu droit des temps barbares, par le grand maître de la garde-robe et autres officiers. Tous avaient pillé l'orphelin.

Le 15 juin, il fut brusquement amené de Paris à Versailles. Le Régent et Dubois, venus en même temps, déclaraient s'y fixer. Rien n'était préparé. Si Villeroy eût été prévenu, il aurait communiqué à l'enfant sa mauvaise humeur. Tout se passa au mieux.

Le Régent lui-même le prit, lui montra tout, le parc, ce peuple de statues, les bosquets, beaux de la saison. Il faisait chaud, il se fatigua fort, voulut changer; mais point de linge. Quelqu'un prêta une chemise.

On ne rendit point aux seigneurs les innombrables logements que donnait le feu roi. Ceux qui voient aujourd'hui cet énorme palais réduit aux quatre murs et tout en galeries, sont loin de deviner que c'était une ville, une ruche, une fourmilière. L'ancien Versailles était divisé et subdivisé en une infinité d'appartements, dont beaucoup fort petits. Tel je l'ai vu en 1830, avant la grande métamorphose. Tel l'ont vu nos prédécesseurs, mademoiselle De Launay, madame Roland et tant d'autres. Celle-ci, fort jeune alors, et menée par ses parents en visite chez une femme de chambre, fut fort choquée de tous ces nids à rats, de l'odeur et du pêle-mêle. Saint-Simon, en plusieurs endroits, décrit les arrière-cabinets qu'on ménageait aux épaisseurs obscures; on y allumait à midi. Chaque occupant de ces logis étroits, pour en tirer parti, y faisait des subdivisions, cloisons, soupentes, alcôves, petits réduits pour domestiques ou garde-robes, toilettes, etc.

Aération, propreté, surveillance, trois choses également impossibles. Malgré les rondes de nuit, ces labyrinthes infinis de corridors, passages, escaliers dérobés, les petites cours intérieures (uniques latrines du palais), les combles enfin et les toits plats à balustrades favorisaient mille aventures, maintes méprises volontaires. L'un des hommes qui ont su le mieux cette tradition, M. de Valery, contait cela à merveille..

Dans le désert de cette énorme ruche abandonnée, le Roi était seul au premier avec Villeroy. Sous le Roi, à peu près, le Régent s'établit à ce coin du rez-de-chaussée qui domine et le petit parterre central et d'un peu loin l'Orangerie.

Un changement imprévu, surprenant, s'était opéré dans sa vie. Fatigué et blasé, il avait supprimé la comédie laborieuse d'avoir une maîtresse inutile, l'avait mise en vacances. Il ne soupait plus guère, n'allait guère à Paris. Bougeant peu de Versailles, il avait tout le temps de cultiver le Roi. L'enfant, tout sec qu'il fût, n'étant pas sans esprit, sentait la supériorité, la bonté de cet homme charmant. Le Régent le traitait avec un tact parfait, les égards délicats d'une paternité mêlée de respect pour le rang. Villeroy inégal, toujours ou trop haut ou trop bas, n'eut rien de ces nuances. Il était assommant, acteur, déclamateur, exactement du caractère qui convenait le moins à celui de Louis XV. Le succès du Régent était sûr, s'il y mettait un peu de suite.

La ressource des Villeroy (ils étaient là tous en famille), une ressource peu honorable, c'était d'émanciper l'enfant plus que l'âge ne comportait, de tenir pour venue la majorité imminente. Villeroy lui disait : « Mon maître. » Et l'affaire de la biche montrait bien que ce jeune maître n'était pas loin de se donner carrière par des caprices violents. Physiquement, il avait repris depuis sa maladie. Un beau luxe de cheveux blonds, certaine fleur de teint (qui le rendait joli, malgré l'œil terne et froid, la lippe maternelle), disaient suffisamment la santé et la vie, peut-être le prochain essor.

L'infante était encore toute petite, bien loin d'intéresser. Cependant elle était étonnamment précoce, plus qu'Espagnole, plus qu'Italienne. A cinq ans, c'était au complet la Farnèse, sa mère, avec des coquetteries, des ambitions enfantines vraiment étranges. Aux jeunes princesses qu'on amenait, et qui avaient dix ou douze ans, elle disait : « Jouez, mes petites. » Et, si grandes, elle voulait les tenir à la lisière, de peur qu'elles ne tombassent. On la mit à Versailles, dans l'appartement de la reine, avec sa gouvernante, madame de Ventadour, la grande amie de Villeroy. On eût voulu que les enfants s'habituassent un peu, se connussent. Et elle ne demandait pas mieux. Si jeune, et encore plus en grandissant, elle regardait bien si le Roi s'apercevait d'elle, et elle eût volontiers joué de la mantille. Il ne la voyait même pas, passait indifférent et méprisant peut-être comme pour un bébé en bourrelet.

On sait, du reste, que longtemps on put croire que le Roi aurait peu de goût pour les femmes. Nulle ne le séduisit avant le mariage, et, dans ce mariage (mal choisi, absurde, ennuyeux), pendant dix ans on travailla sans pouvoir arriver à lui faire prendre une maîtresse. On pensait que plutôt il aurait quelque favori. La tradition de la cour était très fixe là-dessus. Escamoter la royauté en donnant au Roi un petit ami qui, grandissant, mènerait tout (à la Luynes, à la Buckingham), ou à la façon italienne des favoris d'Henri III, de Monsieur, c'était le plan. Mazarin l'essaya, on l'a vu, pour Louis XIV, précisément à l'âge qu'eut Louis XV en 1722.

Villeroy, le grand-père, le maréchal et gouverneur, passait pour galant homme, autant que pouvait l'être un fat écervelé. Son fils, duc de Villeroy, capitaine des gardes, était aimé et estimé, le chevalier fidèle de la charmante madame de Caylus. On s'étonne que ces deux hommes aient laissé venir à Versailles les petits-fils avec leurs femmes et leurs beaux-frères, scandaleuse racaille de jeunes polissons, qui avaient révolté la Régence même, et qu'on eût dû tenir au plus loin de l'enfant.

L'école des mœurs italiennes, en grande décadence, comptait alors pour singularité. Vers la fin de Louis XIV, au lieu d'avoir pour chef Monsieur, prince du sang, elle n'avait plus que Courcillon, le fils du marquis de Dangeau. Cette poupée fardée, plâtrée, entourée d'une cour, s'étalait au théâtre, trônait à côté des actrices. Mais elle reçut de la Régence un immortel soufflet par la main de Voltaire (*Courcillonnade.*) Le chef meurt (1719). Écrasée par le ridicule, l'école traîne honteusement sous Rambures (1722), enfin sous Des Chauffours, que Fleury fait brûler en Grève (1726).

Les petits-fils de Villeroy, qui étaient de la bande, avaient été, pour réforme ou correction, mariés presque enfants. Mais rien n'y fit. Un peu avant le départ pour Versailles, trois d'entre eux, avec certains parents du premier président, avaient fait « une orgie si horrible, dit Madame, qu'on ne peut l'écrire ». Le pis, c'est qu'en cette partie d'hommes, le chef était une femme, la femme de l'aîné Villeroy (née Luxembourg, duchesse de Retz). A dix-huit ans, laissant la large voie de Messaline, écolier effréné, elle court les sentiers de Pétrone. Alincourt (Villeroy) et le petit Boufflers, leur beau-frère, un enfant, étaient de ce souper, trop grec, qui fit bruit dans Paris. Le Régent fut forcé de le savoir. Le grand-père, Villeroy, déroba les coupables en demandant pour eux un exil qui ne dura guère.

Comment ce grand-père imbécile les fait-il venir à Versailles? Comment Dubois et le Régent, qui les connaissent bien, ne lui font-ils pas remontrance, surtout sur cette jeune duchesse, page effronté, qui pouvait être un si dangereux camarade?

Faudrait-il croire que le vieux courtisan, fait à l'ancien Versailles, pensa qu'à tout prix il fallait s'assurer du Roi contre le Régent? Faudrait-il croire que Dubois, non moins indélicat, fut ravi, à ce prix, de pouvoir pincer Villeroy, de le perdre dans l'opinion de Paris? Jusque-là il n'en tirait rien avec toutes ses avances. Il avait beau lui faire toutes les soumissions, lui offrir tout, se mettre à genoux devant lui. N'aboutissant à rien, il voulait, non pas le détruire (ce qui aurait servi Monsieur le Duc), mais l'humilier, l'aplatir, le dégonfler, et bref en faire un mannequin, pour en jouer comme on voudrait.

La jeune folle perdit son temps; la camarade étrange, d'impudente familiarité, blessa l'enfant hautain, timide, l'effraya presque. On ne pouvait aller ainsi brusquement et directement. Par un circuit on visa les entours, un camarade que le Roi avait déjà, un petit abbé de douze ans, docile oiseau, passif, qui privé aurait privé l'autre.

Ces misérables étaient des étourdis. Si près de la majorité, ils ne tenaient plus compte du Régent, et ne songeaient pas à Dubois, qui était là et les suivait de l'œil. Ils étaient dans le parc comme chez eux, faisaient leurs bacchanales à l'aise sous les maigres ombrages des bosquets de Versailles. Certaine nuit (2 août), par un beau clair de lune, avec leur chef Rambures, l'aîné et le cadet des Villeroy, et leurs beaux-frères, furent vus, surpris. Probablement des témoins étaient apostés. Tout Versailles le sut la nuit même, au matin tout Paris. Les chroniqueurs exacts (Buvat, Marais, Barbier), fort concordants ici, donnent les mêmes détails, les mêmes noms. Saint-Simon, ennemi du grand-père, mais très ami du père (duc de Villeroy), aime mieux n'en rien dire; son récit reste obscur, bizarre, donnant des faits inexplicables dont il a supprimé la cause, si publique pourtant et si parfaitement connue.

Le coup accablait Villeroy. La passion du peuple pour le Roi allait tourner contre lui et les siens. Quelle négligence dans l'aïeul! quelle audace dans les enfants! Manquer au Roi à ce point-là, chez lui, sous ses fenêtres! L'exposer, à cet âge, à voir et savoir tout cela ! Ajoutez le moment : la veille de sa première communion ! Pour comble, une des Villeroy, et la seule qui fût vertueuse, dénonçait hautement l'infamie des tentatives plus directes. Corrompre cet enfant si frêle, c'était un attentat sur sa vie elle-même, et proprement un régicide.

Villeroy, effrayé, fit la plus pénible démarche : il alla chez Dubois. La chose lui coûtait tellement qu'il n'y alla que le 3. Le 2, toute la journée, Rambures, l'effronté chef de bande, s'était montré partout en habit de gala. Il pensait comme Guise : « On n'osera », croyant, le misérable, que plus la chose était honteuse, moins on pourrait faire un éclat qui la révélerait au Roi même. Il spéculait sur la pudeur du Régent, de Dubois, et leurs ménagements pour l'enfant. Mais pourtant c'était trop. Il fallut bien faire quelque chose. On fit le moins qu'on put. On les envoya se laver à leurs châteaux. Rambures eut les honneurs de la Bastille.

L'ordre était inconnu encore, quand, le matin du 3, Villeroy, se faisant remorquer d'un ami, le cardinal Bissy, fait enfin visite à Dubois. Celui-ci l'étreint de tendresse, l'accable de respects, et, pour le recevoir, il renvoie les ambassadeurs qui attendaient. Avec tout cela comment taire ce qui s'est fait contre les petits-fils ? Là, Villeroy s'emporte. Dubois, qui, après tant d'avances, s'est empressé de le déshonorer, lui semble le plus faux des hommes. Il lui déclare la guerre. Il le raille, il l'insulte, il le traite en laquais. Dubois veut se sauver. Villeroy se met en travers, lui fait avaler tout, jure de faire du pis qu'il pourra, ajoutant ce conseil : « Vous pouvez tout... Eh bien, arrêtez-moi ! Vous n'avez que cela à faire. »

Ce radotage colérique, cet imprudent défi d'un homme qui ne se connaît plus, l'acheva dans le public. On sentit que l'enfant était fort mal placé dans les mains d'un vieillard qui tombait en enfance. Quels que fussent le temps et les mœurs, Paris avait trop de sens pour ne pas sentir le danger de laisser le Roi avec une telle famille. La thèse s'était retournée. Le Régent, cet empoisonneur, gardait le petit Roi, le défendait et le sauvait. Villeroy, le sauveur, exposait, par sa négligence, ses mœurs, sa vie elle-même.

On ne pouvait pourtant procéder régulièrement. On supposait que l'enfant y tenait. Il fallait brusquement l'en détacher et l'enlever. On chercha un prétexte. Il n'y en avait que trop, et d'excellents. Le vieux sot continuait son outrageante comédie de défendre la vie du Roi, d'enfermer son pain et son beurre, de veiller ses tartines, ses mouchoirs, etc. Si le Régent voulait lui parler bas, il fourrait sa tête entre deux. Le dimanche 12 août, le Régent prie le Roi de passer avec lui dans un cabinet. Villeroy s'y oppose. Mais le Régent, ordinairement si patient, s'indigne, l'admoneste et sort. L'insolent en triomphe ; puis, prend peur tout à coup, et dit qu'il ira le lendemain s'expliquer chez le prince. C'est ce qu'on attendait. En y entrant, il est désarmé et saisi, emballé dans une litière qui descend lestement l'escalier de l'Orangerie, de là dans un carrosse, qui le mène furieux à Villeroy, où, par égard pour l'âge, on lui permet de reposer (13 août).

Villeroy croyait que l'affaire aurait grand effet dans Paris. Elle en eut, mais de rire et de plaisanterie. « C'est encore sa nuit de Crémone, disait-on, il est toujours pris. » On s'étonnait seulement de la vaillance de Dubois. Dubois et le Régent étaient faits aux affronts. Et très probablement ils auraient encore avalé celui-ci, si l'aile Nord de Versailles, le sombre côté des Condé, n'eût été occupée, n'eût pesé fortement sur l'aile du Midi. Quoiqu'il n'y eût ni cour, ni courtisans ; que Dubois, le Régent eussent compté sans doute être seuls avec le petit monde du Roi, Monsieur le Duc, surintendant de l'éducation royale, se souvint de ce titre, qu'il semblait avoir oublié, vint prendre position sur le champ de combat. Quand je dis *lui*, je dis son âme, sa violence, qui le faisaient marcher, sa madame de Prie. Poussé d'elle, il poussa. Il obligea Dubois et le Régent de se tenir vraiment pour insultés, les empêcha de se calmer, leur dit : « Si on le souffre, il ne reste qu'à s'en aller, et mettre la clef sous la porte. » Donc ils débarrassèrent Monsieur le Duc de l'homme qui eût pu le gêner à la majorité.

Restait le précepteur Fleury, auquel on avait peu songé. Il ne laissa pas que d'embarrasser. Il avait promis à Villeroy que, s'il partait, il partirait. Il crut décent de tenir sa promesse, du moins de faire semblant. Il disparut. Le Roi se trouva seul, pleura, ne mangea pas. Dubois et le Régent sont aux abois. Où est Fleury? comment trouver Fleury? Il était à deux pas. Sur l'ordre du Roi, il revient, ayant suffisamment établi à quel point il est nécessaire.

CHAPITRE XXIV

Fin de Dubois et du Régent. (1722-1723.)

Deux choses ressortaient de la situation. D'une part, que dans un gouvernement tellement idolâtrique et fétichiste tout était dans la main de celui qui tenait l'idole, savait la faire parler. Mais, d'autre part, qui était celui-là? Un vieux prêtre plus que prudent, qui, dans sa longue vie, n'avait fait autre chose que céder, obéir, se faire humble et petit. Combien facilement intimiderait-on un tel homme? La misérable mécanique, le très faible ressort d'un enfant mû par cette main débile et tremblotante, n'allaient-ils pas être forcés par la brutalité de celui qu'on voyait venir?

Le souple Fleury céderait. Dubois, le Régent, qu'étaient-ils? Usés d'âge ou de maladies, Dubois d'anciennes, le Régent de nouvelles. Ce n'est pas certes à la légère que celui-ci réforma sa maîtresse. A ses derniers soupers, de huit convives, sept sont malades.

Corps ruinés, caisse vide, oubli, insouciance, c'est ce gouvernement. Surtout inconséquence. Il est prodigue, il est sordide. A la mort de Madame, Dubois fait auner le drap noir dans toutes les boutiques, le taxe, achète à bon marché. Mais qu'on craigne la peste, il dort; un cas ayant éclaté à Paris, l'ex-gouverneur de Marseille ne peut arriver jusqu'à lui; il le fait attendre deux mois. Encore plus le Régent lâche tout. Tout près de son Palais-Royal, rue Richelieu, en plein midi, un bretteur oblige un novice de dégainer, le tue tranquillement, et le soir, tout sanglant, avant de se laver, il exige du Régent sa grâce.

C'est le soliveau-roi dont parle La Fontaine. Mais qu'a-t-on à attendre de ce qui doit le remplacer, de ce qui vient avec Monsieur le Duc? Un élément arrive, impitoyable, rien d'humain, quelque chose d'emporté sans mesure, la furie, la roideur, l'impudeur d'une force qui va droit devant soi, ne peut rougir de rien. Cette terrible locomotive va croître encore de violence. Une révolution singulière se fait dans son tempérament. Madame de Prie eut cela de bizarre, qu'en trois ou quatre ans elle fut trois personnes différentes. Svelte, fine avant le Système, quand elle en eut humé les fruits, elle grossit, s'enfla de chair, de sang. Puis, son règne passant, elle sécha tout à coup. Au moment où nous sommes, à la majorité, elle gonflait. Un flot de sang, de feu et de fureur lui coulait dans les veines. Elle avait l'énorme beauté et les emportements de la duchesse de Berry. Différente pourtant en ceci de la pauvre folle, qu'elle n'était point folle du tout, mais très lucide pour le mal, et très cruellement avisée.

Tout est solidaire en ce monde. L'Europe le sentait et songeait fort. Que serait-ce si la France, tombée aux mains sauvages de gens si neufs, si violents, allait flotter, comme un vaisseau perdu, en feu, pour heurter tout, pour tout brûler peut-être? La seule secousse du changement pouvait être mortelle à la paix, cette paix tant cherchée par Dubois et par tous, cette paix faible encore, d'un tempérament délicat et point du tout consolidée. Après Law, après Blount, les affaires, pour reprendre, avaient grand besoin de repos, point d'une telle révolution, d'un gouvernement d'aventures. L'Angleterre intervint. Elle donna au Régent le vouloir, la résolution. On lui fit constituer un *premier ministre* qui concentrât tous les pouvoirs (23 août 1722), comme les avait eus Richelieu (le Régent gardant seulement les nominations et la présidence du Conseil). Dubois eut ses patentes, avec l'assentiment de toute l'Europe, ayant d'un côté l'Angleterre et les puissances protestantes, de l'autre l'Espagne et l'Empereur.

Cela rejetait loin Monsieur le Duc et madame de Prie. Elle devait attendre deux ans pour l'héritage de Dubois. Chose dure. Il fallait qu'il mourût pour qu'à son tour elle palpât tant de biens désirés, entre autres le million annuel d'Angleterre. Dubois la consola, il entra dans sa peine, acheta un répit, en lui faisant une fort belle pension. Mais cela ne la calmait pas.

A peine elle touchait qu'elle criait pour toucher encore. En deux ans, elle en toucha sept.

Cet accord de l'Europe mettait Dubois bien haut. Il se vautra à l'aise dans le fauteuil de Richelieu. Il fit chercher par le Père Daniel tous les titres qu'il avait eus. Pour qu'il n'y manquât rien, il se mit, lui aussi, à l'Académie française. Comme un singe qui s'habille en homme, il se prenait au sérieux, se drapait dans son rôle. Il était fier surtout de son affaire d'Espagne. Coup sublime d'habileté. Ce vrai Scapin avait mis dans le sac ses amis les Anglais, ses ennemis les Espagnols. Que l'Angleterre aimât Dubois au point d'accepter sans mot dire ce pacte de famille qui reliait tous les Bourbons, n'était-ce pas miracle? Richelieu était effacé.

Dans le public, on disait tout au moins : « Comme ancien domestique des Orléans, il n'est pas maladroit. Voilà la fille du Régent reine d'Espagne. Et, d'autre part, l'infante de quatre ou cinq ans qui nous vient, n'ayant pas d'enfant de si tôt, le Régent garde pour longtemps la chance du trône de France. »

Vanité et sottise. Le Régent, qui finit, son fils, un jeune sot, ne sauraient profiter de rien.

Vanité et sottise. L'Escurial et le Palais-Royal mariés! quoi de plus fou! Un moyen sûr de faire que l'Espagne et la France se haïssent solidement, c'était de les montrer de si près l'une à l'autre.

L'infante avait été reçue ici avec une pompe, des solennités incroyables. Partout des arcs de triomphe. Une dépense excessive, insensée, dans notre épuisement. On y mit des millions. On écrasa Paris. Elle fut établie, comme reine, au vieux Louvre; puis, comme on a vu, à Versailles. Nos belles dames, qui, dans ses bosquets, avaient naguère favorisé le Turc, saisies de ferveur espagnole, entourent l'infante et la suivent aux églises, s'enrôlent avec elle dans la confrérie du Rosaire, reçoivent de la main d'un moine l'insigne de la Rose mystique, l'emblème de la virginité.

Notre Française n'eut pas cet aimable accueil à Madrid. Elle était haïe avant de venir. Elle trouva la reine entourée de tous les ennemis de son père. La jolie petite fille de treize ans, la fleur pas même épanouie, allait terriblement faner, enlaidir par contraste une reine avariée, qui pourtant ne régnait que comme femme et par le plaisir. Le seul portrait de cette enfant avait fait ravage à Madrid. Le jeune mari, tout pareil à son père de tempérament, tournait de ce côté l'emportement sauvage qu'il n'avait jusqu'alors déployé qu'à la chasse. Il séchait devant ce portrait. Il fallut le cacher.

L'original devait avoir le sort de toutes nos princesses qu'on maria en Espagne, toutes brisées cruellement. On essayait de la terreur d'abord. La première fête était le bûcher, l'horreur, les cris, et le premier parfum la chair grillée! Puis la pesante obsession des grandes duègnes titrées, leurs rapports de police, leur odieuse interprétation de la vivacité française. L'enfant (eût-elle été plus sage) ne pouvait guère manquer d'être stupéfiée, perdait la langue, même l'esprit

L'Italienne, dans son génie bouffe, mieux que n'eût

fait une Espagnole, arrangea une scène pour la faire paraître idiote. Saint-Simon allait prendre son audience de congé. La jeune princesse était sous un dais. Dans ces occasions publiques, ordinairement tout est prévu, on parle pour l'enfant ou on lui fait lire quelque chose. La Farnèse eut la barbarie de la laisser à elle-même. La petite, entourée de tant d'yeux malveillants, dut être intimidée. Au lieu de couvrir ce silence, de lui donner du temps pour se remettre, de parler un peu à sa place, Saint-Simon eut la sotte fierté de se blesser, et par trois fois articula la question de ce qu'elle voulait faire dire à Paris. Mais rien. Elle est muette. Et bien pis! elle n'est pas muette tout à fait. Elle venait de déjeuner sans doute; un petit bruit involontaire échappe de sa belle bouche. Les Espagnols ne voulaient pas entendre. Sans pitié, sans pudeur, l'Italienne entendit, donna le signal des risées.

Elle croyait en dégoûter le prince. A tort. Ces petites misères de nature ne font guère à l'amour. Témoin ce qu'on a vu de Louis XIII et de mademoiselle de La Fayette; l'humiliant accident pour lequel Anne d'Autriche fut si cruelle, ne le fit que plus amoureux. La Farnèse dut prendre aussi d'autres moyens. Elle exploita l'étourderie de la Française. Sa légèreté à courir dans un parc, les jupes au vent, fut donnée au mari pour un crime d'horrible indécence. On lui dit que, dans l'intérieur, elle voulait danser toute nue entre les dames et les seigneurs. On lui brouilla l'esprit, si bien qu'il consentait à l'enterrer dans un couvent. Mais elle eut la petite vérole. On espéra qu'elle mourrait. Cette cour, qui avait été lâche en la prenant, devint féroce alors, et on fit le mieux qu'on pût pour qu'elle n'en réchappât pas. Dieu eut pitié de la pauvre petite. Elle vécut. Mais un objet d'horreur, et pour brouiller les deux pays. Beau résultat de cette grande et subtile diplomatie! Dubois fut si furieux de voir écrouler tout cela, que son très cher ami, le bon Père d'Aubenton (si nécessaire à l'alliance) ayant ici son frère, Dubois le pila, le chassa à grands coups de pied de chez lui.

L'amitié, plus solide et si forte, de l'Angleterre le soutenait ici, pouvait le rassurer. Il eut pourtant l'idée d'une machine assez ridicule, fort peu utile, contre ses concurrents. Il avait institué des conférences où, devant le Régent, on lisait au petit Roi des leçons pédantesques sur l'art de gouverner. A travers cet enseignement, gauchement et hors de propos, trois jours durant, le Régent lut un plaidoyer où il reprenait, ressassait la vie de Villeroy, y mêlant les parlementaires, le duc de Noailles, faisant peur au Roi d'une Fronde, établissant longuement que, pour son bien, ces gens ne pouvaient revenir. Rien de plus sot. Quel résultat? Dégrader le Régent par l'énumération des soufflets qu'il avait reçus de Villeroy? Rendre impossible le duc de Noailles? c'est-à-dire rendre un seul possible, Monsieur le Duc! fortifier celui qui n'était que trop fort déjà.

Dubois bientôt le vit et le sentit. Il avait sous la main deux hommes à lui, infiniment utiles, que Monsieur le Duc le força de sacrifier. Gens de vigueur et de peu de scrupules, de main, d'épée, très bons en politique et meilleurs en police. C'était Leblanc, secrétaire d'État de la guerre, et son jeune ami Bellisle, petit-fils de Fouquet. Il était agréable à un homme de l'âge et de la robe de Dubois, qui n'avait jamais tenu qu'une plume, de disposer de ces gens-là pour des cas fortuits. Leblanc était à toute sauce; il arrêta Cartouche, enleva Villeroy. Le Régent y tenait, non seulement pour l'agrément de son commerce, mais par un très fort souvenir. C'est qu'en ce jour de terreur blême où Law fut presque mis en pièces, où le peuple forçait les grilles du Palais-Royal, Leblanc seul descendit, entra paisiblement dans cette foule, et lui fit entendre raison.

Si Dubois, le Régent, les deux malades, eussent été serrés de trop près par l'impatience de leur successeur, Monsieur le Duc, s'il eût fallu frapper un coup, c'est Leblanc qui l'eût fait. Il l'aurait enlevé, tout aussi bien que Villeroy. Et Bellisle, au besoin, aurait fait davantage. Il était des Fouquet, armateurs (ou corsaires) de Nantes, et il était parti de bien moins que de rien, de la ruine et de la disgrâce, de la prison d'État où mourut son grand-père. Il voulait arriver, et n'importe comment. Il avait un esprit terrible, infiniment d'audace, l'intrigue, la bassesse intrépide. En 1719, il s'était chargé pour Dubois d'une scabreuse et dangereuse besogne, d'espionner l'armée d'Espagne et ce grand sec Berwick, si sujet à pendre les gens.

Bellisle avait pris poste dans la maison où l'on haïssait le plus madame de Prie, la maison de sa mère, si maltraitée par elle, madame Pléneuf. Elle était belle, aimable. Bellisle servit là d'abord les amours de La Fare, puis s'attacha à Leblanc, second entreteneur. Mais madame Pléneuf avait cela qu'elle ne perdait jamais d'amants. Elle les gardait tous, et ils devenaient entre eux amis intimes. Bellisle, réussissant près d'elle, n'en fut que mieux avec Leblanc.

C'est Oreste et Pylade, unis, inséparables. Ensemble, malgré tant d'affaires que doit avoir un ministre (Leblanc), ils passent des heures et des heures chez madame Pléneuf, toujours belle et coquette, que sa fille, déjà engraissée, déteste de plus en plus.

Ensemble, encore, le soir, les deux amis sont chez Dubois, eux, et nul autre à son coucher. Cet homme inabordable, *non dictu affabilis ulli*, n'a pas d'humeur pour eux. Miracle.

En novembre 1722, Monsieur le Duc, qui, comme on sait, est terrible pour la probité, commence à attaquer Leblanc, et peu après Bellisle. Ils ont tripoté dans les fonds, ont mis la main à la caisse de La Jonchère, un trésorier des guerres. Affaire obscure. Dans les ténèbres de la police militaire, savaient-ils bien eux-mêmes si vraiment ils avaient volé?

Saint-Simon, supposant que tout vient de madame de Prie, leur conseillait de voir plus rarement madame Pléneuf. Impossible. Ils ne peuvent, disent-ils, se passer de la voir un jour. Autre miracle. Est-ce l'effet des beaux yeux d'une dame si mûre? ou faut-il croire que ces amis, entre Dubois et elle, assidûment préparent certaines choses dont Chantilly est inquiet?

Dubois fit une belle défense (de novembre en juillet), et l'on peut dire jusqu'à sa fin, car il mourut en août. Il écrivait au sujet de Leblanc : « Je préférerais la mort à tout ce que j'ai souffert depuis huit mois à son occasion. » Ici, il ne ment pas. Leblanc lui était nécessaire pour la crise prochaine de la mort du Régent. Dès janvier 1723, on n'ajournait l'apoplexie qu'en lui donnant journellement de petites purgations. Ce coup qui, d'un moment à l'autre, pouvait l'enlever à Dubois, aurait mis celui-ci dans l'extrême péril de se voir seul avec le jeune fils du Régent, devant Monsieur le Duc. Fleury, certainement, eût donné le Roi au plus fort. Pour être le plus fort, Dubois arrangeait tout. Il était sûr des Gardes par le duc de Guiche, voué aux Orléans. Il était sûr des Suisses et de l'Artillerie par le duc du Maine, qu'il avait rappelé tout exprès. Mais pour donner l'ensemble à tout cela, et l'élan du coup de collier, il lui fallait son ministre Leblanc.

Il venait de faire une chose qui avertissait fort Monsieur le Duc. Il avait rappelé, réintégré ses mortels ennemis, les bâtards, le duc du Maine, le comte de Toulouse. Malheureusement, ils étaient trop brisés. Dans leur isolement, ils n'apportaient guère de force à Dubois. Il aurait bien voulu pouvoir les faire siéger dans le Conseil d'État qui fut créé à la majorité. Conseil très étroit, trop serré, de cinq personnes en tout. Dubois, avec les deux Orléans et un jeune ministre, y avait quatre voix; mais celle de Monsieur le Duc à elle seule pesait davantage. Hors du Conseil, il en était de même. Tout se portait de ce côté. Dubois offrait le singulier spectacle d'un homme tout-puissant qui reste seul, qu'on fuit, dont on craint la faveur.

Il le voyait très bien, et flottait entre deux pensées, celle du prêtre, celle du ministre, la fuite ou le combat.

Quoi qu'il arrivât après tout, il était cardinal, inviolable. Il garderait sa peau, autant et mieux qu'Alberoni. Il n'avait pas lâché Cambrai, un très beau pis aller, archevêché, principauté. Il y songeait sérieusement, car il faisait chercher les droits des archevêques sur le territoire même, le Cambrésis, qui serait devenu une souveraineté tout à fait. Mais, du côté de Rome, il avait de bien autres chances qu'il cultivait soigneusement. Il voulut présider ici l'Assemblée du clergé, pour se montrer là-bas au plus haut et capable de rendre les plus grands services. Il avait pris la feuille des bénéfices pour ne nommer que les amis de Rome. Il écrivait même aux Romains qu'il méditait pour eux les plus grandes choses, qu'il voulait revenir au temps où les places d'administration et de gouvernement étaient données aux prêtres. A voir de telles promesses, on ne peut guère douter que le drôle ne comptât, s'il perdait la France, avoir Rome, changer le ministère pour la tiare. Branlant ici, il rêve le palais de Latran.

En attendant, il défend le présent, prend la Police et la Justice, — la Police pour savoir, la Justice pour frapper. Il tient la police de Paris par le cadet d'Argenson, homme fin et sûr. Il tient directement et par lui seul les Postes, l'ouverture des lettres, le cabinet noir. D'Aguesseau l'incertain, le scrupuleux, est écarté. Dubois, sans titre, a en effet les Sceaux, machine essentielle de ce gouvernement, pour sceller, lancer à toute heure les actes nécessaires, Lettres royaux ou arrêts du Conseil, etc., etc.

Et avec tout cela, Monsieur le Duc avance. En vain Leblanc, Bellisle, sont trouvés innocents (1er juillet). Il poursuit, il menace. Dubois dit lâchement qu'il en est étonné et mécontent (Buvat), tandis qu'il écrit autre part qu'il a tout fait pour les défendre (lettre citée par Lemontey). Mais Monsieur le Duc ne le tient pas quitte pour de vains mots. Il les fait exiler.

Dubois ayant décidément perdu son épée de chevet, son jeune ministre de la guerre, fut forcé d'être jeune. Il résolut de monter à cheval, de se faire reconnaître des troupes, à la revue de la Saint-Louis, de se donner auprès de la Maison militaire le mérite des libéralités et des régals d'usage, de bien montrer celui dont tout avancement dépendait.

Il simulait l'audace ; mais il était accablé de son isolement. Il se croyait perdu, et son cerveau se dérangeait. « Il a, dit Lemontey, déposé ses terreurs dans quelques écrits en désordre. J'ai lu plusieurs papiers noircis de ces funèbres visions. »

La revue le tua. Un abcès qu'il avait creva dans la vessie. Il aggrava le mal en le cachant. Il allait au Conseil. Il faisait dire aux ambassadeurs qu'il irait à Paris. Une opération devint nécessaire, et la mort la suivit de près.

Il mourut en homme d'esprit. Il fut moins sacrilège qu'il n'avait été dans sa vie. Il esquiva l'hostie, qui aurait été un scandale. Il dit que pour un cardinal, il y avait de grandes cérémonies à faire, qu'il fallait aller demander cela à Paris, au cardinal Bissy. Il calculait très bien que, pendant le voyage, il aurait le temps de passer (10 août 1723).

Tout retombe au Régent, et dans un état pitoyable. Dubois n'avait rien décidé sur l'essentiel de la situation. Chose incroyable, après ce terrible Visa qui avait tant réduit, l'embarras subsistait le même. On éludait, on ajournait. Dubois envoyait tout au diable. Avec les Fermes, pour lesquelles Duverney lui payait beaucoup, avec quelques emprunts, quelques édits bursaux, il faisait face au plus indispensable. A sa mort, le Régent retrouve la question qui le poursuit depuis neuf ans : *Law ou Noailles ? Noailles ou Law ? Créera-t-on un papier-monnaie* (décrédité avant de naître !), ou bien, avec Noailles, *essayera-t-on quelque nouveau retranchement* (lorsque l'amputation du Visa est saignante encore !) ?

Donc, il tournait dans un cercle fatal, de l'impossible à l'impossible. Ceux qui lui succédèrent, pour le rendre odieux, ont soutenu qu'il eût rappelé Law, qu'il pensait au papier-monnaie. Mais de cela aucune preuve. Ce qui est plus certain, c'est qu'il fit revenir de l'exil le duc de Noailles, le vit, le consulta.

Il n'était pas mal entouré ; il avait rappelé ou appelé quelques hommes capables. Il conserva le jeune ministre Morville, un excellent choix de Dubois.

Le jeune lieutenant de police, le second fils de d'Argenson, lui plaisait fort. Si l'on en croit Barbier, il l'eût fait « son premier commis », son homme de confiance, à qui tous auraient rendu compte. Mais cela ne résolvait pas la difficulté financière. Tout ce qu'on avait imaginé pour trouver de l'argent, c'était un contrôle des actes des notaires, et le renouvellement du vieux droit féodal nommé, par antiphrase, droit de *joyeux* avènement. Exigence tardive pour un règne qui déjà datait de neuf ans.

Sa meilleure chance, c'était de laisser tout, d'échapper par la mort. Il y avait espoir, sous ce rapport, de trois côtés. Depuis deux ans, il aurait eu besoin d'un traitement spécial et *local* (disait-on). Mais ses fonctions générales, très affectées, faisaient tout ajourner. Son médecin, Chirac, lui disait sans détour qu'il mourrait d'une hydropisie de poitrine ou serait brusquement enlevé par l'apoplexie. Il opta pour l'apoplexie, regardant une mort si prompte comme une faveur de la nature, ne faisant rien pour l'éviter et l'appelant en quelque sorte.

Deux jours avant sa mort, Maréchal, l'ancien et vénérable chirurgien de Louis XIV, l'envisageant, lui dit que d'un moment à l'autre il pouvait être frappé, qu'il lui fallait une saignée au bras, au pied. Même au dernier jour, 2 décembre, Chirac en dit autant. Il refusa toujours obstinément.

Chacun voyait cela. On prenait ses mesures. Hélas! d'aucun côté on ne pouvait rien faire de bon.

Avec un roi majeur qui n'a que quatorze ans (donc

un mineur encore), le ministre sera un régent, un vrai roi. Mais, par une circonstance, la pire imaginable, le ministre d'alors allait être un prince du sang, un prince jeune, un prince incapable, bref un mineur d'esprit, qu'il s'appelât Orléans ou Bourbon.

De ces deux sots, le plus honnête était le jeune duc de Chartres, fils du Régent. Il aurait eu un guide fort expérimenté et de mérite dans le duc de Noailles. Celui-ci était revenu, et sa première démarche avait été d'aller à Notre-Dame communier de la main janséniste de son oncle l'archevêque. Démarche habile qui lui assurait les meilleurs du Parlement. Il eût fallu que les orléanistes se rattachassent franchement à Noailles. C'est ce que fit le duc de Guiche, qui, colonel des Gardes, avec le duc du Maine, colonel des Suisses, eût pu répondre de Versailles. C'est ce que ne fit pas Saint-Simon, qui, obstiné dans sa haine pour Noailles, resta à part. Il sentait bien pourtant quel malheur c'était pour l'État que l'avènement de Monsieur le Duc et de madame de Prie. Il aurait voulu que Fleury, le vieux, le timide Fleury, se décernât le pouvoir, se fît premier ministre. Il osa le lui dire. Éconduit, il ne fit plus rien. Ainsi que le Régent, il se remit à la fatalité.

Sur les avis réitérés des médecins, qui ne furent nullement tenus secrets, le ministre La Vrillière avait dressé déjà la patente de Monsieur le Duc, tenu prêt le serment solennel qu'il devait prêter. Ce vilain petit La Vrillière, que le Régent appelait un bilboquet, n'en avait pas moins été mis par lui au ministère. Il lui devait tout. Par son ingratitude, il resta au pouvoir, fut pour un demi-siècle le ministre des prisons d'État. Cinquante mille lettres de cachet ont été signées *La Vrillière.*

Le 2 décembre au soir, le Régent était chez lui, et recevait avec sa bonté ordinaire la dédicace d'un savant livre de l'avocat Bonnet (*Histoire de la danse profane et sacrée*). Hommage fort désintéressé, car l'auteur se mourait, et il avait envoyé son épître par un de ses amis.

Il était six heures, le Régent devait, à sept, monter chez le Roi et travailler avec lui. Ayant une heure à attendre, il dit (tout en buvant ses tisanes) au valet de chambre : « Va voir s'il y a dans le grand cabinet des dames avec qui l'on puisse causer. — Il y a madame de Prie. » Cela ne lui plut pas. Par je ne sais quel flair, elle avait comme senti la mort, était venue au-devant des nouvelles, observer et rôder. « Mais il y a une autre dame, madame de Falari. — Tu peux la faire entrer. »

C'était une jeune et charmante femme qu'il voyait depuis peu. Elle était Dauphinoise et du pays de la Tencin. Probablement cette dame obligeante l'avait procurée au Régent. Il est vrai, c'était tard pour un homme qui avait dû licencier les Parabère, les Sabran, les d'Averne. Mais la Falari l'amusait. Elle était fort jolie, intéressante et malheureuse. Nulle plus qu'elle n'eut d'excuse. Elle avait épousé un très mauvais sujet, neveu d'un cardinal, qui, par le crédit de son oncle, s'était fait faire duc de Falari. Il avait des mœurs effroyables, détestait les femmes, battait la sienne, l'abandonnait et la laissait mourir de faim.

Le Régent, qui était assis à boire ses drogues, la fit asseoir aussi, et pour rire, pour l'embarrasser, dit : « Crois-tu qu'il y ait un enfer? un paradis? — Sans doute. — Alors tu es bien malheureuse de mener la vie que tu mènes. — Mais Dieu aura pitié de moi. » (Ms. Buvat.)

Il devint rêveur, s'inclina vers elle, et lourdement sa tête tout à coup appuya sur elle. Il glisse, il se roidit, il meurt.

Elle pousse des cris. Mais comme il était près de sept heures, il n'y avait plus personne. On pensait qu'il était monté, comme à l'ordinaire, chez le Roi par un petit escalier intérieur. Elle a beau courir, appeler par le palais mal éclairé, désert, en cette noire soirée de décembre. Il lui faut un quart d'heure pour avoir du secours. L'une des premières personnes fut la Sabran et un laquais qui savait saigner. « Mon Dieu, n'en faites rien, crie la Sabran, il sort d'avec une gueuse... Vous le tuerez. » On essaya pourtant et l'on n'y risquait guère. La Falari, profitant de la foule qui se faisait, se dérobe et s'enfuit. Il est mort! Tout s'en va. L'appartement redevient solitaire.

Dès le premier moment, La Vrillière était chez le roi, chez Fleury. Madame la Duchesse, mère de Monsieur le Duc, s'était jetée dans une voiture; elle volait à Saint-Cloud, chez sa sœur, madame d'Orléans, qu'elle ne voyait jamais, qu'elle détestait, pour la complimenter, la plaindre, l'observer, surtout la clouer là, lui faire perdre du temps, au cas où cette princesse ferait sur sa paresse l'effort d'aller à Versailles, de parler au Roi pour son fils.

L'aile Nord de Versailles était pleine. On assiégeait Monsieur le Duc. La Vrillière, avec sa patente et son serment tout prêt, le mena chez le Roi, où Fleury, comme il était convenu, dit que le Roi ne pouvait mieux faire que de le prier d'être premier ministre. Le Roi avait les yeux humides et rouges. Il ne dit pas un mot. D'un signe il consentit et transféra la monarchie. Monsieur le Duc à l'instant remercia et fit le serment.

Que faisaient les amis du mort? Saint-Simon vint de Meudon à Versailles, pourquoi? pour s'enfermer, dit-il. Noailles et Guiche couraient, cherchaient le fils du Régent. Il était à Paris. Leurs offres de service furent mal reçues. Il s'en débarrassa. Et Saint-Simon a tort de le lui reprocher. Ils arrivaient fort tard ; ils arrivaient sans Saint-Simon.

Louis XV, qui ne sentait rien, pleura cependant le Régent et en parla toujours avec affection. L'Europe le regretta et regretta Dubois. Paris, avec le temps et sous ceux qui suivirent, plats, sots et violents, se souvint volontiers de deux hommes d'esprit qui n'avaient pas été cruels. Dubois persécuta bien moins qu'on n'eût voulu. Il s'en excuse plaisamment en écrivant à Rome : « Les jansénistes sont si sobres et simples de vie, que la prison, l'exil ne leur font rien. » Le Régent, avec tous ses vices et sa déplorable faiblesse, fut, il faut bien le dire, infiniment doux et humain. *La Henriade,* livre non de génie, mais d'humanité, de bonté, fut accueilli par lui, et on lui saura toujours gré d'avoir bien reçu, admiré, laissé circuler ce grand livre si hardi, les *Lettres persanes*, l'œuvre émancipatrice qui a couronné la Régence.

CHAPITRE XXV

Montesquieu, *Lettres persanes.* (1721.) — Voltaire, *Henriade.* (1723.)

L'avortement de la Régence, le chaos qui suit le Système, les exploits de Cartouche, le dur gouvernement qui vient, ne doivent pas nous faire perdre de vue les résultats immenses qui restent de ces neuf années.

La langueur aride, impuissante et si près de la mort, qui marque la fin de Louis XIV, a fait place aux élans d'une vie qui, malgré les rechutes, ne peut plus s'arrêter. On est sorti de la paralysie. Une circulation active s'est établie. Des arts nouveaux, charmants, sont la révélation extérieure et légère d'un autre esprit, d'un changement profond dans les mœurs et les habitudes.

Mais la belle, très belle révolution qu'il faut noter, c'est l'*humanisation*, l'adoucissement singulier des opinions, le progrès de la tolérance. Naguère encore, Bossuet et Fénelon, madame de Sévigné, admiraient la proscription des protestants. Le meilleur prince du temps, un saint, le duc de Bourgogne, excusait la Saint-Barthélemy. Douze ans après, elle fait horreur à tout le monde. *La Henriade*, un poème peu poétique, n'en réussit pas moins, parce qu'elle la flétrit, la maudit.

Chose propre à la France, à laquelle l'Angleterre, l'Allemagne restent indifférentes, et les autres peuples contraires. La barbarie religieuse continue dans toute l'Europe.

L'Espagne suivait, bride abattue, la carrière des auto-da-fé. En 1721, la seule ville de Grenade, sur l'échafaud de plâtre où quatre fours en feu (figurant les prophètes) mangeaient la chair hurlante, Grenade mit en cendres neuf hommes, onze femmes. C'est l'année des *Lettres persanes*.

Dans l'année de *la Henriade*, Philippe V et sa reine, à Madrid, infligent à la petite Française qui arrive la fête épouvantable d'une grillade de neuf corps vivants, l'horreur des cris, l'odeur des graisses, des fritures de la chair humaine.

L'autre année (1724), la vaste exécution des protestants de Thorn ; plusieurs décapités et plusieurs torturés dans des supplices exquis. Les Jésuites vainqueurs en firent une exécrable comédie de collège (*La fille de Jephté*), où l'effigie des morts grimaçait sur l'autel, par un second supplice de haine et de risée.

Voilà l'Europe, à cette époque brillante et encore si barbare, où Montesquieu, Voltaire, ont élevé la voix. Que disaient-ils ?

« Grâce pour l'homme!... Respect au sang humain! »
C'est le sens de leurs livres immortels et bénis,
livres de bonté, de douceur, d'humanité, de pitié;
donc de vraie religion. Si Dieu avait parlé, qu'aurait-il
dit : « Grâce pour l'homme! »

Mais comment arriver à ce grand but d'humanité? Par nul autre moyen qu'en brisant la fascination des dangereux symboles, l'atroce poésie du Moyen-âge, à qui on immolait tant de réalités vivantes. Il fallait bien la détrôner cette poésie imaginative, pour faire régner à sa place celle du cœur et de la nature. La satire, la critique, dans ce sens, était œuvre sainte, puisqu'elle éteignait les bûchers.

La difficulté très bizarre, c'est que les âmes les plus tendres étaient les plus furieuses. La pitié, la tendresse n'ont jamais manqué en ce monde. Des Albigeois aux Dragonnades, à travers quatre cents, cinq cents ans de massacres, ces sentiments ont abondé; mais seulement, sans rapport à la pauvre vie humaine. La pitié était pour l'hostie. C'est l'hostie outragée, le petit Jésus maltraité, qui fait pleurer à chaudes larmes la douce femme aux auto-da-fé. Si l'on brûle à Wurtzbourg un sorcier de neuf ans, c'est attendrissement pour l'idéal enfant qu'on dit immolé au sabbat.

Louis XIV n'était pas insensible, et son cœur fut ému après les Dragonnades. Comme tous les meilleurs catholiques, il eut scrupule, il eut pitié. Non des protestants, certes. Mais il trouvait cruel de faire à des damnés litière et pâture de l'hostie, de mettre Dieu dans ces bouches grinçantes.

Maintenant voici une chose inouïe, un scandale. La thèse est retournée. Dans le poème de la Ligue, le poème de la Saint-Barthélemy, le croirait-on? la pitié est pour l'homme, pour la réalité saignante. Ces rouges torrents lui font horreur, et il avance un paradoxe audacieux; il soutient, cet impie, qu'en l'homme aussi Dieu avait son hostie, et que, s'il est au pain, il était dans le sang encore.

Pauvre poème, mais grande action, plus hardie qu'on ne croit. L'auteur sortait de la Bastille. Le Régent finissait, ne pouvait guère le rassurer. Rome avait triomphé. Dubois était tout cardinal, jusqu'à promettre à Rome de faire rentrer partout les prêtres dans l'administration. Voltaire, à ce moment, le vaillant étourdi, va prendre un héros protestant. Il va chercher au fond de l'histoire un Henri IV, alors si profondément oublié, qui restait mal noté, un ennemi de l'Espagne qu'à ce moment la France épouse. Ce Henri, il l'expose, comme héros de clémence, d'humanité, d'un cœur facile et tendre, bref, comme *l'homme.* Ce seul mot dit tout. La merveille, c'est que le poème pâlira et tombera avec le temps et justement; Henri IV restera. Voltaire réellement l'a refait. C'est l'idéal nouveau et accepté du siècle. D'autant baisse Louis XIV, ce funeste idéal (enflure et sécheresse), qui jusque-là remplit la tête vide des rois de l'Europe.

Rhétorique et déclamation; faux merveilleux, faiblesse et parfois platitude. Tout cela ne fait rien. Il y a dans ce poème (la pire œuvre de Voltaire) quelque chose d'aimable et de bon, qui est partout chez lui, le bon sourire, malin et tendre, de son portrait du Musée de Rouen. Et cela alla augmentant. Une de ses ennemies, madame de Genlis, qu'il reçut à Ferney, fut surprise de voir, avec sa bouche satirique, son regard si tendre et si doux. « Le cœur même, dit-elle, de Zaïre était dans ses yeux. »

« Voilà un grand contraste ! » Point du tout. La tendresse, l'esprit satirique, l'amour, la guerre ne sont point opposés. La bonté, la pitié, chez quelques-uns sont violentes, et pleines d'un esprit de combat. Elles rendent impitoyables pour toute chose cruelle, pour toute idée barbare, pour tout dogme inhumain. Ces deux dispositions nullement contraires se rencontrent chez tous les grands hommes de ce siècle, spécialement chez Montesquieu. Dans une de ses *Lettres persanes*, il s'est peint, il a dit le fond de sa nature. Il s'avoue faible et tendre, sans défense contre la pitié. Il était jeune alors, moins résigné qu'il ne le fut plus tard aux souffrances de l'humanité, d'autant plus hostile aux tyrans, aux systèmes surtout qui furent pour des mille ans les tyrans de l'espèce humaine. Dans ce livre, si fort, léger en apparence, d'une gaieté habile et profondément calculée, il a montré comment les doux, au besoin, sont terribles, et les timides hardis. C'est un esprit serein, mondain, ce semble, et pacifique, qui fait en se jouant voler, briller le glaive, accomplit en riant la radicale exécution, l'extermination du passé.

Il imprime en Hollande; mais Voltaire qui imprime en France a bien plus de ménagements. Il reste longtemps en arrière, ne peut secouer son respect d'enfance pour le grand roi et le grand siècle. Il traîne longtemps son Racine. Les récits de Villars, le vieux conteur, les beaux yeux de la maréchale, tout cela fit longtemps tort à Voltaire, le retarda. Élève des Jésuites, et fort caressé d'eux, il est faible pour ses vieux maîtres.

Le siècle demandait, désirait un génie qui tranchât nettement dans le temps, partît de *l'écart absolu*, comme on dit aujourd'hui, mais de l'écart dans le bon sens, un génie qui surtout allât droit à la question fondamentale, la question religieuse, ne cherchât pas, comme les utopistes d'alors, de vains raccommodages pour une machine plus qu'usée.

Le Régent, par respect, a imprimé le *Télémaque*. Il essaye un moment des plans de Fénelon, de ses hauts Conseils de seigneurs. Tout cela ridicule, inutile et mort-né.

On essaye un moment de Boisguillebert, de Vauban même. Les réformes économiques qu'ils tentent à la surface n'ont nulle chance pendant qu'on garde le fond pourri qui est dessous.

Law eût fait quelque chose de sérieux. Ses terribles nécessités le poussant en avant, il aurait « labouré profond », comme on dit en 89. J'ai trouvé qu'au premier moment qu'il fut contrôleur général, on agita la question de *forcer le clergé à vendre* ce qu'il avait acquis depuis cent vingt ans (plus de la moitié de ses biens). Vente énorme qui, faite d'ensemble, eût fait tomber la terre à rien, l'aurait presque donnée au monde des petits laboureurs. Mais Law était près de sa fin. On le précipita. Il y eut une espèce de petit concile pour le condamner.

Une telle opération supposait autre chose. Pour atteindre le temporel, il fallait que le spirituel fût éclairci, percé à jour. Deux hommes singuliers, qui virent beaucoup et souvent dans le vrai, semblaient appelés à cela. Boulainvilliers, le féodal, grand esprit en d'autres matières, avait, dans un très beau pamphlet qui courait manuscrit, posé avec simplicité la loi de la religion, une en tant de cultes divers. Théorie haute et vraie, qui planait de trop haut. — L'abbé de Saint-Pierre, au contraire, eut mille idées pratiques. Telles de ses vues sociales, utiles et sérieuses, se sont réalisées. Mais, dans les choses religieuses, il est myope ou craint de voir. Il garde l'idée niaise d'être *un philosophe chrétien*. Les évêques firent chasser ce bonhomme de l'Académie. Les philosophes en rirent. Tout était ridicule en lui, et jusqu'à l'orthographe. C'était le roi des maladroits. Il changeait des misères, il réformait des riens, et conservait le pire; exemple, la moinaille, qu'il croit utiliser! On le renvoya en nourrice, avec cette pauvre âme que met Machiavel « dans les limbes des petits enfants ».

Mais qui sera donc *l'homme?* et dans quelle circonstance heureuse et singulière va-t-il donc naître et se former, le vigoureux génie qui, tranchant le passé au fil du glaive, dans cet éclair va faire voir l'avenir ?... Gloire à la volonté ! Il naît précisément, grandit, se fortifie, dans un milieu unique pour énerver, éteindre, admirable pour étouffer.

Né en 1689, affublé à vingt-cinq ans d'une perruque de conseiller, il le fut à vingt-sept d'un bonnet de président à mortier. Son esprit vaste, vif et doux, sous ce poids qui le contenait, n'en fut pas accablé, mais s'étendit en dessous de tous côtés. Un mariage fort calme, dont il lui survint trois enfants, semblait (dès vingt-six ans) le calfeutrer tout à fait au foyer. De son hôtel au Parlement, du Parlement à son hôtel, sa vie était tracée. Cette quasi captivité qui aurait amorti tout autre eut l'admirable effet de le vivifier. Il s'enquit de deux infinis, celui des sciences physiques, celui des mœurs, des lois, des transformations variées de l'âme humaine.

L'Académie de Bordeaux, qui jusqu'à lui perdait son temps aux amusements littéraires, aux petits vers, devint une académie des sciences. Il y lut des mémoires sur ses études d'anatomie et autres. En 1719, d'un élan juvénile (on commence toujours par l'immense et par l'impossible), il avait fait le plan d'une *Histoire de la Terre.*

Temps curieux de gigantesque effort. Marsigli donne son *Histoire de la Mer.* Vico prépare et bientôt donne son esquisse sublime et féconde : *Science nouvelle de l'Humanité.*

Montesquieu, sans nul doute moins inventeur, fit

davantage. Il vit et pénétra, il jeta un ferme regard sur trois masses qui composaient alors l'indigeste richesse de la raison humaine.

1° L'édifice des sciences mathématiques et naturelles, si compliquées de phénomènes, et si simples de lois. Les écrits de Fontenelle y intéressaient vivement.

2° La série des voyageurs, spécialement de l'Orient, de la Perse et de l'Inde, depuis les charmants récits de Pietro della Valle, jusqu'aux Bernier, aux Thévenot, aux Tavernier, jusqu'au judicieux Chardin. Ici de même nul éblouissement. L'amusante diversité aboutit à des lois très simples.

3° Le droit, pour ses prédécesseurs, était un monde à part qu'on tâchait d'enfermer dans le cercle du christianisme. Le premier, il le vit dans la variété immense des législations comparées, réductible pourtant à la haute unité du juste. Planant sur la nature, les mœurs et les institutions, son grand esprit cherchait l'âme commune, *la loi de la loi*.

Cette hauteur est telle que, non seulement les lois civiles et politiques, mais aussi les lois religieuses en sont justiciables. La Justice est tellement la reine des mortels et des immortels, que les dieux même répondent devant elle. Les religions lui font la révérence et en attendent leur arrêt, car celle qui prétendrait être sainte pour se dispenser d'être juste, serait impie, loin d'être sainte, ne serait plus religion.

Idée directement contraire à celle des légistes du

siècle de Louis XIV. Domat exige que la Justice soit chrétienne et la plie au Christianisme. Le dix-huitième siècle demande si le Christianisme est juste.

Le singulier, c'est que l'élan de la révolution soit parti justement d'un esprit pacifique, plus lumineux qu'ardent, et surtout conciliateur. Tel semblait Montesquieu avant 1721, quand il faisait ses paisibles lectures à son Académie. Et tel il redevint après son grand livre révolutionnaire. Il se tourna bientôt vers les calmes régions de la haute critique historique. (*Grandeur et décadence des Romains.*)

Le génie girondin, celui de Fénelon, Montaigne, Montesquieu, celui du grand parti qui, en 93, périt pour ne pas tuer, est vif, mais modéré, équilibré, ce semble. Il faut une pression pour en tirer le jet de feu qui brûle. Il faut cette chose rare qui quelquefois saisit un jeune cœur, ce que j'appellerais : la fièvre de justice. La Boétie n'avait que vingt-six ans, lorsque de Bordeaux il lança sa brochure du *Contr'un*, l'évangile de la République ; et Montesquieu guère plus de trente, quand son petit roman esquissa, déjà formula le *credo* de 89.

Leur vraie vie intérieure est absolument inconnue. La Boétie meurt jeune, et ne dit rien. Montesquieu s'est gardé de nous rien révéler des secrètes révolutions de son esprit. Il est aisé de le deviner pourtant.

Tous deux étaient des juges, membres du Parlement. Tous deux, éclairés et humains, étaient associés à la justice routinière d'un grand corps immuable dans la barbarie du vieux droit. Les légistes royaux ayant, dans tant de choses, succédé aux pouvoirs judiciaires du clergé, résisté à l'Inquisition, se piquaient d'être aussi cruels. Ils se montraient prêtres autant que les prêtres dans les applications révoltantes du Droit canonique, maintenaient les supplices ecclésiastiques, le feu spécialement. Sans rien dire de Toulouse (le Parlement le plus féroce), ceux de Bordeaux et de Rouen brûlent force sorciers dans le dix-septième siècle. Paris brûle le pauvre messie Simon Morin dans l'année du *Tartufe* (1664). Il brûle deux libertins (1672). Dijon, un curé quiétiste (1698).

Ces choses étaient rares, dira-t-on. Ce qui ne l'était pas, ce qui était constant et prodigué, c'était la torture préalable. Elle était chère aux Parlements autant qu'aux cours d'Église. En 1780, sous Louis XVI, un parlementaire d'Aix en imprime l'apologie, dédiée au pape Pie VI, qui accepte la dédicace.

Une autre torture, plus cruelle peut-être, c'est l'atrocité des prisons. Celles de Bordeaux étaient célèbres en Europe. Ses cachots du Château-Trompette, où l'on ne pouvait être debout, ni couché, ni assis, égalaient les plus effrayants *in-pace* de l'Inquisition.

Qu'on se figure ce génie doux, humain, associé à tout cela! Un Montesquieu, président d'un tel corps, forcé de suivre toutes ces vieilleries exécrables, obligé de signer une enquête par la torture, un jugement pour rouer, brûler!... Quelque inerte qu'on soit dans une telle compagnie, on n'en endosse pas moins la solidarité terrible de ses actes. La consolation passagère d'adoucir parfois un arrêt peut-elle équivaloir à cette participation constante d'un droit affreux qui revient tous les jours? Montesquieu resta là de 1714 à 1726, cloué par la nécessité héréditaire, la volonté des siens, par la timidité, par la convenance. Il n'osait s'arracher de cette robe, sa fatalité de famille. Qui peut douter qu'il n'en ait souffert, cruellement souffert de ce qu'il voyait, signait, faisait, souffert de son silence, et taciturnement amassé un merveilleux fonds de haine pour ce passé atroce, ce droit maudit et son principe impie.

Il faut être bien étourdi et bien léger soi-même pour trouver son livre léger. A chaque instant il est terrible. Les satires de Voltaire sont si débonnaires à côté! La différence est grande. Voltaire est libre par le monde. Montesquieu est un prisonnier.

L'œuvre est moins merveilleuse encore que le secret, la patience qui la préparent, ce recueillement redoutable du solitaire en pleine foule. Grande leçon! Qu'ils apprennent de là, les prisonniers qui se croient impuissants, combien la prison sert, comme en prison le fer devient acier! Qu'ils apprennent, les hésitants, les maladroits, à affiler la lame. Jamais main plus légère. L'Orient lui apprit à jouer du damas. En badinant, il décapite un monde.

Il est intéressant pour l'art de voir comment le tour est fait. N'oublions pas qu'il se faisait dans un moment singulier d'inattention où personne n'avait envie de regarder. Écrit au plus fort du Système, le livre est publié dans la débâcle, la terreur du Visa, quand chacun se croit ruiné. La difficulté était grande pour se faire écouter de gens préoccupés si fortement. Quel cadre assez piquant, quel style assez mordant pouvait s'emparer du public?

Le petit roman fit cela. L'auteur prit une occasion. L'ambassadeur turc arrivait (mars 1721) avec tout son monde équivoque. La question débattue partout était : « A-t-il, n'a-t-il pas un sérail? — Et qu'est-ce que la vie de sérail? » Vous le voulez... Eh bien, apprenez-le. Le nouveau livre le dira. Dès le commencement, cinq ou six lettres vous saisissent par cette vive curiosité d'être confident du mystère, au fond du sérail même, et ce qui est piquant, d'un sérail veuf, et des humbles aveux que ces belles délaissées écrivent en grand secret. Croyez qu'avec un tel prologue, on ne lâchera pas le livre.

Mais nulle mollesse orientale. Il ne s'en doute même pas. A cent lieues du sérail mystique des soufis, du sérail voluptueux du Ramayan, celui-ci est français, je veux dire amusant et sec. La flamme même, s'il y en a quelque peu, est sèche encore, esprit, dispute et jalousie. Ces disputeuses ne troublent guère les sens. Le tout est une vraie satire contre l'injustice polygamique, le dur veuvage où elle tient la femme. Même la polygamie chrétienne (quoiqu'il en plaisante parfois, comme d'une chose qui est dans les mœurs), il la flétrit très âprement dans la lettre sur *l'homme à bonnes fortunes.*

C'est un coup de théâtre de voir comme après ces

cinq ou six premières lettres de femmes, maître de son lecteur, il l'emporte, d'une aile prodigieuse sur un pic d'où l'on voit toute la terre. Les sociétés ont leur nécessité : *le Juste*. Elles vivent de lui, et sans lui elles meurent. La brève histoire des Troglodytes, où la forme un peu maniérée ne fait nul tort au fond, donne, avec cette loi de Justice, ce qui en est l'usage : *le gouvernement libre*, *républicain*, de soi par soi.

Un Anglais n'aurait pas manqué de se servir ici du texte où Samuel énumère aux Hébreux qui demandent un roi, les fléaux de la royauté. Le Français sait bien mieux qu'un vieil habit sert peu pour la vérité éternelle.

On a chassé le pauvre abbé de Saint-Pierre pour ses petites hardiesses. Mais on n'ose toucher celui-ci. Il dit la mort prochaine de la religion catholique. Il dit que la République est le gouvernement de la vertu. Il dit que le roi et le pape, grands magiciens, ont le talent de faire que le papier soit de l'argent, que le pain ne soit pas du pain, etc. Le haut credo surnaturel a pour lui la valeur des actions de Law après le Visa.

Le Régent rit, et tout le monde. Et qui sait? les évêques eux-mêmes, tous les Pères de l'Église, Dubois, Tencin, etc. La France entière rit, et l'Europe.

C'est là bien autre chose qu'un succès littéraire. Sans s'en apercevoir, dans cette satire ou ce roman, on a pris, accepté un credo tout nouveau. Le livre, si critique, n'en est pas moins affirmatif. Tout en brisant le faux, il a posé le vrai.

ÉCLAIRCISSEMENTS

Chapitres I et II. — *Du beau début de la Régence.* — *Le parti espagnol la paralysait.*

Noailles a été trop maltraité par Saint-Simon. Ses idées étaient praticables. L'expulsion des Jésuites, le lendemain de la mort de Louis XIV, eût été populaire, facile (autant qu'elle l'avait été en Sicile au duc de Savoie). Elle eût terrifié le parti jésuite, le duc du Maine. Le rappel des protestants eût été plus difficile, parce qu'ils avaient contre eux non seulement les Jésuites, mais les jansénistes, le cardinal de Noailles (Ms. Buvat, janvier 1716). Néanmoins, dans l'extrême détresse où on était, lorsque quinze cents personnes mouraient de faim dans une seule paroisse, Saint-Sulpice (*ibidem*), on eût trouvé fort bon que l'émigration protestante rapportât ses capitaux, ses nombreuses et si utiles industries.

Il est certain qu'à ce moment la Régence fut admirable d'élan, de bonnes intentions, de réformes utiles, dont plusieurs sont restées (exemple : la comptabilité régulière, la suppression d'une foule d'offices, etc.). Les fautes, les vices du Régent, sont bien moins accusables que la situation dont il hérite. (Voy. Noailles, Forbonnais, Bailly, mais surtout M. Doniol, qui a formulé parfaitement que nul remède ne suffisait dans la situation sans issue que laissait Louis XIV.)

A la page 44, j'ai fait remarquer que, dès 1665, on avait proposé à Colbert la taille *réelle* et proportionnelle. Un certain Charles, élu de Meaux, avait formulé cette proposition, en insistant sur le point essentiel : *Que chacun des trois États y doit contribuer.* « Il est constant, dit-il, que *le clergé et la noblesse*, qui possèdent plus des trois quarts du bien de

France, ne contribuent comme rien au regard du *Tiers Estat*, qui porte toute la charge et n'a plus pour partage que la misère ». (*Lettre communiquée par M. Margry, archiviste de la marine.*)

Sur l'Angleterre, sa banque, etc., je suis Bolingbroke, Mahon, Smollett, Pebrer, Macaulay, etc.

Fallait-il se rallier à l'Angleterre ou à l'Espagne? Belle question; elle est ridicule à poser. L'Espagne d'alors fait horreur. Les Italiens qui la gouvernent, Alberoni, la reine, viennent de relever l'Inquisition que madame Des Ursins voulait abaisser. Comment n'a-t-on pas vu cela? comment a-t-on pris Alberoni pour le restaurateur de l'Espagne, lui qui l'éreinte, la jette dans mille aventures impossibles? Comment prend-on Philippe V pour un Français? Il regrettait, il est vrai, la France, mais il était en même temps plus Espagne que l'Espagne même. Sous lui, quatorze mille victimes revêtirent le san-benito et furent suppliciées de diverses manières (sur lesquelles *deux mille trois cent-quarante-six* furent brûlées vives). Voy. Llorente, t. IV, p. 28; Coxe, t. III, c. XXXI, p. 6. — Lemontey (t. I, 432, note) observe que ce chiffre énorme semblera trop faible si l'on consulte (aux *Affaires étrangères*) les dépêches de notre ambassadeur Maulevrier. Il donne un nombre supérieur relativement, un nombre épouvantable pour sept villes et quatre années seulement.

Le plus horrible, c'est que ce lâche gouvernement qui permet tout cela n'est point du tout fanatique. Dès le lendemain de la mort de Louis XIV (18 septembre 1715), il négocie avec les hérétiques, il sollicite les Anglais contre la France qui s'est ruinée pour sauver l'Espagne. Alberoni, qui vient de relever l'Inquisition, se jette dans l'extrême opposé, cherche l'alliance protestante (Voy. Coxe, Smollett, Mahon, etc.). Choquante inconséquence. Rien ne lui coûte pour gagner les devants. Il sacrifie le Prétendant, les dernières recommandations de Louis XIV et toute décence catholique.

En mettant à sa date, aux premiers jours de la Régence, ce coup inattendu qui la frappait, on explique parfaitement, on excuse en partie les fluctuations du Régent. La plupart des historiens font le contraire; ils racontent d'abord ses misères et ses fautes et celles même de 1716. Puis ils reviennent à ces affaires d'Espagne, de septembre 1715, relatent la négociation d'Alberoni, qui, déplacée ainsi et mal datée, ne signifie plus rien du tout.

Si le mauvais coup auquel Alberoni voulait employer Charles XII, l'absurde révolution qui eût mis le Prétendant à Londres, Philippe V à Paris, si cette folie criminelle eût pu se réaliser, elle nous eût retardés pour cent ans. Le Régent, avec tous ses vices, toutes ses fautes, son Dubois et le reste, n'a pas empêché la Régence d'étinceler d'esprit et de lumières, d'être une des époques les plus fécondes et les plus inventives. Sous lui, la France et l'Angleterre sont évidemment *le progrès*. Oui, l'Angleterre, cupide et hypocrite, méthodiste et contrebandière, avec sa plate dynastie allemande et sa corruption de Walpole, l'Angleterre, avec tout cela, c'est *le progrès*. La France, vers 1720, par Montesquieu, Voltaire, Fontenelle, par l'Académie des Sciences, surtout par ses grands voyageurs, dresse au plus haut le phare qui guide désormais la marche de l'esprit humain. L'Angleterre ouvre les mille voies d'activité pratique, commence sérieusement (ce que presque seule elle a fait) l'exploration des mers et la découverte du globe.

Chap. II, p. 45. — *Le plus honnête, De Saint-Simon.*

Il baisse infiniment à la mort de Louis XIV. Il est décidément déplacé, désorienté dans le monde nouveau, et il devient de plus en plus absurde. Il est d'amitié pour le Régent, de principe pour le roi d'Espagne. Il avoue que si celui-ci entrait en France, il quitterait le Régent. — Il ne veut pas qu'on chasse les Jésuites, et il demande les États généraux que demande le parti jésuite pour faire sauter le Régent. Étrange ami de la Régence qui s'oppose à tout ce qui pourrait la soutenir, par exemple, au rappel des protestants qui auraient rapporté leurs capitaux, leur industrie. — Il est honnête, et cependant il dévie un peu en pratique. C'est, je crois ce qui le rend de si mauvaise humeur. Il nomme Tellier un scélérat, et il est son ami; d'Effiat, un scélérat, et il le sert; la duchesse de Berry un monstre, et il lui laisse madame de Saint-Simon. Il déplore le pillage du Système, résiste, finit par accepter. Comment ne serait-il pas furieux contre le temps, contre lui-même? — Il omet, sciemment, je crois, des faits très importants, non seulement l'amour, si public, du Régent pour sa fille, mais l'infamie des petits Villeroy (août 1722), mais les vols de Monsieur le Duc, la pension énorme que Dubois payait à madame de Prie. Il embrouille l'affaire de Leblanc et Bellisle. — Vers la fin, on était si embarrassé de Saint-Simon, de son humeur, de ses *spropositi*, qu'on le tenait en quarantaine, tout à fait isolé, sans lui rien dire. Il ne sait pas combien il est alors un personnage comique. On s'en amuse, on le consulte sur des choses résolues d'avance (comme l'enlèvement de Villeroy, le ministère de Dubois). Le Régent a la malice et la patience de l'écouter là-dessus pendant des heures, quand tout est décidé sans lui.

Chap. II, p. 50. — *Des réhabilitations de Dubois.*
Deux écrivains se sont imposé de nos jours la tâche de réhabiliter Dubois. — A les en croire, tous les contemporains s'y étaient trompés, l'avaient calomnié. Les modernes aussi. Le très exact et très fin Lemontey, qui écrit aux archives des Affaires étrangères, et devant les pièces, a partagé l'erreur commune. M. de Carné (1857), et M. de Seilhac (1862), rendent à ce pauvre Dubois sa robe d'innocence. — Ce qui frappe le plus dans cette découverte, c'est qu'elle semble se faire contre l'avis de Dubois même. Je ne crois pas qu'il en eût su gré à ces Messieurs. Il semble qu'il ait eu une prétention toute contraire. Dans ses correspondances, spirituelles et facétieuses, il y a partout la fatuité du vice. Il s'étale, se carre, se prélasse. Il se flatte surtout d'être un drôle habile et retors. Il ne se fâchera pas du tout si on l'appelle un heureux coquin. Les faits, étudiés de très près, m'obligent d'être de son avis contre ses panégyristes. La gravité magistrale de M. de Carné ne m'impressionne pas quand je le vois affirmer des choses si étonnantes : « Que Louis XIV aurait approuvé l'alliance anglaise » (*Revue des Deux Mondes*, XV, 844-846), « que sous le Régent et Fleury, la population a presque *doublé* », etc. Et comment le sait-il ? comment affirmer cette chose énorme, contre d'Argenson et tout le monde ? — Pour M. le comte de Seilhac, je n'ai rien à lui dire. Il est du pays de Dubois, de Brives-la-Gaillarde. Il écrit d'après les papiers de Brives et ceux de la famille Dubois. Son premier volume contient des pièces curieuses. Je n'ai trouvé dans le second exactement rien.

Chap. IV, p. 79. — *La duchesse de Berry.*
La cour de Sceaux, la cour d'Espagne, l'Europe entière croyait à l'inceste du Régent avec ses filles. — Cela est très peu vraisemblable pour mademoiselle de Valois, absurde pour l'abbesse de Chelles. Quant à l'aînée, duchesse de Berry, il n'y a que trop de vraisemblance. Madame de Caylus dit qu'elle posa pour les dessins de Daphnis et Chloé. Duclos croit que le Régent craignait les indiscrétions de sa fille. Ceux qui écrivent hors de

France, comme Du Hautchamp, sont très affirmatifs et très explicites là-dessus. Mais ce qui en dit bien plus qu'aucune affirmation particulière, c'est l'ensemble de mille détails, qui, rapprochés, mènent là invinciblement. — Quand Saint-Simon lut au Régent la satire de Lagrange-Chancel, il fut ému, indigné de l'acusation d'empoisonnement, mais non de celle d'inceste. — Pour le fait tiré de Soulavie, je ne l'emprunterais pas à cette source moderne et suspecte, si l'opinion des contemporains sur l'amour du Régent ne le rendait très vraisemblable. Les autres anecdotes du même auteur, sur les filles du Régent, sur les sacrifices qu'aurait fait mademoiselle de Valois pour tirer Richelieu de prison, semblent imaginées uniquement à la gloire du vieux fat, dont Soulavie avait les lettres et les papiers. — Il est à regretter que Lemontey n'ait point complété son mémoire sur les filles du Régent (*Revue rétrospective*). — Les lettres de Madame, publiées en 1862, donnent de curieux détails sur l'insolence et l'esprit brouillon de la duchesse de Berry. — C'est en rapprochant Saint-Simon de Du Hautchamp, etc., qu'on peut dater et l'entrée de madame d'Arpajon chez la duchesse, l'époque de la tentative qui faillit coûter un œil au Régent; enfin, la plaisanterie de d'Aguesseau et sa sortie du ministère (janvier 1718). — Sur l'embonpoint de la duchesse, voy. Saint-Simon et Duclos, édition Michaud, p. 503, note d'un contemporain.

Chap. I, VI, XXI. — *Sur l'Espagne et la cour de Madrid*, etc. L'histoire très détaillée et très instructive de Coxe, tirée des sources espagnoles, fait connaître la parfaite indifférence religieuse d'Alberoni et de la reine, l'indignité des deux intrigants italiens, qui, tout en relevant l'Inquisition, rallumant les bûchers, recherchent l'alliance hérétique. Saint-Simon est curieux sur l'intérieur de cette cour, mais très suspect. Comblé de caresses et de faveurs, espagnolisé tout à fait par la grandesse qu'on donne à un de ses fils, il peut compter pour un ami personnel de Philippe V et de la reine. Le plus vrai, le plus clair, c'est Lemontey qui nous le donne, d'après les correspondances diplomatiques. La singulière révélation d'Alberoni sur les mœurs de ce roi dévot et les complaisances de la reine, est appuyée et confirmée par ce qu'on sait d'ailleurs des remords fréquents de Philippe V, etc. — Quant à la conspiration de Cellamare, dans Lemontey, c'est un véritable chef-d'œuvre (de même que sa Peste de Marseille, son histoire du chapeau de

Dubois). On serait bien mal instruit de cette conspiration, si on s'en tenait aux jolis *Mémoires* de mademoiselle De Launay (madame de Staal). Elle sait tout, et ne dit presque rien. Les souvenirs de la spirituelle femme de chambre, si charmants dans ses récits de jeunesse, naïfs même dans celui qu'elle fait de sa bienheureuse et galante prison de la Bastille, sont brefs et vagues sur la grosse affaire politique et les secrets de sa maîtresse.

CHAP. III, p. 77. — *Mademoiselle Aïssé. Elle mourut d'amour et de vertu.*

La plume m'a glissé; mais je ne m'en dédirai pas. Dans un pareil milieu, entre la Tencin et la Fériol, Aïssé, qui se tient si haut, si noble, si désintéressée, est digne du respect de la terre. Ce mépris de l'argent, ce billet déchiré, serait une chose fort belle dans une vie quelconque; c'est sublime dans la situation dépendante de l'infortunée, qu'un peu d'aisance aurait affranchie. Son refus obstiné d'épouser celui qu'elle aime, sa délicatesse, qui lui fait craindre qu'il ne se fasse tort en l'épousant : tout cela la rend adorable. La seule faiblesse de sa vie fut la reconnaissance. Pure et froide (ayant tant souffert), elle s'impose de faillir un moment pour ne pas laisser sans récompense une persévérance de tant d'années. Personne ne s'y trompe, ni son frère adoptif, Argental, l'ami de Voltaire, ni Bolingbroke, dont l'excellente famille couvre le petit mystère. Elle n'en est pas moins un objet de culte. Bolingbroke, qui ne croit à rien, croit à elle et lui est dévot. Il porte envie au trop heureux amant. Et tous lui portent et porteront envie. MM. de Goncourt parlent d'elle avec une admiration passionnée (p. 177). Sainte-Beuve (dans sa belle notice) en est si amoureux, qu'il s'efforce de croire que Fériol était trop vieux et qu'il respecta son esclave. Je voudrais bien croire aussi cette chose improbable.

Ce Fériol avait passé toute sa vie dans les guerres turques, en Hongrie, près de Tékéli (Voy. Hammer), et n'était guère moins Turc que le pacha Bonneval. En 1699, il devint notre ambassadeur à Constantinople. Il n'y eut jamais un homme plus fier, plus violent. Jamais il ne voulut paraître sans épée devant le sultan, selon le cérémonial d'usage. Saint-Simon en raconte un trait fort honorable (chap. CCXII, année 1708). Le grand vizir ayant fait des avanies au ministre de Hollande, celui-ci voulut se réfugier chez l'ambassadeur d'Angleterre, qui, malgré l'intime union des deux États, refusa de lui donner asile. Ce fut son ennemi, le Français Fériol, qui lui ouvrit son palais, le reçut et le protégea. — Je reviendrai sur Aïssé et sa fin si touchante. Que de fois j'ai lu et relu ses dernières lettres, pour y pleurer encore et me laver des sottes larmes que me coûtait *Manon Lescaut!*

A propos de cette *Manon*, Aïssé la désigne, la lit dès 1727, ce qui ferait croire que Prévost avait détaché et publié des parties des *Mémoires d'un homme de qualité*, qui ne parurent entiers qu'en 1732. Cette date de 1727 me paraît très vraisemblable. *Quand on sait lire*, on lit très clairement que *Manon* est de la Régence, et nullement du temps de Fleury.

CHAP. VII, p. 143. — *C'est l'idée intérieure qui faisait le génie de Law.*

Elle était chez lui instinctive, mais se développa sous l'empire des circonstances. C'est ce que les historiens économistes n'ont pas assez senti. Ils supposent que Law apporta le Système tout fait avec les diverses théories qui en sortaient. Cela me semblait peu vraisemblable *a priori*. Mais lorsque je me suis moi-même occupé de la chose et l'ai regardée à la loupe, j'ai vu que ce n'était point vrai. En reprenant la vie complète (politique, religieuse, littéraire, avec tous les détails de mœurs), on démêle fort bien comment, des circonstances mêmes, le Système naquit, se modifia. — Ce n'est pas Forbonnais, déjà éloigné de ce temps et trop exclusivement financier, qui peut faire soupçonner cela. Il faut en suivant les pièces datées (*arrêts du Conseil*, etc.), suivre en regard les journaux secrets de Paris (Barbier, Marais, etc.), et surtout l'important manuscrit de Buvat qui date bien mieux que tous les autres. — Ces journaux aident à classer les faits très curieux, très nombreux, que donne l'historien principal Du Hautchamp, obscur, confus, informe, mais si riche. — Lemontey, qui, ce semble, n'a pas lu Du Hautchamp, l'éclaire d'une vive lumière, en ce qu'il dit des Anglais et de Stairs, de la peur de Law, etc. — Lord Mahon donne peu d'attention à la guerre des deux Bourses, de Paris et de Londres.

Ni lui, ni nos économistes modernes, ne mentionnent la première crise de Law (en juillet 1719), lorsque la coalition de Duverney et des agioteurs anglais faillit le faire sauter (p. 217), lorsque Law fut trahi par son agent, etc. — La seconde crise est la fin de septembre 1719, le moment solennel de la grande razzia, la résistance que Law essaya d'y opposer pendant trois jours. Il est fort curieux de voir comment chacun a jugé cette affaire. Les sources principales sont les Arrêts, les récits de Du Hautchamp et Forbonnais. Rien dans Noailles. Un mot dans Dutot, p. 912, édition Daire. Peu ou rien dans Duverney, qui voudrait bien écraser Law, mais d'autre part, craint de trop éclaircir, pour l'honneur de Monsieur le Duc. Rien dans Barbier. Peu ou rien dans Lemontey. Thiers (*Encycl.*, 81), partout ailleurs, si lumineux, n'est ici ni clair, ni sévère; il appelle ce filoutage « un défaut de précaution ». Daire, net et fort, très incomplet, p. 459. Peu dans Louis Blanc, I, 299. Peu dans Henri Martin, 4ᵉ édition, XV, 51. Rien dans le *Dubois* de M. Seilhac. Le meilleur incontestablement est M. Levasseur; seulement, son livre, exclusivement économique, omet, laisse dans l'ombre les côtés sociaux qui éclaireraient l'économie elle-même. Je dois aux recherches ultérieures et récentes qu'il a faites aux Archives ce fait si important que j'ai donné (p. 228), *que la Compagnie*, c'est-à-dire Law, *eut seule l'honneur de résister trois jours* au vol organisé contre les créanciers de l'État.

Mon chapitre des *Mississipiens* est presque entièrement tiré de Du Hautchamp, dont j'ai classé les détails épars et très confus. Ses deux histoires du Système et du Visa m'ont toujours soutenu.

Mais le plus souvent je n'aurais pu m'en servir utilement si je n'avais eu mon fil chronologique bien établi par l'excellent *Journal* de Buvat. Comment se fait-il que cet important manuscrit de la Bibliothèque (*Supplément*, Fr. 4141, 4 vol. in-4°) ait été si peu employé? C'est, je crois, parce qu'on s'est trop arrêté à une note que Duclos a mise en tête de la copie qui est aussi à la Bibliothèque : « Voici un des plus mauvais journaux que j'aie « lus. J'avais dessein d'en relever les fautes, mais elles étaient « si nombreuses », etc. Duclos, dont les *Mémoires* ne font que reproduire Saint-Simon en le gâtant, ne sait pas assez l'histoire de ce temps-là pour juger Buvat. Les fautes de celui-ci n'ont aucune importance. Il est fort indifférent qu'il se trompe sur *Mississipi* et qu'il croie que c'est *une île*. L'essentiel pour moi, c'est qu'il me donne jour par jour le vrai mouvement de Paris, celui de la Banque, même parfois ce qui se fait au Palais-Royal et dans les Conseils du Régent.

Barbier, quoique plus détaillé et parfois plus amusant, lui est bien inférieur. C'est un bavard qui donne le menu au long, ignore l'important, s'en tient aux *on dit* de la basoche, aux nouvelles des Pas-Perdus, et qui les date souvent fort mal (du jour où il les apprend). Il ne voit que son petit monde. En 1723, à la mort du Régent, il vous dit : « Le royaume ne fut jamais plus florissant. » Cette ineptie veut dire que les Parlementaires se sont un peu relevés.

Buvat était un employé de la Bibliothèque royale, que le Régent venait de rendre publique. Il voyait de sa fenêtre le jardin de la rue Vivienne où se passèrent les scènes les plus violentes du Système, et il faillit y être tué. Il écoutait avec soin les nouvelles, se proposant de faire de son *Journal* un livre qu'il eût vendu à un libraire (il en voulait 4.000 francs). Il était placé là sous les ordres d'un homme éminent et très informé, M. Bignon, bibliothécaire du roi et directeur de la librairie. C'était un quasi ministre, qui avait droit de travailler directement avec le Roi (ou le Régent). M. Bignon était un très libre penseur, qui avait gardé la haute tradition gouvernementale de Colbert. Chargé en 1698 de réorganiser l'Académie des Sciences, il mit dans son règlement qu'on n'y recevrait jamais aucun moine. (Voy. Fontenelle.) Buvat, son employé, dans ce *Journal*, un peu sec, mais judicieux et très instructif, dut profiter beaucoup des conversations de M. Bignon avec les hommes distingués qui venaient à la Bibliothèque. Il avait des oreilles et s'en servait, notait soigneusement.

Il m'a fourni des faits de première importance. Il me donne l'*apoplexie du Régent* en septembre 1718, qui coupe la Régence en deux parties bien différentes. Il me donne en janvier 1720 (à l'avènement de Law au Contrôle général) la *proposition au Conseil de forcer le clergé de vendre*, etc. Je regrette de ne pouvoir profiter de ses indications sur la destinée ultérieure de Law, et les persécutions dont sa famille fut l'objet.

Quant au moment où Law se crut perdu (5 juin 1720) et voulut sauver le bien de ses enfants, il est rappelé dans une des lettres où madame Law réclame sa fortune, lettre du 5 avril 1727, qui m'a été communiquée par M. Margry. (*Archives de la marine.*)

DERNIERS CHAPITRES. — *Sur la fin de Dubois et du Régent.*
A partir du Visa, pendant plus de deux ans, l'histoire est un désert. — *Madame* vit encore et écrit, mais rien de suivi, parfois des ouï-dire peu exacts (par exemple, *les deux lits roulants du roi d'Espagne*, qui n'en eut jamais qu'un). Barbier est peu sérieux. Il croit que le Régent fait poignarder les nouvellistes.

Dans sa curieuse histoire de la religieuse vendue au prince, il établit d'abord qu'il est certain du fait, le tenant d'amis sûrs qui ont su et vu. Puis il s'effraye de son audace, et (sans doute craignant que son manuscrit ne tombe sous l'œil de la police), il se dément; mais il ne biffe pas l'anecdote. — Buvat me soutient mieux. Dans sa sécheresse calculée (qu'il signale et regrette lui-même), il me donne la plupart des grands faits significatifs, par exemple, l'abandon que fit Dubois des essais de réforme de Noailles et de Law, sa lâcheté pour les privilégiés, la défense qu'il fait (juin 1721) de continuer les essais de la taille *réelle*, etc. Il me fournit tout le détail inconnu de la première communion du Roi, le mépris public que Fleury montre pour Dubois en vendant son présent; fait capital; un homme si prudent n'aurait pas hasardé une telle chose, s'il n'eût été déjà arrangé avec le successeur de Dubois et du Régent, avec Monsieur le Duc. — Duclos n'apprend rien, ne sait rien. Il copie Saint-Simon. — Mais Saint-Simon lui-même, comme je l'ai dit, est soigneusement tenu en quarantaine, isolé, on ne lui dit rien. Il étonne de son ignorance. Il ne sait pas des faits que savait tout Paris. — Lemontey est pour cette fin d'une brièveté désolante. Cependant, ayant sous les yeux les pièces diplomatiques, il m'éclaire dans un point essentiel qu'ignore tout à fait Saint-Simon : c'est que l'Angleterre exigea *que Dubois fût premier ministre*, autrement dit que la Régence continuât et qu'on ne tombât pas encore dans les mains folles et furieuses qui auraient compromis la paix du monde, établie si difficilement. Cela illumine toute la finale que Buvat, Barbier et Marais m'aident à filer tellement quellement. Lemontey aurait dû imprimer les curieux papiers qui témoignent du désespoir de Dubois, tout-puissant, mais abandonné. On fuyait vers Fleury et Monsieur le Duc; on craignait madame de Prie.

Chap. dernier. — *Montesquieu. L'Orient.*

Montesquieu lut Chardin et les excellents voyageurs du siècle précédent. Voilà l'origine du livre. Je ne crois pas qu'il en ait pris l'idée des *Siamois* de Dufresny. L'homme d'esprit voulait s'amuser par le contraste des deux mondes. L'homme de génie, tout à l'opposé, voudrait effacer ce contraste. Son âme, tout *humaine*, voit admirablement que les différences sont extérieures, illusoires, que partout l'homme est l'homme. Partout il s'y retrouve, il reconnaît son cœur, et sent avec bonheur que la nature est identique.

Au moment décisif où l'on sort de l'enfance, où il put sur le monde jeter un premier regard d'homme, on ne parlait que de l'Asie. A quinze ans, il put lire les *Mille et une Nuits* (1704), livre persan bien plus qu'arabe. Les publications de Chardin, ses *Voyages* excellents, tournaient l'attention vers la Perse, mais beaucoup plus encore deux romanesques aventures. D'une part, une femme, courageuse et jolie, Marie Petit, maîtresse du négociant Fabre, notre envoyé en Perse, l'avait suivi en habit d'homme, et, l'ayant perdu en chemin, elle prit ses papiers, les présents pour le Schah, et, malgré mille obstacles, se constitua bravement ambassadeur de Louis XIV. D'autre part, un aventurier vint d'Orient, se donna pour ambassadeur persan, et, par la connivence de nos ministres, qui voulaient amuser le Roi, il se joua de sa crédulité.

Ce que j'ai dit de l'horreur que Montesquieu dut avoir pour la la barbarie des Parlements serait bien plus vraisemblable encore, s'il était vrai *qu'en 1718 un sorcier eût été brûlé à Bordeaux*. M. Soldan et autres l'ont dit; je l'ai répété d'après eux dans *la Sorcière*. Cependant, les recherches que MM. les archivistes et MM. Delpit et Jonain ont faites pour moi n'ont eu aucun résultat. — J'ai cherché aussi inutilement, à la *Bibliothèque impériale*, les précieux *Mémoires* de Marie Petit (Voy. l'article de M. Audiffret, *Biographie Michaud*), et je n'y ai trouvé que les détestables rapports de Michel, domestique de Fabre, et agent des Jésuites, qui persécuta cette femme intrépide, la fit enfermer. C'est un tissu de contradictions qui se réfute lui-même. Ce débat fut très scandaleux. Il avertit fortement l'opinion, la tourna vers la Perse, à la fin de Louis XIV, à l'époque où probablement le jeune légiste de Bordeaux commença à s'informer, à recueillir les notes, d'où (dix années plus tard) sortirent les *Lettres persanes*.

FIN DU TOME QUATORZIÈME.

TABLE DES MATIÈRES

	Pages
PRÉFACE.	
La Régence est une *révélation*, une *révolution*, une *création*.	1
La révolution financière montre la France à elle-même.	2
Le christianisme fut oublié pendant une année.	3
Montesquieu prédit la mort prochaine du catholicisme.	4
La république financière.	5
La Régence n'eut aucun *credo* préparé.	ibid.
Retour à la Nature.	6
Un mot sur ce volume. — Son principe.	8
CHAPITRE PREMIER. — *Trois mois de la Régence. Hostilité de l'Espagne* (septembre-décembre 1715).	13
Le roi laisse une situation désespérée. Élan généreux, impuissant.	ibid.
Philippe V et Alberoni.	21
Immoralité d'Alberoni et de la Farnèse. Ils relèvent l'Inquisition et s'offrent aux hérétiques.	24
CHAPITRE II. — *Grandeur de l'Angleterre. État incurable de la France* (1715).	32
Mécanisme anglais. La ligue de la Terre et de l'Argent.	33
Georges et le Prétendant veulent également la guerre européenne.	41
Le parti espagnol rend tout impossible au Régent.	44
Il fallait à tout prix assurer la paix. Adresse de Dubois. Triple Alliance, 28 novembre 1716.	57
CHAPITRE III. — *Dubois. La Tencin. Mademoiselle Aïssé* (1717).	59
Esprit humain et indépendant du Régent.	61
Dubois empêche notre émancipation religieuse.	62
Le Régent flottant et déjà usé.	64
Les mœurs de la Régence (avant le Système). Tencin. Aïssé	66

CHAPITRE IV. — *La Fille du Régent. Watteau. Révolution de Janvier 1718.* 78

Fatalité natale et folie de la duchesse de Berry 80
On veut la convertir, la marier, l'employer contre d'Aguesseau et Noailles. 84
Le Régent publie *Daphnis et Chloé*, fait Watteau *peintre du roi*, lui fait peindre les palais de sa fille. Arts et modes. 89

CHAPITRE V. — *Alberoni et Charles XII. Défaite d'Alberoni. La paix du monde (1718).* 96

Conspiration d'Alberoni et de la Farnèse avec les mercenaires du Nord contre la paix et la civilisation. 101
Dévotion libertine et féroce de la cour de Madrid. Casuistique. Auto-da-fé. 105
Union d'Hanovre et d'Orléans. Destruction de la flotte espagnole (11 août 1718) 119

CHAPITRE VI. — *Triomphe du Régent sur les Bâtards et le Parlement (août 1718).* 121

L'Espagne et la duchesse du Maine voulaient créer une *Vendée* et soulever les Parlements. 122
Grands services de Law (avant le Système). Le Parlement veut le faire pendre. 124
La nouvelle du désastre espagnol enhardit le Régent à frapper le Parlement et le duc du Maine (26 août 1718) 128
Exigences de M. le Duc, qui fait acheter son appui. 130
Grossesse de la duchesse de Berry. Elle trône comme reine de France. Apoplexie du Régent (septembre 1718) 137

CHAPITRE VII. — *Le roi banquier. Conspiration et guerre. Œdipe (novembre-décembre 1718).* 139

La fièvre de spéculation dans toute l'Europe. Law et ses théories. 140
La conspiration de Cellamare et la guerre d'Espagne obligent le Régent à se mettre à la tête de la nouvelle Banque (4 et 5 décembre) 153
L'*Œdipe*. Le Régent pensionne Voltaire. 156

CHAPITRE VIII. — *Le Café. L'Amérique (1719).* 161

Immense mouvement de causerie; le café détrône le cabaret. . . 162
Les trois âges du café : arabe, indien, américain. 163
Oubli des questions religieuses. *Les îles. Les Indes.* Le Canada. 165
Contradictions des missionnaires; accord des voyageurs laïques. . 168
La France seule eût pu sauver les races américaines. 170
Le découvreur du Mississipi. 173
Law à la Louisiane; son plan, nullement chimérique. 177

TABLE DES MATIÈRES

Pages

CHAPITRE IX. — *Tentatives de réformes. Danger de la fille du Régent* (avril 1719).. 182

    Le Régent rend l'instruction gratuite, prépare l'égalité d'impôt.. 183
    Les protestants reviennent et entrent dans la Banque........ 185
    Hontes domestiques et terreur du Régent à l'accouchement de sa fille.. 187

CHAPITRE X. — *Guerre d'Espagne. Mort de la duchesse de Berry. Danger de Law* (mai-juillet 1719).................. 194

    Folies furieuses d'Alberoni et de la Farnèse. Succès de la France. 195
    Désespoir et mort de la duchesse de Berry, 21 juillet........ 198
    Coalition de la Maltôte et des Anglais pour faire sauter Law (22 juillet).. 200

CHAPITRE XI. — *La Bourse. Les Mississipiens* (août-septembre 1719). 204

    Le balayeur. Le laquais. La brocanteuse............... 207
    Les belles agioteuses. L'entremetteuse. Le Savoyard. Le vampire. 209

CHAPITRE XII. — *La crise de Law* (août-septembre-octobre 1719)... 217

    Law concentra les utopies du temps. Son plan pour l'extinction de la Maltôte, de la Dette, l'égalité de l'impôt et la vente des biens du Clergé.. 219
    Sa terreur des Anglais et sa dépendance de Monsieur le Duc... 223
    Razzia des agioteurs aux dépens des créanciers de l'État (27 août). 226
    Law résiste trois jours (22-25 septembre)............. 228
    La rue Quincampoix................................ 229
    Les enlèvements pour le Mississipi..................... 230
    Law devient un mannequin........................... 232

CHAPITRE XIII. — *Law veut s'enfuir. On le fait contrôleur général* (novembre-décembre 1719)........................ 234

    Orgueil de madame Law. Law effrayé de ses amis et de ses ennemis. Il se sent perdu, malgré les grands résultats qu'il a obtenus.. 235
    Il achète la protection des Condé, des seigneurs........... 240
    Ses amis *réalisent* et le minent en dessous.............. 244

CHAPITRE XIV. — *La baisse. L'abolition de l'or* (janvier-mars 1720).. 246

    Law, converti, n'en est pas moins attaqué par le clergé, trahi par Dubois qui travaille pour le clergé et l'Angleterre......... 247
    La Bourse de Londres et la spéculation de Blount exigeaient la ruine de Law..................................... 248
    Condé et Conti vident les caisses (2 mars)............... 251
    Désespoir de Law. Il abolit l'or et l'argent................ 252
    La débâcle. Un parent du Régent roué en Grève (26 mars).... 255

TABLE DES MATIÈRES

Pages

Chapitre XV. — *Law écrasé. Victoire de Blount à Londres* (mai 1720) 258

On continue, malgré Law, les enlèvements pour le Mississipi. . . 260
Law se rejette vers les fabriques, veut habiller, nourrir le peuple. 261
Perfidie de Dubois et d'Argenson qui le précipitent pour faire à Londres la hausse de Blount (mai) 263

Chapitre XVI. — *La ruine. La peste. La Bulle* (juin-décembre 1720). 267

L'agiotage sur la baisse. *Le camp de Condé* à la place Vendôme. . . . . *ibid.*
La peste à Marseille. Les étouffés à Paris. 268
Law et le Régent éperdus. Dubois fait enregistrer la Bulle. Fuite de Law (décembre) 273

Chapitre XVII. — *La Peste* (1720-1721). 277

Héroïsme de Roze, des échevins de Marseille, de Belzunce. . . . 282
Le règne des forçats. 286
L'anéantissement de Toulon. 287
La furie de vivre. 288
Trois générations de malheurs avaient abouti à la peste. 291
Elle marche vers la Loire. Déserts. Pays abandonnés. 292

Chapitre XVIII. — *Le Visa* (1721). 293

Triumvirat de Pâris-Duverney, Crozat et Samuel Bernard. . . . *ibid.*
Monsieur le Duc humilie le Régent et jette à la justice un de ses compagnons d'agiotage. 295
Un million de familles apportent leurs papiers au Visa 298
Partialité du Visa, qui respecte les vols des seigneurs. 299
Désespoir et galanterie. Fêtes, bals 300
Le dernier portrait du Régent et ses derniers scandales. 301

Chapitre XIX. — *Manon Lescaut, Mort de Watteau* (1721). 305

L'amour au dix-huitième siècle. 306
Manon est-elle une confession de Prévost? Elle est de la Régence, non du temps de Fleury. 308
Noblesse et mélancolie. Mort de Watteau. 314

Chapitre XX. — *Rome et les sacrilèges. Mariages espagnols* (1721). 318

Le marchandage du chapeau de Dubois. 319
Sacrilèges et malpropretés à Rome, en France, en Angleterre, en Espagne. 321
Les quatre péchés de Madrid. Révélation d'Alberoni. 324
Honteux traité de la Farnèse et de Dubois. 327

TABLE DES MATIÈRES

Pages

Chapitre XXI. — *Louis XV. Les Méchants. Cartouche* (1721). . . . 330

Nature ingrate du jeune roi, son éducation. . . . . *ibid.*
Les *Méchants*. Le petit duc de Richelieu favori, à treize ans, de la duchesse de Bourgogne (1709). 333
Maladie du jeune roi. Son indifférence pour l'amour du peuple. . 335
Mœurs violentes. Voleurs. Cartouche. 337
Jeux cruels. Férocité de Monsieur le Duc et de Charolais. 340

Chapitre XXII. — *Dubois abandonne toute réforme. Approche de la majorité* (1722). 342

Lâcheté de Dubois, qui laisse brûler les papiers du Système et du Visa, effacer la trace des vols Il connive à la grandeur effrontée de Monsieur le Duc, compose avec le Clergé, la Noblesse, la Maltôte. 343
Sa lutte avec Villeroy et Fleury pour la première communion du Roi. 347
Le petit Roi tue sa biche blanche. . . . . *ibid.*
Le Régent veut en vain ajourner la majorité 349

Chapitre XXIII. — *Le Roi ramené à Versailles. Enlèvement de Villeroy* (1722). 351

Aspect du vieux Versailles. Le Régent s'y établit avec le petit Roi et veut le gagner. 352
L'Infante à Versailles. 354
Les jeunes Villeroy essayent de s'emparer du Roi en le corrompant. 355
Ils sont surpris, chassés (2 août) 357
Villeroy rompt avec Dubois, est enlevé (12 août) 360
Fuite calculée et retour de Fleury. 361

Chapitre XXIV. — *Fin de Dubois et du Régent* (1722-1723). 362

Bassesse et faiblesse du gouvernement. Terreur du règne imminent de Monsieur le Duc. 363
L'Angleterre consolide Dubois en obtenant qu'il soit *premier ministre*, avec tous les pouvoirs de Richelieu et Mazarin. . . . 364
Dubois perd l'espoir d'influer en Espagne par la fille du Régent. 365
Cruauté de la Farnèse pour la jeune Française. 367
Dubois, faible et isolé, forcé de sacrifier ses agents les plus sûrs à Monsieur le Duc. 373
Son désespoir et sa mort (10 août 1723) 374
Le Régent sans ressources. Sa mort (2 décembre) 375

Chapitre XXV. — *Montesquieu. Lettres persanes* (1721). *Voltaire, Henriade* (1723). 381

Barbarie religieuse de l'Europe, auto-da-fé d'Espagne, massacre de Thorn, etc. 382
Humanisation de la France par la ruine du dogme inhumain. . . 383

	Pages
Le cœur tendre et doux de Voltaire. Son faible poème, alors très hardi.	384
Douceur et humanité de Montesquieu. D'autant plus terrible au passé.	385
Il part de l'*écart absolu*, ne compose pas, comme l'abbé de Saint-Pierre, avec le vieux monde.	386
Solitaire en pleine foule, émancipé par les sciences, les législations comparées, la lecture des voyages.	388
Hauteur de son point de vue.	389
Légèreté et désordre apparents de son livre, très profondément calculé.	392
Sa prédiction de la mort prochaine du catholicisme.	394

ÉCLAIRCISSEMENTS

CHAPITRES I ET II. — Du beau début de la Régence. Le parti espagnol la paralysait.	395
CHAPITRE II. — De Saint-Simon.	397
CHAPITRE II. — Des réhabilitations de Dubois.	398
CHAPITRE IV. — La duchesse de Berry.	*ibid.*
CHAPITRES I, VI, XXI. — Sur l'Espagne et la cour de Madrid.	399
CHAPITRE III. — Mademoiselle Aïssé.	400
CHAPITRE VII. — Génie de Law, etc.	401
DERNIERS CHAPITRES. — Sur la fin de Dubois et du Régent.	403
DERNIER CHAPITRE. — Montesquieu. L'Orient.	404

FIN DE LA TABLE DES MATIÈRES DU TOME QUATORZIÈME

ŒUVRES COMPLÈTES

DE

J. MICHELET

ÉDITION DÉFINITIVE, REVUE ET CORRIGÉE

DÉTAIL DE L'ŒUVRE COMPLÈTE

Histoire de France. *Moyen âge*...............	6 vol.
— *Temps modernes* (Renaissance. — Réforme. — Guerres de religion. — Henri IV. — Richelieu. — Louis XIV et la Révocation de l'Édit de Nantes. — Louis XIV et le duc de Bourgogne. — La Régence. — Louis XV. — Louis XV et Louis XVI)................	10 vol.
— *Révolution*...................................	7 vol.
— *XIXᵉ Siècle*..................................	3 vol.
Vico...	1 vol.
Histoire romaine...............................	1 vol.
L'Oiseau. — La Mer............................	1 vol.
Luther (Mémoires).............................	1 vol.
Le Peuple. — Nos Fils..........................	1 vol.
Le Prêtre. — Les Jésuites......................	1 vol.
La Montagne. — L'Insecte......................	1 vol.
L'Amour. — La Femme.........................	1 vol.
Précis d'histoire moderne. — Introduction à l'Histoire universelle...................................	1 vol.
La Bible de l'Humanité. — Une année du Collège de France (1848).................................	1 vol.
Les Origines du Droit. — La Sorcière...........	1 vol.
Les Légendes du Nord. — La France devant l'Europe...	1 vol.
Les Femmes de la Révolution. — Les Soldats de la Révolution....................................	1 vol.
Lettres inédites adressées à Mˡˡᵉ Mialaret (Mᵐᵉ Michelet).......................................	1 vol.
TOTAL.........	40 vol.

Prix de chaque volume 7 fr. 50.

(Envoi franco contre mandat ou timbres).

www.ingramcontent.com/pod-product-compliance
Lightning Source LLC
Chambersburg PA
CBHW052127230426
43671CB00009B/1149